KB144889

동아시아 지역질서의 보편과 특수: 이론과 현실

동아시아 지역질서의 보편과 특수: 이론과 현실

2018년 6월 15일 초판 1쇄 인쇄
2018년 6월 20일 초판 1쇄 발행

지은이 전재성·장기영·주연정·장지영·허수진·정유진·조가은·윤준일·오해연·강민아

편집 김천희
디자인 김진운
마케팅 남궁경민

펴낸이 윤철호·김천희
펴낸곳 ㈜사회평론아카데미
등록번호 2013-000247(2013년 8월 23일)
전화 02-2191-1133 팩스 02-326-1626
주소 03978 서울특별시 마포구 월드컵북로12길 17

이메일 academy@sapyoung.com
홈페이지 www.sapyoung.com
ISBN 979-11-88108-71-8 93340

사전 동의 없는 무단 전재 및 복제를 금합니다.
잘못 만들어진 책은 바꾸어드립니다.

이 저서는 2015년 대한민국 교육부와 한국연구재단의 지원을 받아 수행된 연구입니다. (NRF-2015S1 A3A2046903)

동아시아 지역질서의 보편과 특수: 이론과 현실

전재성·장기영 엮음

사회평론아카데미

머리말

본 서는 서울대학교 국제문제연구소에 소속된 "복합조직원리론과 동아시아 지역질서: 이론 개발과 실천 전략" 연구단에 속해 있는 학문후속세대 연구의 결과물이다. 본 연구단은 한국 연구재단의 한국사회과학연구지원사업(SSK) 지원하에서 동아시아의 국제정치와 동아시아 국가 단위의 특성을 연구해 온 중형사업단(NRF-2015S1A3A2046903)으로 그동안 연구단 소속의 후속세대 연구원들은 공동연구원들 및 전임연구원들의 지도하에 학문후속세대 양성과 관련한 다양한 학술 프로그램과 국내/국제 학술회의 참석을 통해 학계 동향을 직접 경험하고 자신의 연구주제를 심화시킬 기회를 가져왔다.

특정 사실들이 지식과 학문으로 체계화되는 데에는 선택의 과정이 수반된다. 현재의 국제정치학이 서구중심성을 가지고 있는 이유 역시 그들의 역사를 기반으로 해서 개념화, 이론화되었기 때문이라고 할 수 있다. 기존의 많은 국제정치이론들은 지난 4세기 동안 서구 강대국의 역사적 경험을 바탕으로 창출되고 검증되었기 때문에 국제정치학 주류 이론들을 중심으로 동아시아 국제관계를 이해하는 것은 한계가 있다. 대다수의 비제국 지역들이 탈식민의 과정을 거치면서 국제정치는 다양한 모습을 띠게 되었지만 동아시아(비서구) 국제정치학은 아직도 주변적인 위치에 머물러 있는데, 이는 동아시아 국제정치의 형성과 변형에 대한 학문적 논의가 아직 충분하게 진행되고 있지 않기 때문이라 생각된다.

이러한 문제의식에서 본 연구단은 서구 국제정치이론을 그대로 원용하여 동아시아 국제정치를 설명하고 이해하는 것의 한계를 인식하고 이를 극복하기 위하여 복합조직원리의 이론화 및 실천전략을 도출하여 동아시아의 현실을 반영할 수 있는 국제정치를 이론화하는 작업을 해왔다. 본 서 역시 이러한 문제의식에 공감하는 학문후속세대들이 연구단의 공동 및 전임연구원들의 지도하에 자신의 문제의식을 심화, 발전시킨 결과물이라 할 수 있다.

질서의 주체들, 국제정치의 행위자들이 다양해지고 있으며, 이에 따른 역사적, 문화적 제도적 그리고 정치적 차이들이 부각되면서, 비서구 지역의 조건들이 국제정치논의에 반영되고 있다. 본 연구단의 작업은 이러한 시대적 변화에 직면하여 동아시아 지역이 서구의 국제정치를 단순 소비해오던 객체의 역할을 넘어 동아시아의 경험을 바탕으로 하는 이론을 제시할 수 있는 주체적 역할로 전환되는 데 기여하고자 한다. 학문후속세대의 양성은 장기적으로 지속되어야 할 동아시아 국제정치 이론화 작업의 미래를 위해 중요하며, 본 서는 이의 연속성에서 의미를 찾을 수 있다.

끝으로 본 연구단의 모든 면을 챙겨주고 있는 최경준 박사께 깊은 감사를 드리고 본 연구단의 학문후속세대 활동을 도와주시는 여러 공동연구원 선생님들께도 감사의 말씀을 전한다.

전재성·장기영

차례

제2부 동아시아 질서에 대한 사례분석

제1장

서 론

전재성(서울대학교)·장기영(서울대학교)

본 서는 서구 국제정치학적 시각의 무비판적 수용을 통한 동아시아에 대한 이해가 가져올 문제점을 인식하고 이를 극복하려고 하는 "복합조직원리론과 동아시아 지역질서: 이론 개발과 실천 전략" 연구단의 문제의식을 공유하고 있는 학문후속세대 연구원들의 성과물이라고 할 수 있다. 따라서 본 서의 출간은 서구 이론에 내재된 서구적 가치 중심성에 동아시아적 또는 한국적 국제정치이론의 필요성이 사장되지 않아야 한다는 문제의식을 점차 공유하는 차세대 연구자들이 많이 양산되고 있음을 의미한다. 이러한 맥락에서 본 서는 본 연구단의 연구 지평의 확대를 보여준다.

현재 동아시아의 국제정치학자들은 서구이론을 중심으로 분절적으로 활동하며 동아시아 국제정치현실을 주체적으로 이론화하는 데 있어 많은 한계를 노출해 오고 있다. 따라서 복합조직원리의 심화 및 실천전략의 도출을 목적으로 하는 본 연구단은 학문후속세대의 연구를 통해 지구적 차원의 국제정치학 이론을 보다 폭넓게 연구하고 이를 비판적으로 평가하기를 원하는 시대적 요구에 부응하여 동아시아 국제정치를 이론화하는 작업을 하고 있다. 본 연구단은 석사 및 박사 과정급 연구자들을 다양한 연구 프로그램에 활동하게 함으로써 연구단의 연구 어젠다에 대한 학문 세대 간 공감대를 확산시키고 미래 연구 인력의 지적 역량을 개발하는 데 노력해 왔다.

많은 국제정치이론들은 오랜 기간 동안 서구 강대국의 역사적 경험들을 바탕으로 검증되고 발전되어 왔다고 할 수 있다. 따라서 서구의 역사적 경험들을 배경으로 형성된 국제정치학의 이론들을 무비판적으로 수용하여 동아시아의 국제정치적 현상을 설명하는 것은 문제가 있을 수 있다. 기존의 서구 주류이론들이 유럽 베스트팔렌 질서의 단순 변이로서 동아시아를 포함한 비서구 지역의 질서를 분석해온 것과는 달리 본 서에서는 한편으로는 '보편'적인 관점에서 서구 주류이론의 이론적 틀을 수용하면서도, 다른 한편으로는 '특수'라는 관점에서 동아시아 지역질서가 서구의 국제질서와 구조적으로 어떻게 상이한지 분석하고자 한다.

본 서는 총2부로 이루어져 있다. 우선 1부에서는 동아시아 질서의 이론화라는 주제로 동아시아 질서에서의 위계성, 적대국과의 화해, 구성주의 방법론과 페미니즘적 접근을 다루고 있다. 2부에서는 동아시아 질서에 대한 사례분석으로 한미 상호방위조약, 일본 공산주의, 일본의 대중(對中) 친화담론, '구라바엔'의 장소성 등을 다루고 있다. 궁극적으로 본 서의 연구들은 서구의 국제정치학 역시 보편적이라는 시각이 아닌 서구의 특수적인 현상에서 기인한 이론임을 인식하고 향후 다양한 연구를 통해 동아시아 지역질서의 연구를 지구적 차원에서 이해해야 한다는 문제의식을 내포하고 있다.

우선 1부의 첫 번째 글인 2장 "동아시아 지역질서의 위계적 제도화와 한일 세력균형"은 국제정치학 주류이론인 현실주의가 가정하고 있는 주권과 무정부상태라는 보편적 질서가 동아시아의 상황에서 어떻게 정착되었는지 분석함으로써 동아시아 국제정치의 운용원리를 논리적으로 규명하고자 하였다. 2장은 동아시아 국가들이 근대국가를 형성한 결과는 완전한 주권국가화를 포기하지 않는 불완전한 주권국가의 모습이었으며, 질서상에서는 미국과 동아시아 국가 간의 위계적 관계가 제도화되고 있었고 제도화 과정에서 미국 승인의 국제정치가 작동하고 있음을 강조하고 있다. 특히 2장은 동아시아 국가들이 불완전한 주권국가로 고착화되고 질서가 위계적으로 조직되어가는 동안 이승만이 미국 중심의 자유주의 진영에서 불완전 주권국가인 한국을 어떻게 위치시키고자 했는가를 분석하였다. 미국은 일본 중심의 동아시아 지역전략을 짜며, 지역질서의 층위에서 일본에 대한 전략적 중요성을 강조하고, 한일 간에는 위계를 부여하였다. 이승만은 미국과의 위계적 관계는 수용하며, 이를 통해 국가 형성을 추진하고자 했지만, 미국이 부여한 한일 간의 위계성은 거부하며 자유주의 진영에서 한일 간 세력균형을 도모하였다. 한미일 간 근대 국제정치적 관계를 수립하는 데 있어서 미-일-한의 위계성을 미-일=한의 관계로 전환해보고자 했던 것이다.

두 번째 글인 3장 "동아시아 지역의 안정적 평화: 1990년 초 중국의 적대국과의 화해 과정 연구"는 "동아시아 지역 내 적대국 간의 관계 개선은 어떻게 이루어지는가?"에 대한 답을 모색하면서, 기존의 서양 중심적 이론이 설명하지 못한 적대국 간 관계개선의 과정과 원인을 밝힌다. 구체적인 사례로서 탈냉전기 중국의 외교관계를 중심으로 1991년 중국-베트남, 1992년 중국-한국의 외교관계 정상화 과정을 선택하였다. 이론적으로는 중국의 외교관계 속에서 적대국가와의 관계 개선이 이루어지는 시기적 특성과 내부 동학, 그리고 외교적 메커니즘을 분석하여 동아시아 국제관계의 특성을 밝힌다. 구체적으로 적대국 간 관계개선 과정을 체계적으로 이론화한 찰스 쿱찬(Charles A. Kupchan)의 자유주의 화해이론을 비판적으로 수용하여, 1990년대 초 중국을 중심으로 한 동아시아 국제관계를 설명하기에 적합한 이론을 수정하여 제시한다. 찰스 쿱찬의 자유주의 화해이론은 관계개선의 역사적 과정을 서술하는 데 치중하여 특정한 변수를 밝히지 못했고, 또한 서양의 사례에 치중함으로써 동아시아에는 중요하게 작용했던 요인을 간과했다는 한계를 갖는다. 따라서 이를 보완하여 기존의 네 단계였던 이론을 세 단계 즉, '(1) 일방적 주도 → (2) 비정치적 교류 → (3) 상호자제'로 수정하고, 이러한 과정을 거치게 된 원인을 설명하는 변수로 세 가지 '약소국, 국내정책, 제3국'을 각각 제시한다. 동아시아에서는 상대적 약소국이 관계개선에 적극적인 모습을 보여주었으며, 약소국의 국내정책은 양국 간의 비정치적 교류를 활발히 하는 데 큰 바탕이 되었다. 마지막단계에서는 결정적인 제3국 이슈가 해결됨으로써 양국 당사자들의 상호자제를 이끌어내어 외교관계를 정상화할 수 있었다. 기존 이론이 화해의 과정을 분절적으로 설명했던 것과 달리, 이 세 가지 변수들이 중첩적으로 더해지며 화해를 이끌어내는 과정을 자세히 설명한다.

1부의 세 번째 글인 4장 "지역질서 연구를 위한 구성주의 방법론 검토"는 국제정치학에서 구성주의에 대한 최근 연구들이 향후 동아시아의 지역적 현실을 이해하는 데 있어 주요한 이론적 틀을 제시해 줄 수 있다는 관점하에서 동아시아의 지역적 현실을 넘어 보편과 특수를 논할 수 있는 지구적 국제정치 이론의 정립을 위한 이론화 작업은 구성주의의 방법론 연구와 함께 이루어져야 한다고 주장한다. 이러한 맥락에서 4장은 비서구 지역의 질서를 분석하는데 구성주의가 도움이 된다고 보고 아직 충분히 발전하지 못한 구성주의의 방법론을 재조명해 본다. 구체적으로 4장은 구성주의의 방법론을 구조적 접근과 행위자 수준의 접근으로 나누어서 각각 서사, 프레이밍 그리고 계보학, 형용사 분석을 중심으로 살펴보고 이러한 구성주의의 다양한 방법론이 비서구 지역의 국제정치 질서를 분석하는 데 있어 이론 및 경험적 측면에서 기여할 수 있다고 주장한다.

네 번째 글인 5장 "페미니즘 국제정치학적 관점에 본 한국의 대북정책과 그 과제"는 대북정책의 개선방향을 성(젠더) 인지적 관점에서 제언한다. 5장은 수원국인 북한의 여성을 단순한 복지혜택의 '수혜자'로 개념화하는 것이 아니라 남성과 동등한 '주체'로 조망할 필요성을 강조하며 이러한 성인지적 관점이 갖는 정책적 및 학술적 함의에 대하여 고찰한다. 한반도는 '휴전국'이라는 특수성과 동시에 폐쇄적 국가통치체제에서 기인한 '국가가부장적' 성격에서 기인한 특수성이라는 이중 특수성을 고려하여 정책설계를 해야 한다는 어려움이 있다. 5장에서는 이러한 문제의식을 바탕으로 북한 내 여성들의 안보위협이 부재한 대북정책의 현재를 조명해 보고 이를 국제정치학 이론의 맥락에서 분석한다. 대북정책에서는 오랫동안 여성이 부재해 왔으며 아직까지 여성의 중심에서 여성에게 친화적인 정책은 부재한 상태이다. 이러한 접근은 여성을 대북지원정책의 단순한 수혜자로서의 역할만을 부여한다고 할 수 있으며 따라서 진정한 의미의 인간안보를 달성하는 데 있어 걸림돌이 되고 있다. 특히 북한 여성인권 상황을 고려할 때 유독 여성이 전면으로 등장하지 못하고 있는 대북지원정책의 배경에는 국가안보가 여성안보에 비해 차지하는 상대적 중량감과 함께 인도적 지원 중심의 복지적 접근으로서 여성을 생물학적 '재상산의 역할'로만 인식하고 있는 현실이 자리 잡고 있다.

2부의 첫 번째 글인 6장 "이승만의 반공포로 석방에 대한 미국 행정부의 대응: 이승만의 벼랑 끝 전술에 대한 아이젠하워 행정부의 인식을 중심으로"는 한국전쟁 당시 이승만의 반공포로 석방이라는 벼랑 끝 전술에 대응하여 미국 아이젠하워 행정부가 한미 상호방위조약 체결을 약속하는 타협안을 결정하게 된 이유를 규명하기 위하여 정치엘리트들을 중심으로 미국의 외교정책 결정과정을 분석하였다. 이를 위하여 결정에 핵심적인 역할을 한 아이젠하워 행정부 내 핵심적인 정책결정자인 아이젠하워 대통령, 미 국무장관 덜레스, 국무부 극동 담당 차관보 로버트슨, 주한미국대사 브릭스, 유엔군 사령관 클라크의 인식을 분석하고, 행정부 내에서 중점적으로 논의된 네 가지 대안을 중심으로 한미 상호방위조약 체결을 지시한 NSC154/1 수정본이 승인된 과정을 고찰하였다. 한미상호방위조약 체결안이 미국의 정책방향으로 결정되기까지 정책결정 과정에서 정책결정자들의 다양한 인식과, 대통령을 중심으로 한 수직적 논의구조와 NSC의 구성 등 구조적 요소가 핵심적인 역할을 했다. 우선 이승만이 허세를 부리고 있는지에 대한 일부 정책결정자들의 인식에 의해 공산군과 독자적인 휴전협정을 체결하는 첫 번째 안이 폐기되었다. 이어 무조건 철수 안의 폐기에서는 미국과 본인의 위신이 미국의 연루방지라는 당장의 목적보다 우선한 아이젠하워의 입장이 다른 행위자들의 의견을 압도하는 집단사고가 발현되었다. 이후 이승만을 압박해야한다는 '역허세'안과 회유해야한다는 한미상호방위조약 체결안 중 후자가 최종적으로 선택된 과정에서는 로버트슨의 이승만 인식의 공유가 핵심적이었다고 주장한다.

　　두 번째 글인 7장 "일본 공산주의의 딜레마: 혁명노선의 보편성과 특수성"은 일본 공산주의 운동 노선의 보편성과 특수성을 다룬다. 전후 세계 각지에서 사회주의 정권이 생겨남에 따라 공산주의 혁명은 다시 한 번 활력을 얻게 되었다. 전전 혁명의 방식과 동일하게 전 세계 공산주의 운동은 혁명의 보편노선인 폭력을 수반한 급진 혁명을 실천하고 있었다. 일본에서도 마찬가지로 국제 공산주의 연대의 보편적 혁명노선에 따라 동일한 양상의 운동이 기대되었다. 하지만 일본에서의 공산주의 혁명은 다른 나라에서 진행되는 혁명의 양상과는 매우 다르게 전개되었다. 일본공산당은 국제 공산주의 운동의 보편적인 혁명노선인 폭력혁명에 따라 천황을 타도하는 대신 비폭력 평화주의를 공산주의 운동의 기본 노선으로 삼았다. 이에 대한 배경에는 전쟁에 지쳐 평화를 추구하며 천황을 버릴 수 없는 일본인의 특수성이 있었다. 노사카 산조(野坂參三)의 비폭력 평화주의와 '사랑받는 공산당'은 이러한 일본에 특화된 혁명노선이었다.「코민포름의 비판」이후 비폭력 평화주의와 '사랑받는 공산당'은 잠시 후퇴하게 되지만 「스탈린 비판」이후 다시 힘을 얻어 현재까지 이어지게 되었다. 전후 일본 공산주의 운동은 공산주의 혁명노선의 보편성과 특수성의 갈등 과정이었던 것이다.

2부의 세 번째 글인 8장 "가토 고이치의 '중국': 일본의 대중(對中) 친화담론의 부침"은 일본의 대중(對中) 친화담론의 부침을 가토 고이치를 중심으로 살펴본다. 1990년대 일본의 대중 관여 시도에는 탈냉전이라는 단순한 국제구조의 변화뿐만이 아니라, 당시 일본 내에서 수용되던 대중친화담론 역시 작용하였다. 중일 국교정상화 이후 일본의 대중정책은 크게 관여와 균형이라는 두 전략 하에서 이루어져 왔는데, 이러한 정책결정의 과정에는 중국이 기회인지 혹은 위협인지에 대한 대중 인식이 영향을 미쳤다. 1990년대에는 '중국 기회론'의 관점에서 중국과의 역사 문제에 있어서도 '역사 화해주의' 노선을 취해야 한다는 '대중관여-역사화해' 대중 담론이 국내적으로 수용되었다. 중국을 협력의 대상으로 인식하던 가토 고이치는 이러한 대중친화담론의 대표적인 정치인으로서 1990년대에 걸쳐 활발히 활동하였다. 그러나 2000년대를 기점으로 역사인식 문제에 있어 '역사 수정주의' 노선이 일본 내 담론을 장악하면서 관여와 균형 사이의 전략적인 대중정책보다는 역사문제로 대중정책이 수렴되어가는 모습을 보였다. 가토 고이치 역시 일본의 대중인식이 변화하는 과정에서 종래의 정치적 영향력을 상실하면서 일본 정계에서 도태되는 모습을 보였다. 일본의 역사 수정주의 노선에 따라 동아시아의 갈등적 국제질서의 개선이 어려운 상황에서 가토 고이치의 전향적인 대중 인식과 그 실패과정을 다시금 살피는 것은 중요한 의미를 지닌다.

　마지막으로 9장 "'보편'의 환영과 쟁투: 나가사키 구라바엔(Glover Park)의 문명사적 장소성 고찰"은 일본 나가사키(長崎) 시에 위치한 나가사키 구라바엔(グラバー園, Glover Park)의 문명사적 장소성에 대하여 고찰한다. 일본 나가사키시에 위치한 구라바엔은 메이지 시대의 상징적 장소로서 여기에서 '구라바'는 19세기말 문명사적 격변기에 나가사키에서 활동하였던 스코틀랜드 출신의 영국 무역상 토마스 글로버(T.B. Glover, 1838-1911)에게서 유래된 것이다. 현재의 구라바엔 일대에는 그를 중심으로 이후 메이지유신의 주역이 되었던 젊은 사무라이들의 교류장이 형성되었고, 그는 정치, 경제, 사회 전반에서 일본 근대화에 상당한 영향을 미친 것으로 알려져 있다. 따라서 9장은 구라바엔을 무대로 이루어진 그의 정치적 행보를 조명해봄으로써 당대 전환기적 혼란 속에서 전개 된 분열 및 갈등, 그리고 정치적 조정의 과정에 대하여 살펴본다. 이로써 당시 구라바엔의 장소성이 서구의 문명표준을 새로운 '보편'으로서 표방하는 데 있었다고 주장하고 나아가 그 현주소 및 향후 과제에 대하여 검토한다. 이는 구미 중심의 국제관계사에서 장소성의 개념을 통해 틈새를 밝히고자 하는 시도로서, 비교적 비가시화 되어온 문명사의 한 장면을 재구성하는 작업이라고 할 수 있다.

제1부

동아시아 질서의 이론화

제2장

동아시아 지역질서의 위계적 제도화와 한일 세력균형: 이승만의 일본인식과 한국의 역할구상

주연정(서울대학교 정치외교학부 박사과정)

I. 서론

본 연구는 이승만의 일본인식과 역할구상을 제2차 세계대전 후 동아시아 지역질서가 형성되는 맥락에서 분석해 볼 필요가 있음을 제안한다. 1945년을 기점으로 동아시아 지역질서는 19세기 말의 근대이행에 이어 또 한 번의 질서전환기를 맞게 되었다. 동아시아에 주권개념과 주권국가를 주요 행위자로 하는 근대질서가 수용된 것은 19세기 말이지만, 제국주의로 귀결된 특수한 시대적 배경을 고려하면, 1945년 이후가 동아시아에서 근대국가형성과 제국주의 이후의 국제질서를 모두 모색하는 시기였다고 할 수 있다. 주권과 무정부상태는 기존 국제정치의 조직원리를 구성하는 가장 기초적인 규범으로 규정되고 있지만, 동아시아에서 주권전파의 첫 결과가 주권제국들과 비주권식민지들로 나뉘었던 것처럼 규범의 정착은 정치적 논리에 의해 그 모습이 결정된다고 할 수 있다. 따라서 제국주의 질서가 종식된 후 탈제국화, 탈식민화, 강대국 세력재편의 과정에서 주권과 무정부상태가 동아시아에서 현실적으로 국가 단위와 질서가 형성되는 데 있어서 어떻게 구성되어 갔는가는 분석해 볼 필요성을 제기할 수 있다.

이에 따라 본 연구는 동아시아에서 제국주의 질서가 종식된 후 근대적 의미의 '주권'과 주권 국가 간의 '질서'가 어떻게 형성되어 갔는가에 주목할 필요가 있다는 기본 가정하에, 지역적 차원에서 동아시아 국가들이 불완전한 주권국가로 고착화되고 질서가 위계적으로 조직되어가는 동안, 이승만이 미국 중심의 자유주의 진영에서 불완전 주권국가인 한국을 어떻게 위치시키고자 했는가를 분석해보고자 한다. 미국은 동아시아 지역전략을 짜는데 있어서 동아시아 국가 간 관계에서 일본에게 위계성을 부여하며, 정치와경제뿐만 아니라 군사적 영역까지도 일본의 재부흥을 시도한 바 있다. 이승만은 미국이 설정한 한일 간의 위계성을 거부하고 자유주의 진영 내에서 일본과 세력균형을 시도함으로써 한국의 위치를 설정하고자 하였다.

하지만 미국 내 일본에 대한 인식과 비교하여 한국의 전략적 중요성에 대한 판단이 확고하지 않았던 관계로 미국의 승인을 통해 한국이 자유주의 진영으로 인정받는 과정은 다른 국가들에 비해 원활하게 이루어지지 않았다. 이런 상황에서 이승만은 자유주의 진영의 반공군사기지로써 한국의 역할을 강조하며 군사적 지원을 매개로 하는 미국의 승인을 지속적으로 요구하였다. 동시에 체제 내에서 일본과의 균형을 추구하고자 하는 의도는 불완전 주권국가 간 주권게임으로 시도하였다. 제국주의 조직원리 경험에서 자유롭지 못한 일본이 근대주권국가질서에서 온전한 단위로써 정당한 행위자로 기능할 수 없다는 점을 강조하는 등 반일감정을 지속적으로 표출하는 것이다. 한국의 대내외적 국가 형성과 질서 구축과정에서 국가 승인에 대한 전략은 한일 간 주권게임과 한미일 간 근대 국제정치게임이 동시에 일어나던 상황 속에서 추진되었고, 이승만의 일본인식은 이러한 전략과의 관계성 속에서 자리잡고 있었다.

이승만의 일본인식에 대한 기존 연구들은 탈식민화 과정에서 국가 관계 정상화의 전제로써 사과와 용서의 문제, 국가 안보와 극동안보에서 일본의 재제국주의화에 대한 경계를 중심으로 하여 분석되어왔다. 한일관계 관련 정책결정에서 보이는 대일인식은 모두 역사적 경험에서 기인하는 반일이라고 할 수 있는 것이다. II장에서는 이승만의 일본인식과 이의 연장선상에 있는 역할구상에 대한 기존 연구들에 대해서 비판적으로 검토하고, 국가와 질서가 형성되던 초기에 전략적으로 구사되었던 반일인식에 대한 분석 필요성을 제기한다. III장에서는 제2차 세계대전 후 동아시아의 근대국가와 질서가 형성되어 가는 과정에서 보였던 특징을 불완전 주권국가와 위계의 제도화로 규정하고, 동아시아에서 근대국가형성 과정과 강대국과의 관계에서 주권의 승인 문제가 불완전 주권국가의 근대 주권국가게임과 연결되고 있음을 다루었다. IV장에서는 III장에서 살펴본 동아시아 국제정치의 운용원리에 따라 이승만이 새롭게 구축되는 동아시아 지역질서에서 한국을 어떻게 위치시키고자 했는지 보여주고자 했다. 이승만은 미국의 승인을 통해 자유주의 진영의 일원이 되고자 하였고, 동시에 미국이 부여한 한일 간의 위계를 거부하고, 대일 균형의 역할을 자처하였다. 이 과정에서 한미 간이익이 상호불일치한 문제로 한국의 체제 내 편입이 확실하지 않은 가운데, 이승만은 불완전 주권국가들의 주권게임을 전략적으로 활용하였다. 이상의 논의 과정을 통해 제2차 세계대전 종전 직후 동아시아에서 보편적 근대주권국가의 형성이 지역질서의 구축 속에서 어떻게 특수하게 자리잡았는지 살펴보고자 하였다.

II. 이승만의 일본인식과 역할구상에 대한 기존연구

이승만의 대일인식은 첫째로 일본의 제국주의 식민지의 경험에서 비롯된 것으로 접근할 수 있다. 이정식은 한일관계의 갈등에 감정이 개입하게 되는 원형을 해방 후 한국과 일본이 관계를 재설정하는 과정에서 상호접근 방식이 문화적으로 차이가 있었다는 점을 지적한다. 이승만은 일본의 진정한 용서와 배상 등 영혼적, 도덕적 차원에서 일본문제를 접근한 반면, 일본은 미국의 우산하에 합의한 조약의 차원에서 법적, 물질적 관점으로 한국문제를 다루었다는 것이다. 한국은 법적 접근을 배제한 도덕과 관념적 차원에서 문제를 해결하고자 하였고, 일본의 경우 일본의 생존과 재건을 위해 미국에 편승한 상황에서 정치지도자 및 사회적, 지식적 영역까지 전반적으로 식민제국주의에 대한 반성과 성찰의 분위기가 형성되지 않았던 부분이 일본이 한국문제를 다루는 데 있어서 미래를 위한 건설적 사고보다는 미시적 현안을 해결하기 위한 법적 논리만을 따지게 되는 배경으로 작용한 데서 한일 양국의 외교관계가 교착상태로 흘러간 원인을 찾고 있다. 즉 한국인으로서 겪었던 식민지 경험에서 비롯된 대일인식이라고

할 수 있다.[1]

두 번째는 국가 안보 차원에서 대일인식을 분석할 수 있다. 박진희는 태평양동맹 구상이 좌절되면서 기존의 반일의식이 완화되고 반공을 명분으로 일본과의 관계 개선의 의지를 보이는 방향으로 이승만의 대일인식이 전환되었음을 주장한다. 이승만은 태평양동맹을 구상하는 데 있어서 반공을 표방하는 다자적 군사동맹이라는 점을 내세우며 미국의 역할을 강조하였지만 일본의 참여는 배제하였다. 일본은 침략주의적 과거 청산이 인정되기 전에는 집단안보체제에 들어올 수 없다는 것이 이승만의 대일인식이었다. 하지만 태평양동맹을 적극 추진하던 필리핀이 반대 입장으로 전환하고, 미국도 찬성하지 않으면서 동아시아에서 다자안보협력체의 형성은 요원하게 되었다. 이후 이승만의 대일인식은 협력적으로 전환되었다. 이는 태평양동맹의 구상이 한국의 안보를 얻기 위한 수단으로 사용된 측면과 관련되어 있다. 이승만은 1948년 주한미군 철수 결정을 보완할 만 한 군사적 확약을 받지 못한 상황에서 미국이 참여하는 집단안보체제를 통해 미국과 군사적 파트너십을 확정하는 것으로 주체성을 발휘하고자 했다. 하지만 이것이 실패하자 다시 미국 중심의 구조적 변동에 영향을 받을 수밖에 없었고, 미국의 대일본정책이 징벌에서 유화로 전환되어가면서 미일 협력의 분위기로 가는 상황에서, 이승만도 강경한 반일노선을 고수할 수는 없었다.[2]

박진희의 논의는 국가 안보와 관련한 상황의 변화에 따라 반일의식이 변화하고 있음으로 보여주는 것이라 할 수 있다. 동아시아에서 한국의 전략적 가치에 대한 회의와 함께 주한미군 철수에 대한 논쟁이 1947년부터 미국에서 불거져 나왔고, 1948년 4월 2일 NSC 8에서 같은 해 12월 31일까지 철군을 완료하기로 결정하였다.[3] 이승만은 미국의 이러한 결정에 대해서 태평

....

1   Chong-Sik. Lee, *Japan and Korea: The Political Dimension* (Stanford, Calif.: Hoover Institution Press, 1985), ch. 2.

2   박진희, "이승만의 대일인식과 태평양동맹 구상,"『역사비평』(76)호 (2006), pp. 96-7, 101-10.

3   FRUS, 1948, Vol. VI, 1974, 1163-1169; 김일영, "이승만 정부에서의 외교정책과 국내정치-북진

양동맹이라는 집단안보체제를 통해 한국의 방위에 대한 안보를 획득하려고 하였는데, 이 과정에서 반일의식에 기반하여 일본의 배제를 강조하였다. 하지만 동아시아 지역파트너로써 일본과 미국의 관계가 가까워짐에 따라 이승만의 대일인식은 이전과 달리 타협적으로 전환하는데, 이는 이승만의 대일인식이 궁극적으로 대미인식에 종속되어 있음을 나타내는 것이다. 다시 말해 이승만은 미국에 정책적 우선순위를 두고, 이에 따라 대일정책의 방향을 잡았다고 할 수 있다. 대일인식이 국가 안보 획득 차원에서 수단으로 사용되고 있는 것이다.

차상철도 이승만이 한국의 안보와 관련하여 반일주의가 이승만의 정책 추진과 미국의 한국정책에 어떻게 반영되어 갔는지를 보여준다. 이승만은 한국전쟁의 휴전협정과 한미상호방위조약 체결을 추진하는 데 있어서 공산주의로부터의 위협과 일본의 재제국주의화에 대한 우려에서 비롯되는 위협인식을 가지고 있었다. 전자의 위협과 관련하여 이승만은 북진통일론과 미국의 제한전 논의가 갈등하는 상황에서 휴전을 하게 된다면 휴전협정이 완료되기 전에 한미상호방위조약을 체결할 것과 군사적 지원 조항을 공식적으로 넣어줄 것을 지속적으로 주장했다. 일본에 대해서는 극동안보를 위해서 일본을 정치, 군사, 경제적으로 제한시켜야 한다는 점을 분명히 하지만, 미국은 일본이 극동안보에 위협이 되지 않는다는 입장을 고수하며 이승만과 대립하였다. 결과적으로 한미상호방위조약은 체결되어 미국은 이승만의 북진통일의지를 단념시킴으로써 냉전구도를 관리할 수 있는 제도적 장치를 마련하였고, 남한은 이중봉쇄적 상황은 수용하였지만 공산주의로부터의 위협과 일본에 대한 불안을 해결할 수 있는 안보적 우산을 보장받는 데 성공하였다.[4]

이상의 기존 연구에서 이승만의 대일인식은 한국의 경험에 의한 반일

....

· 반일정책과 국내 정치경제와의 연계성," 『국제정치논총』 제39집 (3)호 (2000), p. 246 재인용.

4   차상철, "아이젠하워, 이승만, 그리고 1950년대의 한미관계," 『미국사연구』 제13권 (2001).

주의, 국가 안보의 층위에서는 생존을 위한 도구적 수단으로 작동한 것으로 볼 수 있다. 하지만 두 접근 관점 모두 식민지 시대의 경험에서 비롯되는 반일주의를 상정함으로써 한일관계를 역사의 연속성에서만 고려하는 한계를 가지고 있다. 대일인식이 상황에 따라 변화하는 부분들을 실용적인 측면에서 역사적, 과정적으로 분석할 수 있으나 개인적 차원과 국가적 차원에서 일본에 대한 도덕적 배상과 안보 획득이라는 목적에서만 분석하기에 분명하지 않은 부분이 있다. 이승만의 대외정책의 전략이 한국의 안보를 지키는 것에 국한되어 단순 정권과 국가를 수호하겠다는 의도였다면 미국에 편승하고, 미국이 선택한 일본에도 보다 유화적으로 대응하는 등 좀 더 수동적인 자세를 보였을 수도 있다.

무엇보다 이승만이 제시하는 동아시아의 지도자라는 한국의 역할 구상도 기존의 접근법대로 인식한다면 다소 부정합하게 느껴진다. 1950년대 후반 한미일 삼각체제에서 미국의 기여 감소와 일본의 지원 증대라는 변화 속에서 한미 간 갈등의 가장 쟁점이 되는 부분은 한일관계였다. 이 부분에서 이승만과 미국의 인식의 괴리가 극명하게 보인다. 이승만의 역할구상과 직결되는 부분인데, 이승만은 자신이 한국이 동아시아의 리더가 되어야 한다고 주장한 배경은 전후처리와 전후질서의 정당성 차원에서 한국이 중심이 되어야 한다는 인식에서 기인한다. 하지만 미국의 동아시아 지역전략은 일본을 중심으로 하기 때문에 한일관계를 접근하는 이승만과 미국의 인식은 층위가 달랐다고 할 수 있다. 다시 말하면 이승만의 지역체제의 구상에 따른 역할구상과 미국의 동아시아 전략에 따른 한국의 위치가 달랐던 것이다. 한미일이 큰 틀에서 안보적 목표를 공유하고 있을지라도 세부적으로 문제를 해결하는 데 있어 역할인식에 따른 구체적 전략에 차이가 있는 경우 갈등이 지속되고 문제해결이 요원해진다는 점은 주지할 필요가 있지만, 동아시아 지도자 역할론은 반일감정도 단순하게 역사에서 비롯되는 민족주의적 감정이 아니라 질서구상에서 접근해볼 필요가 있다는 점을 시사한다.[5]

박태균이 신욱희의 역할모델을 원용하여 이승만이 단순 반일정서를 표현하는 것이 아니라 미국과의 관계 속에서 군사적 역할을 공고히 하고자 했다는 실용적으로 의도한 바에 대해서 분석하고 있다. 다만, 한국의 역할구상을 국가 간 관계 차원에서 제한하여 봄으로써 왜 군사적 파트너가 되려고 시도했는지에 대한 개연성이 제시되지 않았다.[6] 이러한 한계를 극복하기 위해서 본 연구에서는 질서 형성 과정에서 한국의 위치 모색이라는 관점에서 이승만의 역할구상을 살펴보고자 한다.

신욱희의 연구에서 이승만의 한일관계에 대한 인식을 전후 질서와 관련한 지역전략의 관점에서 접근하고 있다. 이승만과 박정희의 대미정책을 분석하는 데 있어서 한미동맹이라는 비대칭적 관계 내에서 하부단위인 한국이 상부단위인 미국과의 상호작용을 통해서 어떻게 자신이 처한 구조의 상대적 전환을 모색할 수 있는지와 관련하여 하부단위가 선택할 수 있는 행동 유형으로 순응, 저항, 구성의 개념을 제시하고 있다. 이상의 큰 연구범위 안에서 제시되고 있는 한국의 일본에 대한 위협인식은 영구적으로 팽창적인 속성을 가진 나라라는 비판적인 대일관이다. 이러한 위협인식에 따라 일본의 행위를 규정하고, 아시아민족반공연맹 등 지역전략구상에서 배제하게 되었다는 것이다. 이 연구가 1950년대 이후 이승만의 대일인식을 보고 있다면, 본 연구는 1940년대 후반-1950년대 초반을 중심으로 지역질서가 위계적으로 조직되던 초기 이승만의 대일인식을 보고자 하였다.[7]

....

5   신욱희, "이승만의 역할인식과 1950년대 후반의 한미관계," 『한국정치외교사논총』 제26권 (1)
     호 (2004).
6   박태균, "반일을 통한 또 다른 일본 되기: 이승만 대통령의 대일인식," 『일본비평』 (3)호 (2010).
7   신욱희, 『순응과 저항을 넘어서: 이승만과 박정희의 대미정책』 (서울: 서울대학교출판문화원,
     2010).

III. 제2차 세계대전 후 동아시아 지역질서의 구축

1. 근대국가형성과 주권의 불완전성

1945년 제2차 세계대전이 종전되면서 제국주의 열강들 간 세력재편과 식민지 국가들의 탈식민화가 진행되었다. 동아시아는 일본의 갑작스런 패망과 식민지들의 독립으로 기존의 제국-식민지 관계를 청산하고 새로운 질서를 형성해야 하는 전환기에 직면하였다. 패전국 일본의 전후 복구 문제, 독립을 맞게 된 식민지 국가들의 국가형성문제와 더불어 제국주의가 종식된 후의 새로운 지역질서 모색 문제가 한꺼번에 대두된 시기였던 것이다. 즉, 제2차 세계대전 직후 동아시아 지역질서는 단위의 수준부터 질서의 층위까지 '형성 과정' 중이었다고 할 수 있다.

동아시아에 주권개념이 전파되어 근대국가로의 전환이 처음으로 모색되었던 시기는 19세기 후반이라고 할 수 있다. 하지만 힘의 논리가 규범의 논리를 압도하던 시대였기 때문에 주권규범은 제한적으로 행사되었다. 제국들만이 주권을 향유할 수 있었고, 약소국은 제국에 종속될 수밖에 없는 상황에서 19세기 후반-20세기 중반까지의 근대주권국가질서는 바로 제국주의 질서였다. 제국화에 성공한 일본을 제외하면, 대부분의 동아시아 국가들은 성공적으로 근대주권국가로 전환하지 못한 채 식민지로 전락하였다.

따라서 동아시아에서 근대국가가 형성되는 데 있어서 주권이 보다 규범적인 차원에서 처음 실천될 수 있었던 시기는 제2차 세계대전이 종전된 후였다고 할 수 있다. 이론적으로는 근대국가로써 주권(sovereignty)의 온전한 성취를 추진해볼 수 있는 상황이었다. 그러나 규범의 내용과 규범의 실천은 다른 문제다. 19세기 말 주권의 확산이 제국주의로 수렴되듯, 규범이라는 것이 정치적으로 내장되는 것이라면 해방 후 동아시아 국가들의 주권성에 대해서도 선험적으로 규정할 수 없다. 1945년 이후의 동아시아 국가형성 과정은 지역 내의 변동이 상위구조의 강대국들의 이익과 결합되는 특성을 보이게 되는데, 제국주의 질서의 해체로 인한 힘의 공백을 미국과 소련이 차지하면서 재편된 강대국 경쟁의 구도에 영향을 받게 되었다.

한반도의 경우도 신흥독립국으로써 근대국가를 형성해가는 과정에 이러한 구조적 영향을 받을 수밖에 없었다. 자유주의 진영과 공산주의 진영으로 구조가 재조정되는 상황 하에서 이승만과 김일성은 한반도를 기반으로 하는 국가 형성 과정에서 대내적으로 세력다툼을 하는 각각의 진영들이었고, 결국 전쟁을 통해 정전상태로 분단되는 것으로써 영토를 잠정적으로 확정하였다. 조선의 연장선상에서 한반도가 통합된 상태로 근대국가전환을 이루지 못했을 뿐만 아니라, 한반도 지역의 새로운 국가 형성의 결과로 분단된 현실을 상호 인정을 하지 않는 상황이 한반도 전체와 한반도 내 민족을 기반으로 하는 완전한 주권국가의 수립에 대한 여지를 남겼다고 할 수 있다. 결국 19세기 말 제국주의로의 이행에 이어, 20세기 중반 냉전으로의 이행 결과도 완전한 주권 규범을 기반으로 국가를 정비하지 못한 채, 한반도는 남한과 북한이라는 불완전한 두 개의 주권으로 분열된 근대국가의 모습을 가지게 되었다.[8]

일본은 19세기 말 동아시아에서 유일하게 제국화에 성공함으로써 서구 중심으로 통합된 근대주권국가질서의 단위로서 강대국으로 부상하였다. 즉, 조선의 근대국가로의 전환이 근대 이행을 거치는 과정에서 불완전했다면, 일본은 메이지 유신과 청일전쟁, 러일전쟁, 한일병합의 사건 속에서 대내외적 주권을 확립한 것이다. 하지만 제2차 세계대전 패전 후 일본의 국가 재형성 과정에서 합의된 평화헌법(1946)으로 일본은 불완전 주권국가로의 정체성을 가지게 되었다. 자위 전쟁을 포함하여 전쟁 포기 및 자위의 수준을 넘어서는 군비 금지 등을 규정하고 있는 평화헌법은 비보통국가로서 일본의 불완전한 주권을 규정하는 것이라 할 수 있다.[9]

....

8   전재성, "동북아의 불완전한 주권국가들과 복합적 무정부상태," 『세계정치』 26권 (2017), pp. 99-108.

9   전재성 (2017), pp.107-8.

2. 단위 간 위계의 제도화와 주권의 승인

1945년 9월 이후 동아시아는 단위의 수준에서 근대국가의 형성과 동시에 질서의 층위에서도 제국주의 이후의 새로운 질서를 모색하였다. 그런데 동아시아 지역질서는 처음부터 샌프란시스코 체제로 결정된 채 관련 국가들이 이를 향해 움직였던 것은 아니다. 미국과 주변국가 간 위계적 관계가 양자동맹의 합으로 제도화된 것은 미국이 자신의 정책적 입장을 결정하고, 지역국가들이 이에 반응하는 과정에서, 그리고 한국전쟁의 발발이라는 사건과의 접합 속에서 이행하였다고 할 수 있다.

미국은 1940년대 중후반 아시아에 대한 지역전략을 구상하는 데 있어서 군사적 통합이 아닌 경제적 통합을 우선 고려하였다. 이런 관점에서 자본주의체제적 관점에서 유럽-아메리카-아시아 복합체라는 자유주의 진영 내 상호연관성에 주목하여 전략을 짜게 되었다. 유럽의 부흥과 관련하여 경제발전에 필수적인 주변부 지역을 확보하는 데 있어서 동아시아를 결속시킨 것이다.[10] 하지만 국민당이 중국 국공내전에서 패배하고, 소련이 핵실험을 하는 일련의 상황 속에서 한국전쟁의 발발이 결정적 계기가 되어 미국은 경제우선의 지역통합전략을 군사적 영역까지 확장하는 정책으로 전환하였다. 미국은 국제적, 국내적으로 높은 수준의 방위비를 지출하게 되었고, 미국이 크게 기여(commitment)하는 세계화가 보다 본격적으로 추진되었으며, NATO는 소련을 직접적으로 방어하는 군사적 성격의 조직으로 전환되었다.[11] 제2차 세계대전 종전 직후의 세계전략이 경제적 기능의 논리에 의해 추진되었다면, 동아시아에서의 정세와 소련의 핵실험, 그리고 결정적으로 한국전쟁이라는 사건에 직면하여 미국의 세계전략이 군사적으로도 안보를

....

10 김명섭, "동아시아 냉전질서의 탄생: '극동'의 부정과 '대동아'의 온존," 백영서 외, 『동아시아의 지역질서: 제국을 넘어 공동체로』(서울: 창비, 2005), pp. 279-88.

11 Robert Jervis, "The Impact of the Korean War on the Cold War," *Journal of Conflict Resolution*, 24-4 (1980).

추구하는 것으로 나아갔다고 할 수 있다.

이는 샌프란시스코 조약의 조기 체결을 기반으로 추진되었다. 이 과정에서 미국은 경제, 안보적으로 일본의 전략적 가치에 주목하면서 일본을 정점으로 하는 지역구도를 만들었다. 그리고 아시아, 태평양 국가들과 양자동맹을 차례로 체결해나가면서 미국을 중심으로 하는 위계적 양자관계를 제도화했다. 우선 미일동맹(1951)은 샌프란시스코 조약의 합의와 함께 체결되었다. 이와 더불어 필리핀-미국 상호방위조약(1951), 호주-뉴질랜드-미국의 태평양안전보장조약(ANZUS, 1951), 한미상호방위조약(1953 조인, 1954 발효), 대만-미국 상호방위조약(1954)의 체결이 진행되었다.

미국과의 위계적 관계가 제도적으로 결속되는 방향으로 동아시아 지역질서가 형성되는 데 있어서 한국의 위치는 확고하지 않았다. 외무부 장관 변영태가 "미국이 오스트레일리아, 뉴질랜드와 ANZUS를 체결하고, 필리핀, 일본과도 상호방위조약을 체결함으로써 한국은 태평양 지역에서 고립상태에 빠지게 되고 안전보장에 중대한 위협이 된다"고 지적한 바처럼,[12] 한국이 직접적 전장터가 되었음에도 불구하고 미국과의 상호방위조약체결이 늦어지면서 동아시아에 재편되고 있는 질서에서 한국의 위치가 여전히 확고하지 못한 데에서 비롯되는 위협인식이 있었다고 할 수 있다. 이는 근대국가로써 생존하는 차원에서 나아가 전후 동아시아 지역질서에서 한국의 위치와 연관되는 문제였다.

미국과의 동맹체결은 해당 국가가 미국이 구축하던 자유주의 진영의 일원으로 인정되는가의 여부와 관련 있는 것이었다. 자유주의와 공산주의의 대립 속에서 미국의 승인을 통해 자유주의의 질서 하에 대외적으로 자신을 위치시키는 문제인 것이다. 한국의 경우처럼 미국의 동아시아 지역전략에서 핵심 이익으로 간주되지 않는 국가는 승인이 잘 이루어지지 않았다[13]는

....

12 노기영, "이승만정권의 태평양동맹 추진과 지역안보구상," 『지역과 역사』 11권 (2002), p. 199.

13 미국은 자국의 핵심이익과 관련하여 중요한 지역을 미국, 영국, 독일 및 중부유럽, 러시아, 일본

점을 고려하면, 당시 동아시아 지역질서의 형성에서 국가가 질서로 포함되기 위해서는 강대국의 승인이 필요했다. 이런 점에서 동아시아에서 주권의 인정은 국제법을 넘어서는 정치적 과정에 의해 결정되는 측면이 있다. 강대국은 승인을 통해 자신의 이익을 추구하고, 주변국은 미국과의 위계성에서 기인하는 승인의 국제정치 안에서 국익을 도모하는 것이 동아시아 국제정치의 현상적 특징이라 할 수 있다.[14]

문제는 미일관계에 비해 확고하지 못했던 한미관계였다. 미국이 동아시아 지역전략을 짜는 데 있어서 인식했던 전략적 가치에 따라 한국과 일본에 다른 중요성을 부여하였고, 이는 한미일 간 근대 국제정치게임에서 한일 간의 위계를 상정하는 일이었다. 따라서 이승만은 동아시아에서 한국이 주권국가로 승인받는 데 있어서 일본의 존재를 위협으로 인식하였으며, 이를 대일 균형자로써 한국의 역할을 시도해보는 것으로 해결해보고자 하였다. 반일주의는 이를 위해 전략적으로 사용된 측면이 크다. 정치, 경제적 측면에서 뿐만 아니라 평화헌법의 존재에도 불구하고 일본을 군사적으로도 재부흥시키고자 하는 미국의 전략과 일본의 부상에 대해서 반일인식을 기반으로 하는 전략을 내세움으로써 근대 국제정치게임에서 일본과 유사한 지위를 부

....

으로 상정했던 반면 한국과 중국에서는 미국의 역할을 제한하고, 실제로 1948년 주한미군 철수 결정에 따라 한국에서 미군의 철수 작업은 시작되었고, 1949년 6월 말에 완전히 마무리되었다. 그런데 같은 해 가을부터 국공내전, 소련의 핵실험, 중화인민공화국 선포, 중소동맹 등 동아시아의 정세가 급변하게 되면서, 미국 내부적으로도 아시아에서 공산주의의 확장을 저지해야 한다는 의견이 대두된다. 하지만 그럼에도 한국의 전략적 가치에 대해서는 의견이 통일되지 못했다. NSC48에서 극동지역의 정세 불안정의 원인을 철군에 있다는 인식도 보였고, NSC48/1에서 남한은 영구평화적 통일을 위한 핵심 지역이며, 남한의 안보를 위해 지원하고자 하는 계획이 포함되었으나, NSC 48/2에서는 이 부분이 포함되지 않은 것으로 보아 자유주의 진영에서 한국의 전략적 가치에 대해서 미국 내 합의된 의견이 부재했던 것으로 보인다. S.Y. Kim, *American Diplomacy and Strategy toward Korea and Northeast Asia, 1882-1950 and after: Perception of Polarity and US Commitment to a Periphery*, (Basingstoke: Palgrave Macmillan, 2009), pp. 181-6.

14 전재성 (2017), pp. 102-5, 110.

여받고자 하려는 의도가 담긴 것이었다. 동아시아의 불완전한 주권국가들이 동맹, 대미관계를 포함하여 질서 상에서 근대 국제정치게임을 하는 상황에서 전략적으로 주권게임이 활용되고 있는 것이다.

IV. 질서형성기 이승만의 일본인식과 역할구상

1. 한일 주권게임과 이승만의 한일 양자관계 인식

이승만의 일본에 대한 주권게임에는 반일인식이 기반이 되었다. 한일관계에 있어서 이승만의 적대적 대일인식은 제국주의 시기의 경험에서 비롯된 것이다. 이는 한국인으로써 겪었던 경험의 문제와 1차적으로 관련되어 있다. 하지만 식민지 국가의 국민으로 역사와 정체성 문제의 연장선상에서 일본의 침략적 행태의 기원과 예측을 설명하는 것은 아니었다. 일본의 전쟁심리와 야욕의 국가성은 과거 역사적인 부분에서 그 근원을 찾고 있지만, 일본의 행위를 비난하고 경고하는 데에 있어서는 국제질서에서의 문제로 접근하며, 국제정치의 정당한 행위자로 일본을 부정하고 있는 것이었다.

> (일본은) 양의 탈을 벗어버리고 늑대의 이빨을 드러내고 있다. … 신도적 신비주의에 근거하여 일본인들은 점차적으로 극단적인 애국심과 결합된 특이한 전쟁심리를 발전시켜왔다. … 천황숭배의 신도사상과 병행하여 '전쟁예찬' 사상이 생겨났다. 영토확장이 목적이 되면서 무사 숭배 관습은 거의 종교화되었다.[15]

이와 같이 이승만은 일본을 팽창의 욕구를 내재한 전쟁심리를 가지고

....

15 이승만 저, 류광현 옮김, 『일본의 가면을 벗긴다』 (서울: 비봉출판사, 2015), pp. 45-6.

있는 국가로 규정하고 있다. 그리고 이러한 일본의 침략성에 대한 기원을 임진왜란까지 거슬러 올라가 찾고 있다. 일본은 일찍이 세계정복의 꿈을 가지고 있었는데, 19세기 말 서양기술과의 만남에서 전쟁의 수단을 발전시키면서 자신의 전쟁 목적을 청일전쟁과 러일전쟁을 통해 실현하였다는 것이다.

히데요시의 침략이 조명연합군에 의해 격퇴되었지만, 사무라이 민족의 전사들은 "세계 정복"의 꿈을 포기한 적이 없었다. 그러나 그들의 세계관은 아시아대륙, 즉 사해내라는 범위를 벗어난 것도 없었다. 그러나 동양이 서양 문물을 접하게 된 새로운 시대를 만나 이 모든 것은 바뀌었다.⋯ 야망에 차 있던 일본인들은 서양인들의 우수한 살인무기를 보고나서 그것들을 자신들의 전쟁 목적에 적용했다. 세계를 정복하기 위해 이러한 현대무기들을 도입하여 군 장비를 갖추려는 욕망이 마치 일본 열도에 태양이 떠오르듯 그들의 마음 속에 서서히 떠올랐다. 1894년, 일본은 무방비 상태로 의구심을 품지 않고 있던 중국을 공격⋯ 청 제국을 패배시킴으로써 그들의 숙원을 실현할 수 있는 단계에 근접했다. 승리에 도취된 일본은 비밀리에 또 다른 전쟁 준비를 서둘러 1904년에는 러시아와 일전을 치를 준비가 되었다.[16]

또한 일본이 강대국들과의 전쟁에서 승리하면서, 일본의 무적성이 고취되어 '세계 정복'이라는 내재된 욕망이 구체화될 수 있을 것이라고도 내다봤다. 실제로 일본은 만주를 침략하여 괴뢰정부를 세웠는데, 이는 특히 '타나카 각서'라고 알려진 문서를 통해 일본의 전통적인 정복 야욕이 구체적으로 만주정복까지 나아갔음을 보여주고 있다. 이승만은 타나카 각서에서 볼 수 있는 일본의 이러한 세계정복의 구상을 팽창적 속성에서만 본 것은 아니었고, 세계의 질서를 재구축하기 위한 군사계획서라는 관점에서 접근하였다.

········
16   이승만 (2015), pp. 51-2.

세계를 정복하려면 일본은 유럽과 아시아를 정복해야만 하며, 유럽과 아시아를 정복하기 위해서는 일본은 중국을 정복해야만 한다.⋯ 장차 우리가 중국을 제패하려면 제1차적 거사로 미국을 분쇄해야 한다. 만약 우리가 중국 정복에 성공하고 나면, 아시아의 잔여국과 남양의 나라들은 우리를 두려워하여 우리에게 항복할 것이다.[17]

또한 일본의 의도를 히틀러와 비교하고 있다. 히틀러의『나의 투쟁』이 출판되었을 때, 이를 심각하지 않게 여겼으나 히틀러의 손에 유럽이 들어가고 있는 것을 고려했을 때, 타나카 각서에 대한 미국의 태도를 우려한 것이다.

미국 국민들은 그 문서가 일본의 군사적 야욕을 폭로하는 것으로 받아들이지 않았다. 대부분의 미국인들은 유럽인 대부분이 히틀러의 책을 무시했던 것처럼 타나카 문서를 무시했다. 그 문서의 진위성에 대한 일본 정보의 공식적 부인을, 사실대로 말하는 성명으로 받아들였다. 그러나 최근 수년 동안 세계정세는 급격히 변했다. 유럽과 아시아 대륙의 지도가 다시 그려지고 있고, 이 과정이 언제 끝날지 알 수 없다. 대격변이 일어난 것이다. 그러나 이것은 타나카 남작의 예언 중 일부만 실현된 것이다.[18]

이승만은 기본적으로 일본에 대해서 침략속성을 가지고 있는 국가, 영토팽창을 넘어서 전 세계를 대상으로 군사적 야욕을 가지고 있는 국가라는 인식을 가지고 있음을 확인할 수 있다. 나아가 이승만의 대일인식이 국제정치의 행위자로서의 정당성까지 포함하고 있다는 것을 볼 수 있는데, 중일전쟁 기간에 일본이 중국, 영국과 미국의 화물선에 한 행위를 다음과 같이 비난하고 있다.

....

17   이승만 (2015), pp. 57-8.
18   이승만 (2015), p. 57.

어떤 근대국가가 비록 아무리 막강하다고 할지라도, 자신은 다소 비우호적인 다른 나라의 국기를 무시하고, 끌어내리고, 발로 짓밟으면서도 자신들의 국기에 대하여는 허리 굽혀 경례를 하도록 강요한다는 것은 거의 상상할 수도 없고 믿을 수도 없는 일이다. 그러나 이것이 바로 지금 일본이 자행하고 있고, 앞으로도 계속 그렇게 할 것이다.[19]

특히 어떠한 조약이 있어도 일본은 제어될 수 없다는 사실을 분명히 한다. 1920년대 초반 워싱턴 회의에서 문호개방, 영토보전, 기회균등, 주권존중의 원칙 하에 일본의 중국 진출을 억제함과 동시에 중국의 권익 보호를 표명한 9개국 조약이 미국, 영국, 네덜란드, 이탈리아, 프랑스, 벨기에, 포르투갈, 일본, 중화민국 사이에서 체결되었다. 이 조약에 의하면 일본은 중국을 침략하면 안되는 것이었지만, 일본은 이 조약을 폐기하고 중일전쟁을 일으켰다.

일본이 9개국 조약은 "사문서"이고 "폐기된 문서"라고 말했고, 독일도 국제조약을 "종이 조각"이라고 불렀다. 그 차이는 다만 미국은 독일의 위협에 대한 위험성은 충분히 인식하고 있었던 반면에 그것의 동양판 원형인 일본에 대해서는 그 위험성을 충분히 인식하지 못하고 있었다는 점이다. 바로 여기에 위험 요소가 잠재해 있다. 어느 국가이건, 심지어 미국까지도, 이런 나라들과 조약관계를 맺는다는 것은 단지 파국을 초래할 따름이다.[20]

이승만의 대일인식은 일본의 전쟁심리와 영토야욕이 국제질서에 미친 파급과 국제정치 행위자로서 신뢰할 수 없는 측면, 즉 국제정치를 주도하는 세력으로써 일본의 부정당성에 대한 부분까지 포함하고 있다. 1945년 이후

....

19   이승만 (2015), p. 174.
20   이승만 (2015), p. 187.

1950년대 초반 동아시아 지역질서가 제국주의 시대를 종료하고 특정 질서로의 이행기였다고 했을 때, 이승만의 반일인식은 동아시아가 새 질서를 구축해나가는 데 있어서 일본이 주도적인 역할을 하는 정당한 행위자가 될 수 없다는 점을 단순 피해자의 입장이 아닌 국제정치적 차원에서 강조하는 것이라 할 수 있다. 한국이 지도자로서 역할을 할 수 있어야 한다는 구상도 새로운 질서에서는 한국이 일본보다 더 정당한 행위자라는 점에서 기인한 것이다. 이는 단순히 조선인으로써 갖는 일국적 반일감정으로 볼 수 없다. 한국은 근대 국제정치게임에서 대내외적으로 국가형성의 과정 중이었고, 이러한 상황 속에서 국제정치적으로 주도적 역할을 할 수 있어야 한다는 목적을 추진함으로써 이익을 추구하였다. 일본에 대한 적대적 감정의 표출은 반일을 통해 한국의 전략적 가치를 높임으로써 국가 형성과정에서의 이익을 취하는 주권게임의 일환이었던 것이다.

일본에 대한 주권게임은 동아시아 내 다자주의를 추진하는 과정에서 잘 드러난다. 이승만은 한국이 미국과의 위계적 결속이 지연되는 것에 대한 안보적 위협을 한국이 주도하는 다자적 지역안보협력체를 추진함으로써 풀어나가고자 했는데, 여기에는 일본이 배제되었다. 총 두 차례 다자주의를 시도하는데, 첫 번째는 1948년 미군철수가 결정된 후 태평양동맹을 추진한 것이고, 두 번째는 한국전쟁 발발 후에 제기한 태평양동맹이다. 이승만이 한국전쟁 중 태평양동맹을 추진했던 것은 ANZUS가 체결되는 것을 보면서 집단안보체제 결정에 대한 희망을 어느 정도 가지고 있었기 때문이다. 이에 한국 정부는 1952년 8월 하와이에서 열린 ANZUS 이사회에 옵저버 자격으로 한국의 참석을 요청하였으나 미국이 이를 거절하였다. 그럼에도 불구하고 이승만은 1953년 1월까지 한국, 대만, 필리핀 3국을 중심으로 하는 태평양동맹의 체결가능성을 지속적으로 제기하였지만,[21] 결국 실현되지는 못하였다.

이승만이 지역질서 재편에서 한국이 소외되고 있는 현실을 한국이 주도

....

21 노기영 (2002), pp. 198-200.

적인 역할을 하는 다자주의로 전환해보고자 하고, 또한 이러한 시도에 반일 인식을 기반으로 하는 대일 주권게임의 논리가 반영되는 것은, 제국주의 질서와 제2차 세계대전 이후 주권질서 간의 충돌을 나타내는 것이라 할 수 있다. 지역질서 형성과 관련하여 이승만이 내세웠던 반일인식은 제국주의의 조직원리에서 비롯되었지만, 근대국제정치게임에서 일본의 지역 내 주도적 역할을 원했던 미국의 승인을 얻지 못함으로써 일본이 정점이 되는 미국의 동아시아 지역전략을 변화시키지는 못하였다.

2. 한미일 근대 국제정치게임과 이승만의 대미, 대일인식

동아시아 지역질서가 재편되는 시기, 구조의 체제화와 국가 형성이 동시에 이루어졌다는 점을 고려해볼 때 질서의 층위에서 주권국가로써 한국의 입지를 세우는 것이 중요했을 것이다. 동아시아 국가들이 근대국가로 재형성되는 과정에서 지역 내부적으로 불완전한 주권국가들이 국제정치적 주권을 인정받는 방법은 강대국의 승인을 거치는 것이었다. 제국주의 질서가 종식된 후 자유주의 진영에서 새로운 강대국의 지위는 미국이 차지했고, 동아시아 국가들의 국제정치적 승인 문제는 미국의 이익과 전략에 좌우되었다.

이의 연장선상에서 이승만에게 한일관계는 단순히 양국 간 이해관계의 수준에서 인식되었던 것이 아니라 세계적, 지역적 차원에서 전후질서의 구축과 냉전전략의 수행이라는 차원에서 이해되어졌다는 점이 고려되어야 한다.[22] 1945년 9월 이후부터 한국전쟁이 발발하기까지의 일련의 정책결정에서 한국은 미국이 직접 군사력을 지원하여 방어해야 할 지역에 포함되지 않았다. 1948년 주한미군 철수 결정, 유엔군 방어 라인으로 한국의 위치 설정, 그리고 한국전쟁 발발에 대한 대응으로 일본의 재무장을 우선 고려하여 보

....

22   신욱희, 『순응과 저항을 넘어서: 이승만과 박정희의 대미정책』 (서울: 서울대학교출판문화원, 2010), p. 56.

통국가화를 추진했다는 사실에서 미국의 안보 전략에서 한국을 자유주의 진영으로 승인하는 문제는 이승만이 느끼는 인정의 필요성에 비해 약했다고 볼 수 있다.

하지만 동아시아 지역질서의 형성 과정이 미소 경쟁의 구도에 영향을 받을 수밖에 없는 상황에서 국가의 대외적 위치를 인정받는 문제와 관련하여 미국의 승인 여부는 중요한 것이었다. 따라서 이승만은 근대 국제정치게임에서 미국과의 위계적 관계를 피할 수 없는 상황을 수용하며, 미국의 승인을 지속적으로 구하였다. 이를 위해 주로 자유진영의 반공기지로써 한국의 군사적 역할을 자처하는 것으로 한국의 전략적 가치를 강조하며, 미국에 군사적 지원을 요청한 것을 확인할 수 있다. 대미관계에 대한 이승만의 인식은 미국과의 위계성은 인정하되, 미국의 승인과 지원을 받아 대외적 국가 형성을 추진하는 전략을 내세운 것이었다.

맥아더에 보낸 서한에서 한국에 대한 군사적 원조의 필요성을 강조하고 있음을 볼 수 있다. 공산세력의 공세적 행위가 강화되고 있는 상황에서 한국에 대한 군사적 원조가 절실하며, 현재 한국의 군사력으로는 국외적으로 반공을 소탕하기 어렵다는 점을 말하고 있다. 나아가 미국은 현재 아시아에서 공산주의에 대한 위협을 제대로 이해하지 못하고 있음을 지적한다. 여기서 주목할 만한 부분은 한국에 대한 군사적 원조는 한국의 안보만을 위한 것이 아니라 공산진영에 대항하는 자유진영의 민주적 권력의 수호를 위한 것인데, 미국이 자유민주주의 진영의 동맹의 한 부분으로 한국에 대한 군사적 원조의 필요성을 인식하지 않는 점에 대한 유감을 맥아더에게 직접 나타낸다는 것이다.

We need fast-running patrol boats, planes and some behavior ships to guard our coast line. Without them it is impossible to keep the Communists out, ⋯. We need planes for reconnaissance as well as for support of our troops in repelling attacks.⋯

I think, General MacArthur, that you are close enough to our situation to understand the real danger that confronts us, and the pressing need of securing additional armaments while yet there is time.⋯ If the United States does not feel that it can grant us the needed weapons as part of the World-wide democratic alliance against further communist aggressions, we should like to purchase them with our money. But whatever the means to be used, there should be no disastrous delay.⋯[23]

맥아더에 이상의 내용을 담은 서신을 보내고 약 한 달 뒤, 이승만은 한국에 군사원조가 불가피함을 알리는 것에서 나아가, 북진통일을 우리만의 목표가 아니라 미국의 정책과도 궁극적으로 연결된다는 점을 주장하며, 이를 위해 한국의 청년들이 전선에서 싸울 것임을 제안한다. 미국의 군사적 지원과 지지만 있으면, 한국은 반공기지로서 미국의 좋은 군사적 파트너가 될 수 있음을 강조하는 것이다.

The American Forces in Korea will be out of Korea by the end of this month. What do we have for our defense? ⋯ Our Defense Minister reports that we have munitions which will last for only three days of actual fighting. ⋯Some Americans who came to Korea area quite surprised to hear that we have not enough weapons to go around. They said that there is an impression all over the United States that Korean have all the weapons of war they need.

Of course, we must keep in mind that some Americans would take the Communist view that Korea's fight against Communism is hopeless

....

23 "이승만이 맥아더에게 보내는 편지: 군사원조 필요성 설명" (1949년 5월 22일), 『이승만관계서한자료집2(1949-1950)』 국사편찬위원회 한국사데이터베이스.

and why should the United States waste any energy on a hopeless situation? All those who take that view are mistaken. Our people in the North and South are more determined than ever before that to yield to the Communist is yield accepting slavery and death. We have trained soldiers who were really veterans in the Japanese army and if we have sufficient weapons we can settle out unification question without much difficulty; … We are today in a better position than we ever have been and all we need is America's moral and military support in our fight against Communism.[24]

하지만 일본과의 관계가 문제였다. 이승만은 근대 국제정치게임에서 미국에 대한 위계성은 자연스럽게 받아들였지만, 미국이 부여한 한국과 일본과의 위계성은 인정할 수 없었다. 제국주의 종식 후의 질서 형성에서 한국이 주도적인 국가가 되어야 한다는 이승만의 전략과 미국에 의해 설정된 일본의 지역 내 위치는 상호불일치한 것이었다. 이에 이승만은 미국에 군사적으로 중요한 위치를 가진 한국을 강조하면서 일본을 의식하는 인식을 보여주고 있고, 한국에 대한 군사적 지원은 일본과 균형을 맞춰줄 것을 요구하기도 했다. 위계적인 질서 내에서 일본과는 최소한 세력균형을 도모하고자 하는 의도에 따라 한미일의 근대 국제정치게임에서 한일관계를 인식하는 부분에서는 위계에 대한 갈등적 측면이 나타나는 것이다.

한국전쟁 중 이승만이 트루먼에게 직접 보낸 서신에 일본의 재무장론에 대해서 한국이 일본과 대등한 군사적 능력을 가지고 있음을 주장하며 일본의 보통국가화를 견제하고 있다. 또한 군수물자 요청 및 38도선에서 한국전

....

24 "군사원조의 불가피성 홍보지시(secret)-대사 장면(John Myun Chang)과 추평옥(Pyung Ok Chough)에게" (1949년 6월 24일), 『이승만관계서한자료집2(1949-1950)』 국사편찬위원회 한국사데이터베이스.

쟁을 멈추면 안 된다는 얘기와 함께 한국의 군사적 능력의 수행 의지로 제한한다. 한국의 젊은이들이 전선이 되겠다, 일본과 비교해도 우리는 군사적 역할을 수행하기에 충분하다는 의견을 명확하게 전달하고 있다.

To stop at the 38th Parallel is to frustrate your policy and all the sacrifices in human lives and material sustained by the United States and other member nations will have been made in vain. Therefore I desire to express to you, Mr. President, my deep conviction that the United States should stand firm in carrying out your principles, thereby encouraging all the anti-communist elements in every nation, including Russia herself, ··· Meanwhile, we must not risk needlessly the lives of the American boys in Korea. The best way to accomplish this is to immediately arm and eqip the three hundred thousand Koreans who have been picked and trained for the battlefront. ··· Those who are interested in re-arming Japan insist that these Koreans are not sufficiently trained, but in fact they are better trained than the ROKA, now fighting in the front lines, ···[25]

한국전쟁이 휴전으로 종전된 후에도 이승만은 아이젠하워에 일본과 동등한 수준에서 한국에 대한 군사 지원을 요청한 것을 확인할 수 있다.

I consider this as a most opportune moment to ask for this increase in Korea's defense forces, since U.S. is granting Japan an immense appropriation for building up of the Japanese army, navy and air corps.

....

25 "이승만이 트루먼에게 보내는 편지" (1951년 3월 17일), 『이승만관계서한자료집3(1951)』 국사편찬위원회 한국사데이터베이스.

The Koreans believe in a balanced build-up of both Korea and Japan, so that they can cooperate against a common enemy in war, ...[26]

일본을 후방 군사기지로 하여 미국과 연합군의 군사적 지원 하에 한국전쟁을 치르고 있었던 중에도 이승만은 한국정부의 일본에 대한 공식적인 입장을 반(反)일에 근거하여 표명하고 있었다. '일본은 세계 정복의 목적을 정말로 포기하였는가.' 1951년 12월 이승만이 직접 재외공관에 보낸 한일관계에 대한 한국정부의 입장에 대한 내용 중 핵심 질문이다.[27] 근대국제정치의 게임에서 자유주의 진영으로의 승인이 확실하지 않은 상황에서, 한국전쟁이라는 안보적으로 위급한 상황에 직면한 이승만은 여전히 반일의 주권 게임을 하고 있는 것이다.

3. 동아시아 전후체제의 형성과 이승만의 역할구상의 한계

미소 경쟁의 구도가 강화되면서 동아시아 지역질서가 일명 샌프란시스코 체제로 이행되고 있다고 했을 때, 체제적인 측면에서 이승만은 한국의 생존은 전체 자유주의 진영의 보존과 관련되어 있다는 점을 강조한다. 이승만이 미국에게 보냈던 서한들을 보면, 자유진영으로써 한국의 안보가 북한과 소련의 동맹 체결 등 공산주의에 의해 위협적인 상황을 인식시킨다. 또한 한국에 대한 지원은 한국의 개별적 이익만을 위한 것이 아니라 자유주의

....

26 "President Syngman Rhee corresponds with Eisenhower regarding increases in the strength of the ROK Army, Navy, and Air Corps," United States: White House, 1953, 서울대학교 중앙도서관 학술 데이터베이스 Declassified Documents Reference System의 U.S. Declassified Documents Online에서 검색.

27 'Vital Question: Have Japanese people and their rulers positively and finally given up their of world conquest as a chosen people?' 이승만, "재외공관에 보내는 한일관계에 대한 한국정부 입장" (1951년 12월), 『이승만관계서한자료집3(1951)』 국사편찬위원회 한국사데이터베이스.

진영의 민주적 가치 보존과 직결된다는 것도 보여주고 있다.

> The Communists are -- their propaganda story all through South
> Korea that … soon the North Korean Communists will sweep down to
> occupy our South, just as the China's Communists are now doing in
> China. … agreements signed between the North Korean Communists
> and Moscow for mutual military defense. It is reported that over one
> hundred Japanese Plane manufacturers and aviators have been brought
> to North Korea, and that a large contingent of the Japanese soldiers held
> in Manchuria are to be sent to North Korea by the Soviets.[28]

이것이 단순하게 극동의 문제가 아니라 전 세계의 문제를 다루기 위한 계
획이기 때문에 나는 극동의 과거사나 현재의 한일관계에 대해서 상대적으로
가볍게 기술하였습니다. 당신의 위대한 목표가 한국의 개별적인 이익의 보호
가 아니라 민주적 문명의 가치 보존이라는 것을 독자들에게 보여주는 것이 핵
심적이라고 생각합니다.[29]

제2차 세계대전 후 동아시아 지역질서의 형성과정에서 불완전한 주권
국가로 단위가 설정된 것과 강대국의 개입이 불가피한 상황에서 미국에 의
한 승인의 국제정치가 작동하는 점이 동아시아 국제정치의 기본 성격을 규
정하는 요소들이라고 할 수 있다. 이러한 요소들로 인해 동아시아 국제정치
는 내부적으로 주권의 불완전성을 내장하고 있는 지역국가들 간 관계에 있
어서는 주권게임이, 완전한 근대주권국가인 미국과 같은 강대국과의 관계

....

28 "이승만이 맥아더에게 보내는 편지: 군사원조 필요성 설명" (1949년 5월 22일), 『이승만관계서
　　한자료집2(1949-1950)』 국사편찬위원회 한국사데이터베이스.
29 "올리버가 이승만에게 보내는 편지" (1957. 1. 21), 『서한집 9』 p. 6. 신욱희, 『순응과 저항을 넘
　　어서: 이승만과 박정희의 대미정책』 (서울: 서울대학교출판문화원, 2010), p. 57 재인용.

에 있어서는 근대 국제정치게임이 동시에 진행되고 있다. 이승만의 경우도 질서 차원에서 제도화, 체제화가 진행되는 과정에서 미국으로부터의 승인을 통해 한국을 자유주의 진영의 일원으로 인정받고자 하였다. 하지만 승인도 강대국의 이익계산과 관련된 정치적 논리를 수반하는 바, 미국의 전략적 고려에 따라 한국의 승인 여부는 확실하지 않았다. 이에 이승만은 자유주의 진영으로써 한국의 위치와 반공군사기지의 역할을 강조하며 미국 중심의 질서 안으로 포함되고자 했다.

한미일 관계에서 근대 국제정치게임이 위계적 제도 내에서 미국의 승인을 통해 진행되고 있었다면, 하위의 한일관계는 세력균형으로 한국의 주체성을 확보하고자 했다. 동아시아 지역질서 구축에서 일본을 중심으로 하는 미국의 전략에 의해 한일 간 일본을 상위로 하는 위계성이 부여되었던 데에서 이승만은 위협인식이 있었던 것이다. 이는 대미관계에서 일본에 대한 균형의 필요성에 대한 강조를 하는 것과 동시에, 한일 간 주권게임에서는 반일인식을 강조하고, 한국 주도의 역할에 대한 구상을 부각시키는 전략에 반영되었다.

하지만 미국은 전후 동아시아 지역전략을 펼치는 데 있어서 일본의 전략적 가치를 높게 인식하고, 이에 따라 대일 편향적인 입장을 보이는 상황이었다.[30] 이런 점에서 한일 간의 주권게임과 이를 통한 한국의 전략적 이익을 도모하는 것은 이승만의 의도대로 성공하기 힘든 측면이 있었다. 한일 간 주권게임과 한미일 간 근대 국제정치게임의 관계 속에서 주권게임의 자율성은 보다 상위의 근대 국제정치게임의 논리에 따라 제한될 수 있는 것이다.

....

30 이승만은 덜레스가 일본을 위해서라면 무엇이든 했던 사람이고, 이러한 상황과 국무부의 태도는 어떤 변화도 없었으며, 미국은 일본인들이 말하거나 제안하는 점이 있으면 무엇이든 이를 신뢰하고 믿는 습성이 있다는 점을 인식하고 있었다. 이에 미국 내에 한국을 도와줄 수 있는 인사가 존재해야하는 필요성이 있음을 설명하며, Coulter 장군에게 그 역할을 간청하고 있다. "이승만 대통령이 General John B. Coulter에게 보낸 서한"(1960년 1월 6일), 대통령기록기록관, 대통령서한 검색, http://www.pa.go.kr/research/contents/letter/index.jsp (검색일: 2018. 05. 15).

V. 결론

동아시아 국제정치, 특히 한일관계를 규정하는 대표적인 변수로 역사 그리고 역사적 경험에서 비롯되는 정체성의 문제가 언급된다. 그리고 역사적 경험은 기존 주류 이론들이 가정하는 근대적 개념의 국제정치게임을 저해하는 요소로 인식된다. 이는 주권과 주권 국가들의 무정부상태라는 근대 국제정치의 기본적인 규범이 가정하는 합리성이 있는데, 역사적 경험에 기반하는 한일 간의 행동이 이에 부합하지 않는 비합리적 행위로 여겨지기 때문이다. 하지만 주권국가와 무정부상태라는 이론적 규범이 동아시아 현실에 근본적으로 적용이 되지 않는다고 한다면 기존 주류이론이 가정하는 합리성은 재고되어야 한다.

본 연구에서 제국주의 질서의 종식 후 근대국가와 질서가 주어진 것이 아니라 형성되어가던 이행기라는 점에 주목하여, 규범적으로 마땅히 적용되어온 주권규범을 해체하고 보편적인 주권이 동아시아의 상황에서 어떻게 구성, 정착되었는지를 살펴봐야 할 필요성을 제기하였다. 제국주의의 경험, 탈식민화 과정에서 대내적 세력 경쟁, 탈제국화, 미소 경쟁 구도의 영향 하에서 동아시아 국가들이 근대국가를 형성한 결과는 완전한 주권국가화를 포기하지 않는 불완전한 주권국가의 모습이었다. 이러한 불완전한 주권국가 간의 게임은 상대의 완전한 주권을 인정하지 않음으로써 자국의 전략을 추진하는 것이다. 일본과의 주권게임을 하는 경우, 일본의 주권을 인정하지 않는 논리로 역사적 경험에 의한 반일의 일본인식이 작동하는 것인데, 동아시아 국제정치를 설명하는 데 있어서 역사적 요인을 비합리적 요소 혹은 동아시아의 특수성에서 비롯되는 부수적 요소로 치부하는 기존 주류국제정치 이론의 입장을 그대로 수용한다면 환원주의적 설명의 수준을 넘기 힘들다.

이승만의 일본인식은 사실로써 역사적 경험에 의한 반일을 넘어서 전략적 차원에서 동아시아의 불완전 주권국가들의 주권게임의 양상을 잘 보여주는 사례라고 할 수 있다. 일본에 대한 주권게임은 한국이 동아시아 국가

간 관계가 위치지어지는 질서 형성기에 미국 중심의 자유주의 진영에 일본과 대등한 지위를 가지고 들어가고자 하는 의도에서 시도되었다. 미국과 지역 국가 간 관계가 위계적으로 조직되고, 이것이 샌프란시스코 강화회담을 기점으로 동맹을 통해 제도화되는 것으로 나아갔는데, 그 과정에서 미국은 일본을 전후 동아시아 지역질서의 중심으로 설정함으로써 일본과 지역국가 간 위계를 부여하였다. 이승만은 근대 국제정치게임 차원에서 일본과의 위계적 관계를 거부한 것이었다. 하지만 한국에 대한 미국의 전략적 이해관계가 일본에 비해 낮았던 관계로 자유주의 진영으로의 승인도 다른 아시아·태평양 국가들에 비해 갈등적이었던 상황에서 동아시아 지역에 대한 미국의 중심 전략을 바꾸는 것은 어려운 일이었다.

한일관계처럼 불완전한 주권국가들의 주권게임과 한미일 관계처럼 구조적 차원에서 근대 국제정치게임의 복합적 양상이 동아시아 국제정치의 운용원리 상의 패턴이라고 할 수 있다. 운용원리는 조직원리의 기반 위 행위의 층위에서 보여지는 국제정치의 작동방식이다. 동아시아 국제정치의 운용원리가 기존 서구국제정치이론에서 분석되는 운용원리와 다른 양상을 보인다면 그 기반이 되는 조직원리도 다를 수밖에 없다. 전후 동아시아 국제정치의 조직원리는 불완전한 주권국가의 단위와 무정부상태와 대비되는 위계를 기반으로 하고 있는데, 운용원리를 뒷받침하기 위해서 두 개념은 이론화될 필요가 있다.[31] 이는 기존의 보편적 규범을 기준으로 동아시아의 특수성을 논하는 것에서 나아가 동아시아 국제정치의 일반화를 추구하는 작업이라 할 수 있다.

....

31 이 과정에서 무정부상태하 만능의 주권국가들이 단위 간 세력배분의 차이로 발생하는 제도상의 계약적 위계를 인정하는 기존의 개념이 아닌, 정책 실행의 자율성 제한을 감안하면서 단위들 자체가 위계적으로 조직되는 위계에 대한 인식이 필요하다. 제도의 위계화와 위계의 제도화는 구분될 필요가 있는 것이다. Alexander Wendt, Daniel Friedman, 'Hierarchy under Anarchy: Informal Empire and the East German State,' *International Organization* 49-4 (Autumn, 1995); 전재성, "국제정치 조직원리 논쟁과 위계론," 『국제정치논총』 54권 (2)호 (2014).

참고문헌

1차 자료

이승만. "재외공관에 보내는 한일관계에 대한 한국정부 입장." 1951년 12월.
　　『이승만관계서한자료집3(1951)』 국사편찬위원회 한국사데이터베이스.
_____. "군사원조의 불가피성 홍보지시(secret)-대사 장면(John Myun Chang)과 추평옥(Pyung
　　Ok Chough)에게." 1949년 6월 24일.『이승만관계서한자료집2(1949-1950)』 국사편찬위원회
　　한국사데이터베이스.
_____. "이승만이 맥아더에게 보내는 편지: 군사원조 필요성 설명." 1949년 5월 22일.
　　『이승만관계서한자료집2(1949-1950)』 국사편찬위원회 한국사데이터베이스.
_____. "이승만이 트루먼에게 보내는 편지." 1951년 3월 17일.『이승만관계서한자료집3(1951)』
　　국사편찬위원회 한국사데이터베이스.
_____. "President Syngman Rhee corresponds with Eisenhower regarding increases in the
　　strength of the ROK Army, Navy, and Air Corps," United States: White House, 1953.
　　서울대학교 중앙도서관 학술 데이터베이스 Declassified Documents Reference System의 U.S.
　　Declassified Documents Online.
_____. "이승만 대통령이 General John B. Coulter에게 보낸 서한." 1960년 1월 6일. 대통령 기록관.
　　대통령 서한 검색. http://www.pa.go.kr/research/contents/letter/index.jsp (검색일: 2018.
　　05. 15).

2차 자료

김명섭. "동아시아 냉전질서의 탄생: '극동'의 부정과 '대동아'의 온존," 백영서 외.『동아시아의
　　지역질서: 제국을 넘어 공동체로』 서울: 창비, 2005.
김일영. "이승만 정부에서의 외교정책과 국내정치-북진·반일정책과 국내 정치경제와의 연계성."
　　『국제정치논총』 제39집 3호 (2000).
노기영. "이승만정권의 태평양동맹 추진과 지역안보구상."『지역과 역사』 제11권 (2002).
박진희. "이승만의 대일인식과 태평양동맹 구상."『역사비평』 76호 (2006).
박태균. "반일을 통한 또 다른 일본 되기: 이승만 대통령의 대일인식."『일본비평』 3호 (2010).
신욱희. "이승만의 역할인식과 1950년대 후반의 한미관계."『한국정치외교사논총』 제26권 1호
　　(2004).
_____.『순응과 저항을 넘어서: 이승만과 박정희의 대미정책』 서울: 서울대학교출판문화원, 2010.
이승만 저. 류광현 옮김.『일본의 가면을 벗긴다』 서울: 비봉출판사, 2015.
이혜정. "한미동맹 기원의 재조명: 한미 상호방위조약의 발효는 왜 연기되었는가?."
　　『한국정치외교사논총』 제26권 1호 (2004).
전재성. "국제정치 조직원리 논쟁과 위계론."『국제정치논총』 제54권 2호 (2014).
_____. "동북아의 불완전한 주권국가들과 복합적 무정부상태."『세계정치』 26권 (2017).
차상철. "아이젠하워, 이승만, 그리고 1950년대의 한미관계."『미국사연구』 제13권 (2001).
Jervis, Robert. "The Impact of the Korean War on the Cold War." Journal of Conflict Resolution

24-4 (1980).

Kim, S.Y. *American Diplomacy and Strategy toward Korea and Northeast Asia, 1882-1950 and after: Perception of Polarity and US Commitment to a Periphery.* Basingstoke: Palgrave Macmillan, 2009.

Lee, Chong-Sik. *Japan and Korea: The Political Dimension.* Stanford, Calif.: Hoover Institution Press, 1985.

Wendt, Alexander and Daniel Friedman. 'Hierarchy under Anarchy: informal empire and the East German State.' *International Organization* 49-4 (Autumn, 1995).

제3장

동아시아 지역의 안정적 평화: 1990년대 초 중국의 적대국과의 화해 과정 연구

장지영(서울대학교 아시아연구소)

* 본 글은 2017년 *Korean Social Science Journal* (2017) 제44권 2호에 영문으로 게재된 논문을 국문으로 수정 및 보완한 내용임.

I. 서론

동아시아 지역은 냉전시기 양진영 갈등의 최전선이었던 만큼, 탈냉전 이후 동아시아지역 국가들의 화해 과정은 특별히 주목할 만하다. 또한 동아시아 지역은 보편적인 세계질서 속에 있으면서도 비서구라는 지역적 맥락 속에서 발현되는 특수성을 동시에 갖기 때문에, 글로벌 이론에 비추어 지역적 차원의 구체적인 논의가 필수적이다. 동아시아 지역 중국의 부상과 그로 인한 역학관계의 변화가 국제정치의 중요한 현안으로 떠오른 지 오래이지만, 탈냉전 이후 중국이 주변의 적대국들과 어떻게 관계 개선을 해왔는가에 대한 연구는 많지 않다. 따라서 본 연구는 중국외교 속에서 적대국가와의 관계 개선이 이루어지는 시기적 특성과 외교적 메커니즘을 분석함으로써, 동아시아 국가관계에 대한 특성을 밝힐 것이다.

일반적으로 국가 간에는 전쟁으로 인해 관계가 단절되고, 외교적인 수단을 통하여 관계를 회복하기 때문에, 본 글에서는 전쟁으로 인해 관계가 단절되었던 두 국가를 '적대국'으로 보고, 두 국가의 외교관계가 정상화되는 과정을 '화해'의 과정으로서 분석한다. 적대국 간 관계개선 과정을 체계적으로 이론화한 찰스 쿱찬(Charles Kupchan)의 이론적 프레임워크를 비판적으로 수용하여, 90년대 초 중국을 중심으로 한 동아시아 국제관계를 설명하기에 적합한 이론을 새롭게 제시하고자 한다. 쿱찬은 관계개선의 역사적 과정을 서술하는 데 그침으로써 특정한 변수를 밝히지 못했고, 또한 동아시아에는 중요하게 작용했던 변수들을 간과했다는 한계를 갖는다. 따라서 이를 보완하여 기존의 네 단계였던 이론을 세 단계 즉, '(1) 일방적 주도 → (2) 비정치적 교류 → (3) 상호자제'로 수정한다. 또한 이러한 과정을 거치게 된 원인을 설명하는 변수로, 세 가지 '약소국/강대국, 국내정책, 제3국'을 각각 제시한다.

따라서 본 글은 "동아시아 지역 내 적대국 간의 관계개선은 어떻게 이루어지는가?"에 대한 답으로서, 기존 서양 중심의 글로벌 이론이 설명하지 못한 적대국 간 관계개선의 구체적인 과정과 그 원인을 밝히고자 한다. 탈냉전기 90년대 초 중국의 외교관계를 중심으로, 1991년 중국-베트남, 1992년 중국-대한민국의 외교관계정상화 과정을 사례로 선택하였다. 기존 이론이 서양의 사례에 편향되어 있기 때문에 동아시아 지역을 연구하되, 중국을 중심으로 하였다. 적대국과의 관계개선 과정을 살펴보는 것이 연구의 목적이니만큼, 중국과 전쟁으로 인해 외교관계가 단절된 적대국가를 선정하였다. 따라서 1950년대, 1970년대 각각 중국과 전쟁을 겪었던 한국과 베트남이 사례로 적합하다고 여겨졌다.

두 사례는 관계의 양상이 달라 보이지만, 관계를 개선하는 화해의 과정에서는 공통의 특징이 나타난다. 우선 중국과 적대국이었던 한국과 베트남은 이념적으로 다르기 때문에 중국과 관계의 양상이 다른 측면이 있다. 중국과 한국은 전쟁으로 관계가 단절된 1950년대 이후, 줄곧 적대적인 관계를 유지해왔던 반면, 중국과 베트남은 1950년 4월 원-월항불전쟁부터 1978년 중-베전쟁 전까지 군사원조를 통한 비공식적 안보동맹을 경험한 바 있다.[1] 또한, 지역패권경쟁의 측면에서도 관계의 양상이 다르게 나타나는데, 중국은 동남아지역패권을 두고 베트남을 견제하는 반면, 동북아지역에서 중국과 한국의 패권경쟁의 경향은 나타나지 않는다. 그러나 흥미로운 점은, 외교관계 정상화 과정에서는 두 관계가 비슷한 양상을 보인다는 점이다. 구조적인 요인으로 인해 시기적으로 비슷한 때에 외교관계가 정상화되었다고 하더라도, 국교정상화를 하는 과정에서도 비슷한 특징들이 나타난다. 이를 통하여, '중국과 전쟁을 치른 적대국들이 비슷한 외교관계정상화 과정'을 밟게 된 원인을 밝힐 뿐만 아니라, 두 사례를 통해 동아시아지역에서 관찰되는

....

1   翟東升, "對中蘇中越同盟的反思(一)," 『經理世界』 (第10期, 2007); 翟東升, "對中蘇中越同盟的反思(一)," 『經理世界』 (第11期, 2007).

외교관계정상화의 패턴을 이론화하는 작업을 하고자 한다.

II. 이론적 프레임

1. 화해, 관계개선, 그리고 관계정상화

국가 간의 관계가 개선된다는 것은 어떤 의미인가. 먼저, 천자현(2013)이 정리한 바를 통해, '화해'가 가지고 있는 기본의미들을 살펴본다. 리틀(David Little)은 추상적이고 실체 파악이 어려운 '화해'라는 단어의 정의 규명을 위해 사전적 정의를 사용하였다. 사전적 정의에서 화해는 '동의·의견일치·조화를 지향하는 행동'을 의미한다. 리틀은 로제트의 유의어 사전과 옥스퍼드 영어사전을 인용하며 화해의 정의를 설명하는데, '① 누군가와 화해한다는 의미에서 참고 견디기, 관용하기 ② 무기 내려놓기, 양보하고 절충하기 ③ 관대함, 용서, 책임 면제해주기 ④ 동의, 의견일치, 조화를 지향하는 행동, 사이가 멀어진 후 상대방을 다시 우호적 관계로 이끌거나 서로 사이가 멀어진 사람들 또는 집단을 다시 하나가 되게 하기 등'을 의미한다고 설명한다. 노블(Melisa Nobles)은 화해는 '최소한 개인 혹은 집단 사이에 존재하던 감정이 긍정적으로 변화되는 것'을 의미한다고 설명한다. 또한 개인 간의 화해에 있어서는 우정과 조화 등을 회복시키는 것을 의미하며, 국가 간 관계에 있어서는 상호 신뢰를 형성하고 우호적 관계가 유지되는 것을 의미한다고 보는 입장도 있다 (Philips 1998). 한편, 크리스버그(Kriesberg)는 과거 적대 관계의 두 그룹이 회유적인 협상을 발전시키는 과정을 화해의 정의로 규정하고 있으며, 마오즈(Maoz)는 상호 협조를 기반으로 보다 평화적인 관계로 변화할 준비가 된 상태를 화해로 정의한다.[2]

....

2   천자현, "화해의 국제정치-화해이론의 발전과 중일관계에 대한 비판적 적용," 『국제정치논총』

국제정치학연구에서 '화해'는 일반적으로 'reconciliation'과 'rap-prochement'을 번역한 단어로 사용된다. 먼저 화해(reconciliation)연구의 연구대상은 일반적으로 국가 간 갈등보다는 국가 '내부'에 초점이 맞추어져 있다. 인종 갈등, 내전, 민족 분쟁, 종교 갈등 이후 등 분열된 사회 내부 또는 국가 내부에서 나타나는 화해의 사례가 주요 관심 영역이었던 것이다 (John Paul Lederach 1997; Ann L. Philips 1998; Bar-Tal and G. H. Bennink 2004). 하지만 국가 내부에서 집단 간의 화해는 국가 간 화해와 다른 형태를 띠며, 그 과정과 의미에서도 차이를 보인다.[3] 국가 내부가 아니라, 국가 '간' 화해 (reconciliation)에 관한 연구도 이루어지고 있는데, 이 경우 일반적으로 국가 간 역사의 잘못 등으로 인해 가해자와 피해자가 발생하여 사과와 용서, 보상과 배상과 관련한 과정을 의미한다. 따라서 전쟁범죄, 전쟁책임, 식민지, 인권 등과 관련한 이슈를 다루게 되어 정의의 문제를 언급하게 되는 경우가 많다 (Méndez 2006; Lind 2009; Long and Brecke 2003; Ina 2011). 신기욱(2009) 역시 동북아시아에서의 역사분쟁과 화해를 이러한 맥락에서 다루었다.[4]

반면, 국가 '간' 연구에서 화해(rapprochement)는 관계개선, 관계정상화와 같은 의미로 사용된다 (Fung 1983; Joo 2000). 김정배는 1972년 미국 닉슨대통령의 중국방문을 계기로 관계가 개선된 것을 '화해'라고 함으로써, 'reconciliation'이 아니라, 'rapprochement'의 화해 개념을 사용하였다. 미국은 중국을 봉쇄, 고립하는 정책으로 또한 한국전쟁과 베트남전쟁 등 실질적인 군사적 충돌로 드러난 적대적 관계가 확 바뀌었으며, 중국 역시 그동안 추구했던 반제국주의와 민족해방운동에 대한 비타협적 태도에서 벗어나 미국과 화해의 길을 걷기 시작했다는 것이다.[5] 한스 마레츠키(Hans Maretz-

....

제53집 (2)호 (2013), pp. 10-1.

3 천자현 (2013), p. 9.

4 Gi-Wook Shin, "Historical Disputes and Reconciliation in Northeast Asia: Can the United States Play a Role?" *EAI Fellows Program Working Paper* 16 (May, 2009) 참고.

5 김정배, "중미화해, 한반도정치, 그리고 냉전체제," 『미국사연구』 제36집 (2012), pp. 205-6.

ki)는 화해(reconciliation)와 관계정상화(normalization)를 구분하고, 관계 정상화와 또 다른 화해(rapprochement)를 동의어로 사용하였다. 그리고 관계를 정상화한다(normalize)는 의미를 '상호인정을 통하여 관계를 공식화한다.'('formalize the relation by mutual recognition.')고 하였다.[6]

'화해'와 '관계개선', '관계정상화'를 세밀하게 구분하지 않고, 혼동하여 사용하고 있는 연구도 있다. 안인해(1994)는 'reconciliation', 화해를 사용하였는데, 앞서 밝힌 일반적인 역사적 잘못과 가해자, 피해자, 사과와 용서의 관점에서의 'reconciliation'이 아니라 단순한 관계개선의 의미에서 사용하였다. 먼저, '중국과 미국의 관계가 1972년 우호관계를 맺기 시작한 이래 소원(estrangement)과 화해(reconciliation)의 과정을 되풀이해왔다.'[7]는 맥락에서 관계가 소원해지는 것의 반대 의미로의 화해를 사용하였다. 또한, 북미회담을 '북미관계개선'이라는 관점에서 봄으로써 앞서 사용한 화해와 비슷한 의미로 사용했음을 알 수 있다. 홍현익(2014)은 화해라는 단어를 사용하지는 않았지만, 관계개선과 관계정상화라는 단어를 논문 전반에 걸쳐 사용하고 있다. 특별히 '관계개선'과 '관계정상화'를 구분하지 않고, 같은 의미로 사용하고 있다.[8]

본 글에서 '화해'는 'rapprochement'을 번역한 개념으로 사용하였으며, 그 대표적인 예로 '외교관계정상화'를 들었다. 화해(rapprochement)란, 앞서 밝힌 바와 같이 국가 간의 관계개선을 의미하는데, 공식적이고 명시적으로 관계가 개선된 사례를 살펴보고자 하였기 때문이다. 따라서 본 글에서

....

6   Hans Maretzki, "Reconciliation or Normalization in Korea," *International Journal of Korean Unification Studies* 11-2 (December, 2002), pp. 222, 242. Hans Maretzki의 연구는 북한과 남한의 관계를 분석한다는 점에서 inter-Korea에 관한 연구임으로 다른 연구들과 다소 다를 수 있을 수 있지만, 개념 정의에 관하여서는 큰 차이가 없을 것으로 판단하여 인용하였다.
7   안인해, "북·미관계개선과 중국의 동북아 외교정책,"『국제정치논총』제34집 (2)호 (1994), p. 275.
8   홍현익, "미국의 적성국과의 관계 정상화: 중국, 베트남, 리비아, 미얀마 사례의 북미 관계 정상화에 대한 함의," 세종연구소 (2014), p. 45.

는 '화해'의 한 예로서 '외교관계정상화'를, '화해에 이르는 과정'을 '관계개선'이라는 용어로 사용하였다.

2. 자유주의 협력이론과 중국외교관계

일반적으로 1990년대 초 중국의 주변국들과의 외교관계정상화과정은 탈냉전이라는 구조적인 관점에서 이해될 수 있다. 이러한 상황에서 각 국가의 경제적, 외교적 이익이 부합한 결과로 자연스럽게 양국관계가 정상화될 수 있었다는 것이다. 칼 세이어(Carlyle A. Thayer, 1994)는 중국과 베트남이 관계개선을 통한 협력을 이룰 수 있었던 것은 베트남의 자주적인 외교전략 이라기보다는, 양국의 이데올로기와 이익이 잘 맞아떨어졌을 뿐이라고 주장하였다.[9] 중국과 베트남 관계를 비대칭적인 관점에서 일관되게 분석한 브랜틀리 워맥(Brantly Womack, 2006)은 양국이 적국에서 화해하고 협력의 길로 나갈 수 있었던 것은 베트남의 이익이 변화했기 때문이라고 하였다. 즉, 동남아에 대한 패권을 제일로 추구하던 베트남이, 국제관계의 정상화와 경제적 기틀마련을 더 중요한 이익으로 여기게 되어 중국과의 관계개선을 이룰 수 있었다는 것이다. 유인선(2012) 또한 양국의 관계개선은 베트남이 소련의 원조를 더 이상 받지 못하게 됨으로써, 중국의 경제적인 원조가 절실히 필요했기 때문에 관계정상화가 이루어질 수 있었다고 하였다.

이처럼 구조와 각 국의 이익을 최우선으로 여기는 현실주의적인 관점에서 중국의 외교관계 정상화 과정을 살펴보면, 그 과정이 매우 간단하고 명료하게 설명된다. 그러나 이러한 관점에서는 각 행위자의 주도적인 행위들이 간과되고, 관계개선의 구체적인 과정을 면밀히 살펴볼 수 없다는 문제가 있다. 따라서 본 연구는 적대국 간의 관계개선 과정에서 각 국가 행위자와

....

9   Carlyle A. Thayer, "Sino-Vietnamese Relations: The Interplay of Ideology and National Interest," *Asian Survey* 34-6 (June, 1994), p. 524.

구체적인 과정에 초점을 맞추기 위해, 각 국가의 적극적인 선택으로서 협력과 평화를 가능하다고 여기는 자유주의(liberalism) 이론에서 시작한다.

자유주의 이론에서 국가 간 협력의 가장 주요한 원인과 조건은 '국가 간 상호의존성의 증대'이다. 경제적 교류가 많아지거나, 혹은 국가 간의 공동이익이 발생함으로서 상호의존성이 높아지고, 이는 국가 간 협력을 증진시킨다. 로버트 코헤인(Robert Keohane)과 조셉 나이(Joseph Nye)는 냉전 이후 국가 간 경제적 상호의존도가 높아지면서 협력할 가능성이 높아진다고 하였다. 코헤인은 그의 또 다른 연구에서 '제도'를 통한 국가협력의 가능성을 설명하면서, 헤게모니가 없어도, 국제레짐을 통해 국가 간 협력이 가능하다고 주장하였다. 스테판 크래스너(Stephen D. Krasner)는 국가들이 자신의 이익을 위해 국제레짐을 형성하고, 명시적 합의를 통해 형성된 레짐이 국가들로 하여금 협력하게 한다고 하였다. 마이클 도일(Michael Doyle)은 1986년, 칸트를 국제정치에 다시 부활시켜, 브루스 러셋과 존 오닐(Bruce Russett and John Oneal)에게 영향을 주었다. 러셋과 오닐은 『평화의 삼각관계(Triangulating Peace)』에서 '민주주의, 상호의존성, 국제기구' 세가지를 평화, 즉 국제적 협력의 조건으로 제시했다. 따라서, 모라브치크(Moravcsik)는 국가의 힘보다는 각 국의 선호도를 중시했다. 각 국가의 맥락에 맞는 선호도를 고려해야 국가의 행위를 제대로 이해할 수 있다는 것이다.

정혜영(2014)은 1979년부터 1991년까지의 중국-베트남 관계를 '갈등 내재화와 경제협력지향 관계'라고 정의함으로써, 경제협력을 통한 상호의존성의 증대를 갈등해결의 주요한 요인으로 강조하였다. 앙청관(Ang Cheng Guan, 1998) 또한 중국과 베트남의 경제적 협력은 외교관계 정상화를 기대하기 훨씬 전부터 계속 성장하고 있었다고 하면서, 중국과 베트남의 관계정상화에 경제적 상호의존이 중요한 배경이 된다고 말했다.[10] 외교

....

10 Ang Cheng Guan, "Vietnam-China Relations since the End of the Cold War," *Asian Survey*

적인 상호의존에서 이유를 찾는 학자들도 있는데, 팡슈위, 주밍아이(2009), 장훈각(2011)[11] 등은 경제적인 상호의존 뿐만 아니라, 탈냉전기에 접어들면서 외교적으로도 상호의존관계가 형성되었다고 말한다. 중국과 대한민국의 관계에서, 한국은 북방정책을 통해 소련과 중국 등 사회주의 국가들과의 관계 개선을 통해 궁극적으로 남북한 평화공존과 평화통일을 추구하였는데,[12] 그 일환으로서 중국과의 국교정상화를 추진하였다는 것이다. 중국입장에서는 1982년 독립자주외교방침의 일환으로서 대외개방을 추구하면서,[13] 한반도에서의 평화적인 안보환경을 정착시키고, 북한에 대한 전통적, 지정학적 이익을 확보하고자 하였다.[14] 또한 다른 국가들과 외교적으로 상호의존도가 높아지면서, 대만과의 관계도 의식하지 않을 수 없었는데, 대만을 국제사회에서 고립시켜 중국을 유일한 정부로서 인정받으려는 의도도 있었다.

자유주의 협력이론에서, 로버트 액설로드(Robert Axelrod)는『협력의 진화』를 통해 협력의 조건과 더불어 협력의 '전략'에 대한 자세한 연구를 보여주었다. 두 행위자가 다시 만날 수도 있다는 조건, 특히, 둘 사이의 상호작용 횟수가 무한할 때에는 협력이 일어날 가능성이 높다는 것을 증명하였다. 또한, 팃포탯전략(첫 번째는 무조건 협력, 그 다음번은 상대가 하는 대로 따라하는 전략)이 게임을 하는데 가장 성공적인 전략임을 밝힘으로서, 이 전략으로 인해 국가 간 협력의 가능성이 높아질 수 있다고 밝혔다. 액설로드는 적당한 조건하에서 중앙 권위체 없이도 이기적인 국가들 사이의 협력이 가능

....

38-12 (December, 1998), p. 1137.
11   장훈각, "노태우 정부의 북방정책과 남북관계–북핵위기를 중심으로,"『동서연구』제23권 (2)호 (2011), pp. 147-9.
12   서진영,『21세기 중국 외교정책: '부강한 중국'과 한반도』(서울: 폴리테이아, 2006), p. 373.
13   팡슈위, 주밍아이, "한중관계의 정상화와 문제점 및 해결방안 모색,"『사회과학 담론과 정책』제2권 (2)호 (2009), pp. 100-1.
14   권기수, 김봉석, "1990년대 중국의 대한반도 정책,"『한국정치학회보』제30권 (1)호 (1996), p. 424.

함을 증명한 것이다.[15]

마지막으로, 적대국 관계개선에 대해 집중 연구한 찰스 쿱찬(Charles A. Kupchan)은 평화 구축의 일반화 모델을 시도함으로써, 국가 간 협력의 '과정'을 제시하였다. 평화의 단순한 조건이나 의미를 나열하는 데 그치지 않고 그것을 향해 나아가는 국가들 간의 관계를 구체적으로 모델화하였다. 즉 평화의 조건과 결과 사이에 인과관계가 있다는 자유주의적 명제를 넘어서 '어떻게' 그러한 관계가 만들어지는가의 '과정(process)' 또는 '메커니즘(mechanism)'을 제시하고 있다는 점에서 쿱찬의 논의는 기존의 여러 연구에 비해 한발 더 나아간 것이라고 평가할 수 있다.

쿱찬은 여러 국가들 중에서도 '적대국들 간의 화해'에 집중했을 뿐만 아니라, 화해의 미시적인 '과정'을 상세히 모델화했기 때문에, 그의 이론에 초점을 맞추었다. 쿱찬은 그의 저서 『적은 어떻게 친구가 되는가(How Enemies Become Friends)』(2010)에서 역사적 사례분석을 통해 국가 관계가 개선되고, 안정적 평화가 등장하는 단계와 메커니즘을 일반화하고 있다. 그는 안정적 평화를 세 가지 단계로 나누어 설명했는데, '화해(rapprochement)'가 첫 번째 단계이고, 두 번째 단계는 '안보공동체(security community)', 평화를 위한 과정의 마지막 단계는 고도의 정치적 통합을 가리키는 '연합(union)'이라고 보았다. 그는 국가 관계가 이러한 안정적 평화의 수준에 도달하기까지 4단계를 통한 일련의 미시적 과정을 거친다고 보았는데, 이는 '(1) 일방적 조정 (전략적 양보) → (2) 상호 자제 → (3) 사회적 통합 → (4) 새로운 서사와 정체성 창출'이 그 과정이다. 그에 따르면, 지난 수백 년 간의 국제정치 역사 속에서 적대적 관계가 우호적 관계로 변모하는데 성공한 사례들은 대부분 이 메커니즘을 통해 가능했다고 한다.

....

15   로버트 액설로드 저, 이경식 옮김, 『협력의 진화』(서울: 시스테마, 2009), pp. 35, 43, 55.

3. 이론의 적용 및 수정

이 프레임을 동아시아에 적용해보았을 때, 중국을 중심으로 하는 동아시아 지역은 쿱찬이 말하는 '연합'은 물론이고, '안보공동체'에도 미치지 못하였음이 분명하다. 그러나 안정적 평화의 첫 단계인 '화해'에는 도달했다고 볼 수 있다. 본 연구에서는 이 화해의 대표적인 예로서 외교관계정상화를 살펴보고자 한다. 앞서 살펴본 것처럼, 쿱찬은 안정적 평화의 시작단계로서 화해의 과정에 도달하는 네 단계를 설명했다. 따라서 평화를 향해 나아가는 국제관계의 화해 메커니즘으로서 네 단계, 즉, '(1) 일방적 조정(전략적 양보) → (2) 상호 자제 → (3) 사회적 통합 → (4) 새로운 서사와 정체성 창출'을 기본 프레임워크로 삼아 1990년대 각각의 두 사례에서 일어난 관계 개선사례를 비교한다. 이를 통해 동아시아의 적대국 간 관계개선의 특징을 밝히고, 이를 보완하여 동아시아에 적용 가능한 대안적 이론 프레임을 제시하고자 한다.

쿱찬이 국가들 간 화해의 미시적 과정을 모델화하였다는 이론적인 공헌은 크지만, 다음과 같은 이유에서 한계를 갖는다. 먼저, 쿱찬의 이론은 서양의 사례들에 편중되어 있어, 관계개선의 미시적 과정들이 동아시아의 사례들에 적용되지 않는다. 예를 들어, 쿱찬에 따르면 안정적 평화를 시작하기 위한 첫 단계는 '일방적 조정(unilateral accommodation)' 또는 '전략적 양보(strategic concession)'인데, 이 단계는 한 국가가 상대국가의 위협에 맞닥뜨렸으나 이를 타개할 자원이 부족할 경우, 적과 우호적인 관계로 전환하고자 시도하며 시작된다. 이때 먼저 전략적으로 양보를 하는 국가는 강대국이라고 말한다. 그러나 중국이라는 강대국을 중심으로 하는 동아시아 지역에서는 오히려 약소국들이 먼저 관계개선의 신호를 보낼 뿐만 아니라, 더욱 적극적인 양상을 띤다. 둘째, 그의 이론은 화해에 이르는 과정과 메커니즘을 일반화 할 수는 있었지만, 왜 그러한 과정을 밟게 되었는지에 관한 구체적인 변수를 밝히지 못하였다. 그리하여 인과관계가 명확하지 않고, 각 단계가 단절적인 경향이 있다. 이는 쿱찬이 양국의 정책이나 행위를 면밀히 살펴보기보다는, 역사적인 사건을 중심으로 일련의 사건들을 서술하고 단계를 나누는 데 그쳤기 때문인데, 쿱찬 스스로도 이 한계에 대해 책에서 밝힌 바 있다.[16] 셋째, 이론을 단순화하는 과정에서 실제 국제정치현실에서 중요한 요소들을 간과하였다. 쿱찬은 독립직후 영-미 관계와 20세기 초의 노르웨이-스웨덴, 1980년대 이후의 브라질-아르헨티나 관계 등을 사례로, 두 적대국 간의 양자관계개선에 집중하여 연구하였다. 따라서 두 국가의 관계개선에 있어 양국에 초점을 맞추다 보니, 관계개선에 중요한 역할을 하였던 주변국의 영향에 대해서는 간과하였다. 또한 두 국가의 양자관계에서 양국이 비대칭적인 특징을 가진다는 현실적인 고려가 부족했다. 그러나 이러한 요소들이 동아시아의 사례에서는 매우 중요하였기 때문에 이론의 수정이 필요하다.

〈그림 1〉은 쿱찬의 기존 자유주의 화해이론을 도식화한 것이고, 〈그림 2〉는 동아시아지역에 맞게 적용 가능하도록 수정된 이론이다. 화해에 이르는 단계를 기존 네 단계에서 세 단계로 수정하였다. 또한 이러한 과정을 거치게 된 원인을 설명하는 변수로서, 세 가지 '약소국/강대국, 국내정책, 제3국'을 각각 제시하였다.

첫 번째 단계를 '일방적 주도'로 수정한다. 쿱찬이 말하는 첫 번째 단계, '일방적 조정' 또는 '전략적 양보'에서 핵심은 강대국이 먼저 전략적인 양보를 시작한다는 것이다. 그리고, 이것이 국가의 '위기' 시에 이루어진다고 주장한다. 즉, '한 국가가 상대국가의 위협에 맞닥뜨렸으나 이를 타개할 자원

....

16 Charles A. Kupchan, *How Enemies become Friends: the source of stable peace* (New Jersey: Princeton University Press, 2010), p. 40에서 그는 "이 분석이 '어떻게(how)' 초기의 조정이 발생하는 지에 집중하기 때문에, 첫 수(opening gambit)가 발생하는 조건을 논의하는 일이 논리적으로 필요할 것이다."라고 하였으며, p.68에서는 "본 연구는 국가들이 언제(when) 그리고 왜(why) 이 과정들을 따르는 지에 관해 연구하지 않았으며, 이 주제는 후대의 연구자들을 위해 남겨놓는다. 오히려, 본 연구는 안정적인 평화로 나아가는 일련의 과정들을 일반화하고자 하였다."고 밝혔다.

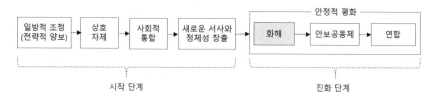

그림 1. 자유주의 이론의 안정적 평화를 위한 메커니즘 (Kupchan 2010)

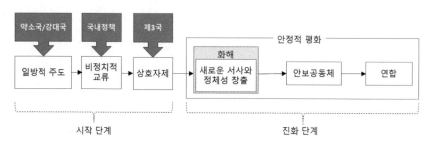

그림 2. 자유주의 이론의 수정: 동아시아 국가 관계개선에 관한 메커니즘

이 부족할 경우'에 적과 우호적인 관계로 전환하고자 시도한다는 것이다. 그러나, 사례에서 살펴본 바와 같이, 동아시아에서는 "약소국이 먼저 관계 개선을 주도"하는 것을 알 수 있다. 또한 이 시기를 살펴보면, 자원이 부족 하거나 문제를 해결할 수 없는 위기의 때라고도 할 수 없기 때문에 전략적 양보를 한 것이라고도 할 수 없다.

두 번째 단계는 '비정치적 교류'이다. 이 단계는 각 국가의 사회 접촉이 늘어나고 관계가 강화되기 시작하는 단계이다. 앞선 단계에서는 정부 인사 들이 정책결정의 주체가 되었다면, 세 번째 단계에서는 시민사회, 사기업 등 사적인 행위자들이 주요한 행위자로 등장한다는 점이 기존 이론과 수정된 이론의 공통된 특징이라고 할 수 있다. 다만, 쿱찬은 이 단계에서 정부가 대 중의 지지를 이끌어내기 위해, 상대국을 적이 아니라 우호국으로 묘사하면 서 새로운 정치담론을 구축하며 이를 통해, 국내정치의 '사회적 통합'을 이 룬다고 하였다. 그러나, 동아시아 사례에서 국내정치의 사회적 통합은 이루 어지지 않았다. 오직, 양 국가 간 사회적, 경제적 즉, 비정치적 교류는 존재했다고 할 수 있다. 단, 이 단계에서의 비정치적 교류는 각 국가의 국내정책의 영향을 받은 것이었다. 중국은 당시 78년 이후, 개혁개방정책을 펴고 있었고, 베트남은 1987년 중국을 모델로 한 개혁개방정책 '도이머이'를 실행하였다. 이전까지는 소수민족 갈등 문제를 일으키던 국경지역 소수민족들이, 개혁개방을 실시한 이듬해 1988년부터 중국-베트남 간의 교류가 시작되었다. 한국은 88년을 기점으로 북방정책이 시작되었는데, 1991년 서울과 베이징에 영사기능을 수행하는 무역사무소 설치되는 등 기업 간의 교류가 특히 활발해졌다.

세 번째 단계는 '상호자제'이다. 기존 이론에서 이 단계의 핵심은 각 국가가 상대방의 '선한 의도를 파악하기 위해' 상호자제를 유발한다는 점이다. 그러나, 동아시아 사례에서 실제로 이 시기에 가장 중요했던 것은 "제3국 요인"이었다. 이 시기에서, 여전히 중국이 상대방과의 관계개선을 주저하고 있는 모습을 동일하게 관찰할 수 있는데, 중-한 사례에서는 북한과 대만이, 중-베 사례에서는 캄보디아가 결정적인 역할을 하고 있었다. 따라서, 상호자제 단계에서 양국은 서로의 '선한 의도'를 파악하기 위해서 상호 간의 자제를 하는 것이 아니라, 양국 당사자가 아닌 제3국과의 관계가 양국의 화해를 가져오는 결정적인 요인으로 작용하였다.

쿱찬이 네 번째 단계로 정의했던 '새로운 서사와 정체성 창출'은 화해의 단계에 도달하고 나서야 비로소 시작되는 것으로 보인다. 쿱찬에 의하면, 정치 엘리트들이 상대 국가를 지칭하는 언어체계가 변화하고, 역사적 연대와 공유가치는 크게 부각하는 식으로 새로운 담론을 만든다고 하였다. 그러나, 이것은 양 국가가 관계를 정상화하기로 합의를 한 이후에 자연스럽게 가능했다. 예를 들어, 1992년 10월 '한중 공동언론 발표문'[17]을 공개했는데, 이처럼 양국이 공동으로 서명하고 합의한 이후에, 서로를 지칭하는 공식적인 언어체계가 변화하고 새로운 담론이 형성될 수 있었기 때문이다.

....

17 "한-중 공동 언론 발표문," 『조선일보』 (1992년 10월 1일).

무엇보다 강조하여 주장하고 싶은 부분은 기존의 자유주의 화해이론이 각 단계를 분절적으로 설명했던 것과는 다르게 각 변수들의 영향이 중첩되어 쌓이면서 화해에 도달한다는 점이다. 이를 그림으로 설명하면 다음과 같다.

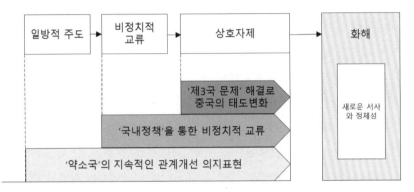

그림 3. 동아시아 국가의 화해에 관한 메커니즘: 중첩적 특성

III. 동아시아의 화해 과정 분석

1. '일방적 주도' 단계 : 약소국의 적극성

동아시아의 적대국 화해 과정의 첫 번째 단계인 '일방적 주도'단계에서는 상대적인 '약소국'이 관계개선에 더욱 적극적인 태도를 보인다. 군사적으로나 외교적으로 완전히 동등한 힘을 가진 국가는 없기 때문에 기본적으로 국가 관계는 비대칭적인 특징을 갖는다. 중국과의 사례에서도 이처럼, 비대칭적인 중국-한국, 중국-베트남의 관계에서, 상대적으로 약소국인 한국과 베트남이 중국과의 국교정상화과정에 더욱 적극적인 경향을 보였다. 이는 쿱찬이 화해(rapprochement)에 이르는 단계를 설명한 일련의 과정

중 첫 번째 단계로서 '강대국'의 양보가 선행되어야한다고 주장한 것과 다른 부분이다. 약소국이 적극적으로 중국과의 관계개선의지를 보여주는 것은 외교관계가 공식적으로 정상화되기 직전까지 지속되지만, 관계개선의 시작점에서 약소국이 먼저 적극적인 태도를 취한다는 점이 눈여겨볼 만하다. 이는 쿱찬이 화해(rapprochement) 이르는 단계를 설명한 일련의 과정 중 첫 번째 단계로서 '강대국'의 양보가 선행되어야한다고 주장한 것과 다른 부분이다.

1) 비대칭 관계에서 약소국

'비대칭(asymmetric)' 개념은 1970년대 이후 미국의 정치학자들이 강대국과 약소국의 전쟁에서 강대국이 승리하지 못하는 결과를 설명하기 위한 이론을 발전시키면서 등장하였다. 연구자들은 2차 세계대전 이후 군사적 강대국들이 군사적 약체인 제3세계 국가들과의 전쟁에서 왜 승리하지 못하는가라는 의문을 제기하고, 그에 대한 설명 요소로써 강대국과 약소국들이 전쟁을 수행하는 전략의 '상이함' 또는 '비대칭(asymmetry)'을 제시하였다.[18] 그러나 '비대칭'이라는 개념을 항상 군사적인 분쟁을 분석하는 경우에만 사용하는 것은 아니며, 국력의 차이를 의미한다고 할 수 있을 것이다. 국력이란, 일반적으로 '인구, 천연자원, 국방력, 경제력, 정부지도력, 외교기술, 국민의 사기 등의 구성요소들의 종합적 힘'으로 정의한다.[19]

레홍히엡(Le Hong Hiep)은 중국과 베트남은 약소국과 강대국의 비대칭관계의 전형적인 패턴을 보인다고 말한다. 1950년대 중반부터 1970년대 중반까지 베트남은 중국과 이른바 '순치(脣齒)'라고 불리우는 비공식적인 동맹을 맺음으로써 중국에 편승하는 전략을 취했다. 이를 통해 베트남을 향한 중국의 위협도 가라앉았을 뿐 만 아니라, 베트남은 중국으로부터 경제적

....

18 배영귀, "비대칭 개념 확장의 문제점에 관한 연구,"『공사논문집』제66권 (1)호 (2015), p. 131.
19 최창현, 황성돈, "국력의 실증적 비교 분석,"『한국행정학회 학술발표논문집』12 (2015), p. 2264.

군사적 도움을 받을 수 있었다. 그러나 1970년대 중반 이후, 중국과 베트남의 관계가 악화되어 중국이 다시 위협적으로 다가오자 베트남은 중국에 대해 세력균형정책으로 전환하였다. 세력균형정책의 일환으로서 베트남은 소련과 1978년 동맹조약을 맺기도 하였다.[20] 브랜틀리 워맥(Brantly Womack) 또한 중국과 베트남관계를 비대칭관계로 분석하였다.[21] 정천구는 그의 연구에서 한국과 중국의 관계의 다양한 이슈들과 북핵문제 등을 비대칭의 관점에서 분석하였다.[22]

본 연구에서는 국력의 대표적인 지표로서 경제력과 군사력을 바탕으로 간단히 비교한다. 먼저 중국과 베트남의 경제지표를 〈표 1〉을 통해 비교해 보면, 외교관계정상화가 이루어져갈 당시 수출량, 수입량, GDP, GNP 모든 수치에서 베트남이 당시 중국에 비해 훨씬 규모가 작은 것을 알 수 있다.

표 1 중국과 베트남 주요 경제지표 비교

(단위)

구분	1989년		1990년		1991년	
	중국	베트남	중국	베트남	중국	베트남
*수출(백만달러)	43,220	1,320	51,519	1,731	58,919	2,042
*수입(백만달러)	48,840	1,670	42,354	1,772	50,176	2,105
**GDP(십억달러)	459	6	404	6	424	7
**1인당GDP (달러)	407	97	353	98	366	113

* 『中國의 省別 投資環境』p.4, 『베트남 投資가이드』p.2, 韓國輸出入銀行. 1994.
** International Monetary Fund, http://www.imf.org/data (저자 재구성)

....

20 Le Hong Hiep, "Vietnam's Hedging Strategy against China since Normalization," *Contemporary Southeast Asia* 35-3 (2013), pp. 333-68.
21 Brantly Womack, *China and Vietnam: the Politics of Asymmetry* (New York: Cambridge University Press, 2006) 참고.
22 정천구 (2006), 정천구 (2009), 정천구 (2010) 참고.

표 2 1989-90년도 중국과 한국 군사력 비교

구분		중국	한국
총병력		320만명	65.5만명
지상군	사단	148개	49개
	전차	11,450대	1,650대
	장갑차	2,800대	1,700대
	야포	12,800문	4,400문
해군	잠수함	117척	0척
	구축/프리기트함(전투함)	56척	180척(전투함)
	기타수상함(초계호위함, 고속정, 지원함 등)	약 1,000척	50척(지원함)
공군	전술기(전투기)	약 4,000대	520대
	대지공격기(정찰기, 수송기, 헬기 등)	500대	580대(헬기)
	기타항공기	1,290대	190대(지원기)

[출처] 『國防白書』(대한민국국방부, 1990), p. 58, 저자 재구성.

〈표 2〉를 통해, 중국과 한국의 군사력 수치를 비교하면, 1989-1990년도 중국의 총병력이 한국에 비해 약 5배가량 많은 것을 볼 수 있다. 지상군에서는 전차는 대략 8배, 야포는 3배가량 많은 수를 보유하고 있는 것을 알 수 있다. 해군에서 중국은 117척의 잠수함을 보유한 반면, 한국은 잠수함을 단한 대도 가지고 있지 않은 것을 알 수 있다. 1989년 10월 31일자 한겨레신문에서도 '당시 북한의 경우 잠수함 24척을 보유하고 있는 데 비해, 남한 쪽은 1척도 갖고 있지 않다고' 하였으며, 90년대 중반 이후부터 6척의 잠수함을 가지게 될 것이라고 정부의 계획을 밝힌 바 있다.

2) 약소국의 지속적인 적극성

이처럼 상대적으로 약소국이었던 베트남과 한국은 중국과의 관계개선에서 일관되게 적극적인 태도를 보인다. 약소국의 일방적인 주도가 양국의 관계개선을 시작하는 데 중요한 터닝포인트가 되었을 뿐만 아니라, 이들이 관계개선 노력을 '적극적으로 지속함'으로써 화해를 가능하게 하였다.

먼저, 중국과 베트남의 관계는 1985년부터 완화되는 양상을 보이기 시작한다. 9월2일 베트남의 40주년 건국기념일을 맞아 중국 주석 리셴녠이 베트남 주석에게 축하전문을 보내고, 또 베트남 대표단이 광저우 무역박람회에도 참석한 사실을 들 수 있다.[23] 그러나 중국은 이후 베트남의 공식회담 요청에는 거절을 하는 등,[24] 1980년대는 전반적으로 중국의 베트남에 대한 정책이 매우 적대적이었던 것을 알 수 있다. 1979년 2월 중국의 베트남 침공으로 시작된 전쟁이 끝나고, 3월 중국군이 철수한 이후 80년대 양국관계는 극도로 악화되어 있었다. 이러한 상황에서 중국은 정책상 베트남과 단순한 의견차이가 있는 것만이 아니고, 하노이 정권 자체를 철저히 부정하여 내부에서 봉기가 일어나면 이를 지지한다고 할 정도였다. 국제적으로는, 유엔 상임이사국 자리를 이용하여 베트남의 '보트피플' 발생과 캄보디아 점령을 비난하는가 하면, 미국과 손을 잡고 크메르 루주의 유엔 의석을 보장하였다. 또한, 1985년 초 덩샤오핑은 어느 유럽 지도자에게 베트남이 캄보디아로부터 철수한다면 소련의 깜라인만 기지에 대해서 반대하지 않는다고 말했다. 이는 소련과의 관계개선에서 이득을 보고자했을 뿐만 아니라, 베트남에 심리적인 압박을 가하려는 속셈이 있었던 것으로 보인다.[25]

반면, 80년대 전반적으로 계속된 중국의 적대적 방침과는 달리, 베트남은 1985년 이후 중국과 관계를 개선하려는 적극적인 노력이 보인다. 1970년대 말부터 80년대 말까지 베트남은 소련만을 의지하던 '일변도'정책에서 소련 외에 중국 등 '평행외교'노선으로 변경하게 되었는데, 이때 베트남은 약 10년간 중국의 태도를 줄곧 눈여겨보면서 중국과의 우호적인 관계를 회복하기 위해 노력하였다.[26] 베트남은 중월전쟁을 통해 중국의 전통적 중화주의를 새삼 인식하면서 앞으로도 계속될 위협에 어떻게 공존할 것인가 생

....

23 유인선, 『베트남과 그 이웃 중국: 양국관계의 어제와 오늘』 (파주: 창비, 2012), p. 464.

24 Womack (2006), p. 207.

25 유인선 (2012), p. 462.

26 黄胜伟, "越南外交: 从'一边倒'到'走平衡'," 『世界知识』 11 (2001), p. 12.

각하며 타협점을 찾지 않으면 안 된다는 교훈을 얻었다(Kenny 2003). 더욱이 1980년대 중반 이후 중소관계가 우호적으로 변해가고 동유럽 사회주의국가들이 몰락하면서, 베트남은 중국에 대한 외교정책을 재검토하지 않을 수 없었을 것이다.[27] 미오 타다시(Mio Tadashi 1989)에 따르면, 첫째, 1985년에 들어서 중국에 대한 공개적인 비난이 크게 누그러져, 베트남 지도부나 관영언론에서 '중국팽창주의'나 '패권주의' 같은 언어를 거의 사용하지 않았다. 1988년 스프래틀리 군도에서의 충돌이 문제가 되었을 때, 베트남 언론은 중국의 팽창주의를 비난하면서도 영토분쟁은 무력이 아니라 협상에 의해 해결되어야 한다고 하며 사태를 악화시키려는 경향을 보이지 않았다. 둘째, 중국군의 월경사건이나 영토포격에 대한 기사가 줄어들고, 1986년 말 응우옌 반 린(Nguyen Van Linh)이 당서기장으로 취임한 후부터는 국경지방에서의 군사적 충동에 관한 기사가 점차 줄다가 1987년 말 이후에는 완전히 없어졌다. 셋째, 캄보디아문제의 정치적 해결에 대한 베트남의 자세가 갑자기 유연해졌다. 1985년 8월 프놈펜에서 개최된 인도차이나 3국 외무부 장관 회의에서 베트남은 1990년까지 캄보디아에서 베트남군을 철수하겠다는 성명을 발표하였다. 다음은 당시 캄푸치아문제에 관한 문서에 실린 베트남군 철수에 관한 내용을 번역한 것이다.

"캄보디아에 주둔하고 있는 베트남자원군을 1990년까지 완전히 철수할 것을 밝힌다. 주둔군 철수는 캄푸치아공화국의 평화와 안전이 보장하기 위하여 이루어질 것이며, 캄푸치아공화국 정부와 베트남사회주의공화국 정부는 서로 상의 하에 적절한 조치를 취하도록 할 것이다."[28]

이전에는 중국의 위협이 없어지면 철수를 고려하겠다고 했는데, 그와

....

27 유인선 (2012), p. 459.
28 'Communique of the Eleventh Conference of the Foreign Ministers of Kampuchea, Laos and Vietnam, issued at Phnom Penh on 16 August 1985,' included in *Documents on the Kampuchean problem, 1979-1985* (Bangkok: Ministry of Foreign Affairs, n.d.) pp. 188-9. Womack (2006) 재인용.

비교하면 이러한 전면적인 철수 선언은 베트남 정책의 커다란 변화임에 틀림없다.[29] 여전히 베트남에 대해 적대적으로 한 걸음도 물러서지 않던 중국에 비해, 베트남은 캄보디아 주둔군 철수를 결정함으로써 중국과의 지속적이고 적극적인 관계 개선의지를 보여주었다.

중국과 한국의 관계에서는, 1973년 한국의 박정희 대통령이 '평화통일 외교정책 특별선언(6·23선언)'을 발표함으로써 사회주의 국가들과의 관계 개선에 대한 뜻을 먼저 표명하였다. '특별선언'에서는 "대한민국은 호혜 평등의 원칙하에 모든 국가에게 문호를 개방할 것이며, 우리와 이념과 체제를 달리하는 국가들도 우리에게 문호를 개방할 것을 촉구한다."이라는 내용을 포함하였다. 비록 사회체제는 다르지만 상대방이 적대행위를 하지 않는다면 상호주의와 평등 원칙하에 사회주의 국가들과 협력하겠다는 것이었다. 또한 당시 대한민국 외무부에서는 중국담당과인 '동북아2과'를 처음 창설하였는데,[30] 이 또한 중국과의 관계개선에 대한 정부의 의지를 엿볼 수 있는 부분이다.

한국은 중국과의 관계개선을 위해 모든 외교적 사안들을 예의주시하고 있었다. 그러던 중, 1979년 1월 남중국 해역을 지나가던 한국 화물선이 조난을 당해 표류하고 있는 중국 어부를 발견하고 선박에 승선시켜 인천항에 입항한 사건이 있었다. 중국 측의 반응도 타진해 볼 겸 주홍콩 총영사관으로 하여금 현지 중국 신화사 등 중국 관련 기관과 접촉하게 하고 어부 송환 방침을 통보하도록 하였으나, 중국 측은 기대했던 반응을 보내지 않았다. 그럼에도 불구하고, 한국은 중국과의 관계개선에 적극적이었는데, 1981년 한국의 전두환대통령은 미국을 방문했을 당시 미국을 향해 "중국은 미국의 친구이며, 친구의 친구는 적이 아니다."라고 말하면서 한국이 중국과의 무역 거래를 할 수 있도록, 또한 한국이 유엔회원국이 될 수 있도록 도와 달라고

....

29   유인선 (2012), pp. 466-7.
30   윤해중, 『한중수교 밑뿌리 이야기: 윤해중의 30년 중국 외교 발자취』 (서울: 이지출판, 2012), p. 17.

요구한 바 있다.

1985년 3월에는 한국 영해를 침범한 중국해군 어뢰정 1척이 한국 해군에 의해 나포된 사건이 발생하였다. 당시 한국 정부는 어뢰정과 승무원을 중국 측에 인도하였다. 이 사건을 계기로 주홍콩 한국 총영사관과 중국 신화사 홍콩 지사 간에 필요시 메시지를 주고받을 수 있는 접촉 창구가 마련되었고, 한국 측은 홍콩에 마련된 비공식 접촉 채널을 이 후 한중관계 개선을 위한 협의 창구로 발전시키고자 적극 노력하였다. 그러나 중국 측은 동발 사태의 처리와 일부 제한된 문제들에 관한 접촉만으로 국한시켰다. 또한, 남북한과 중국, 일본 간의 무역대표부를 개설하기 위해 한국정부가 중국 측에 요구했을 시에도, 중국 측의 냉담한 반응으로 구체화되지 못하였다.[31]

이후 한국 측의 적극적인 관계개선 노력은 계속되었고, 중국은 국교정상화가 이루어지기 직전까지 한국에 비해 한발 물러서는 입장을 취했다. 1989년, 1990년 대한민국 외무부는 제3국을 통하거나 제3국 주재 중국 대사관에 한중 외무장관 회담 개최 가능성을 타진하였을 때에도 중국 측은 여건이 조성되지 않았다면서 부정적인 태도를 보였다. 또한, 1990년 9월 유엔총회 개막 후, 아시아 태평양 지역 각국 외무장관들이 참석한 만찬회에서 당시 대한민국 최호중 외무장관이 첸지천 중국 외교부장과 담소를 나눌 당시, '한중 양국이 공식 관계를 가질 여건이 성숙되고 있지 않느냐'고 한데 대하여 첸 외교부장은 인내(patience)가 필요하다는 반응을 보이며 여전히 시기를 미루고 있었다. 1990년 10월 20일 한중 양국이 대한무역진흥공사(KOTRA, Korea Trade-Investment Promotion Agency)와 중국국제상회(CCOIC, China Chamber of International Commerce) 간의 무역 대표부 상호 설치에 합의하여 공적인 대표 기구와 접촉 창구를 마련하게 될 때까지 한국은 민간 차원에서 다양한 비공식 접촉들을 마련하여 적극적으로 노력

....
31   이상옥, 『전환기의 한국외교-이상옥 전 외무장관 외교회고록』 (서울: 삶과 꿈, 2002), p. 119.

하였다. 노태우 대통령 취임 후 국내 주요 인사들이 나서서 제각기 중국과의 관계 개선에 역할을 하고자 1988년 6월, 1989년 3월, 1990년 8월, 9월, 계속해서 중국 측 유력 인사들과의 접촉을 시도했으나 별반 성과를 거두지 못했다. 이는 당시 중국 측이 정경분리 원칙을 고수하여 한국과 경제, 체육 등 비정치적 분야에서 접촉과 교류를 허용했으나 정치적 접촉은 일절 거부 내지 회피하였기 때문이었다. 그 당시 비공식 접촉 중에 중국과의 관계 개선과 관련하여 경제 협력 차관 공여 문제가 거론되기도 하였으나 중국 측이 민간 차원이 아닌 정부차원의 경협차관에 대하여는 난색을 표명하여 구체화되지는 못하였다는 설이 나중에 알려지기도 하였다.[32]

2. '비정치적 교류' 단계 : 사회, 경제적 교류

두 번째 단계는 '비정치적 교류'단계이다. 당시 사회적, 경제적 교류를 이끌어내었던 것은 각 국가의 국내정책으로 인한 환경이 마련되었기 때문이었다. 중국과 베트남은 경제정책인 '개혁개방정책'의 일환으로, 한국은 외교정책인 '북방정책'의 일환으로 이러한 환경이 조성될 수 있었다. 각 국의 국내정책들은 양국의 사회적, 경제적 교류를 이끌어내었는데, 이는 외교관계가 정상화되는 시점보다 상당히 이르다는 점에서 매우 흥미롭다. 체제나, 행위자, 정당의 전략 등이 아니라, 국내 정책이 양국의 사회적, 경제적 교류를 가능하게 하였고, 이것이 양국가의 외교관계를 정상화하는 과정의 토대가 되었다.

1) 약소국의 국내정책
(1) 베트남의 '도이머이(Doi Moi, 刷新) 정책'
베트남은 1975년 베트남사회주의공화국으로 통일된 이후 경제개발계

....
32 "청와대-북방 외교 파일 : 대중경협에 얽힌 사연," 『한국일보』 (1996년 10월 7일 및 14일) 재인용.

획을 실시했다. 1976년부터 1980년까지는 제2차 경제개발계획, 1981년부터 1985년까지는 제3차 경제개발계획으로 구분한다. 제3차 경제개발계획이 전반기에는 성공을 거두었으나, 그 부작용으로 인해 다시 경제통제가 실시된 후 1986년 제4차 경제개발계획이 시작되면서, 12월 제6차 당대회에서 채택된 정책이 '도이머이 정책'이다.[33]

베트남 통일 이후, 1976년부터 1980년까지 있었던 제2차 경제개발계획은 계획목표의 비현실성, 남베트남의 사회주의 개조의 부진, 인접국과의 전쟁 등으로 1979년에 들어와 실패로 끝나게 되었고, 전쟁과 더불어 베트남 경제는 큰 위기에 처하게 되었다. 이에 베트남은 1979년 6월과 9월에 당 중앙위원회 총회를 열고 경제위기 극복을 핵심적으로 논의했다. 베트남 공산당은 제2차 경제개발계획의 실패를 인정하고 이를 실질적으로 폐기하면서 경제개혁에 대한 새로운 구상을 하게 되었다. 그 결과 당 중앙 위원회는 '국가, 집단, 개인의 3자 이익의 결합'이라는 구호 아래 경제개혁에 대한 새로운 구상을 하게 되었는데, 이로서 나오게 된 것이 '신경제정책', 제3차 경제개발계획이다.

신경제정책은 제한된 범위 내에서의 경제자유화 조치이다. 이러한 신경제정책은 1986년 나타난 '도이머이 정책'의 원형이 되었다. 이 신경제정책은 1981년 시작된 제3차 경제개발계획의 근간이 되었으며, 기본 목표는 농업의 중점적 개발을 통해 국민들의 생활수준을 향상시키고 안정을 도모하는 것이었다. 이 바탕위에 세워진 제3차 경제개발계획은 두가지 인식을 담고 있었는데, 첫째는 베트남을 둘러싼 국제정세의 악화로 인해 해외자금조달이 어려우므로 국내의 자원으로 동원하여 생산을 증대시키는 것이었으며, 둘째는 노동력을 효과적으로 동원하기 위해 근로자의 물질적 욕구를 중시하는 것이었다.

....

33   이하, 최현희, "베트남 도이 모이(Doi Moi) 정책 연구," 이화여자대학교 대학원 지역연구협동과정 석사학위 청구논문 (1999)에서 정리한 내용을 바탕으로 간략히 소개한다.

이러한 신경제정책은 실물생산에서 큰 성과를 거두었으나 많은 문제점을 야기하였다. 베트남의 기본 사회주의이념과 모순적인 정책을 도입한 결과, 사회주의 생산재 소유개념이 무의미하게 되었으며, 비합법적인 경제활동이 증가하고, 인플레이션과 재정적자 문제도 심각하게 되었다. 이에 따라 베트남은 사회주의이념에서 벗어나지 않으면서 베트남의 현실조건을 반영할 수 있는 새로운 사회주의 경제발전모형을 모색하기 시작하였다. 그리하여 1982년-1984년 경제를 재통제하는 정책을 펴기 시작했는데, 이를 통해 인플레이션 수습, 재정적자폭 감소, 기간산업육성을 위한 자금조달 등의 상당한 성과를 볼 수 있었다. 그러나 제2차 경제개발계획당시 통제정책으로 인한 병폐가 그대로 다시 드러나게 되어 1985년 6월과 7월 경제 재자유화 조치를 취하지 않을 수 없었다. 이에 경제개혁에 반대하는 당 내의 보수인원들이 9월 오래된 화폐를 교체하여 소비를 줄이려는 시도가 있었는데, 500% 인플레이션을 가져오는 등 경제에 심각한 악영향을 끼치며 실패하게 된다. 1986년 초 베트남의 외채는 67억 달러까지 치솟았고, 채무불이행으로 인해 모든 서양의 대출기관들과의 거래가 중단되었다. 경제개혁으로 인해 식량생산을 늘리고 심각한 경제위기는 모면하였으나, 여전히 베트남은 자본부족에 시달렸다.[34]

이러한 위기를 타개하고자 1986년부터 '도이머이 정책'의 기반을 조성하기 시작하였는데, 이를 의욕적으로 추진하기 위해, 앞서 실시되었던 통화개혁의 실패에 대한 책임을 지고 베트남 당지도부는 대대적인 지도층 개편을 실시하게 되었다. 그리고 1986년 8월 25일 베트남 공산당의 정치국회의에서 당지도부는 경제발전의 전략에 있어서 지난 30여 년 동안 따라온 스탈린-모택동주의적 이념을 탈피한다는 중대한 결정을 내렸다. 이러한 상황 속에서 1986년 12월, 제6차 당대회는 정치국의 결정을 재확인하면서 베트남

....

34 Nayan Chanda, *Brother Enemy : the war after the war* (New york: Collier Books, 1986), pp. 404-5.

경제발전전략을 지금까지의 사회주의 경제 강화에서 '자유화와 개방화' 방향으로 수정하였다.

'도이머이 정책'은 1986년부터 1990년까지 제4차 경제개발계획의 주요 정책으로 소유개혁, 농업개혁, 가격개혁, 은행시스템 개혁 등의 다양한 방면에서 개혁이 이루어졌으나, 외교관계에 직접적으로 영향을 미친 부분은 역시 '수출입 개혁' 부분이었다. 1987년 이후 수출입가격의 자유화, 수출입 허가수속의 간소화, 수입수량제한정책에서 관세부과정책으로의 전환, 관세율 인하 등의 개혁정책을 실시하였다. 수출입 할당 및 금지품목을 대폭 삭감하였고 무역업에 대한 신규참여억제규정을 철폐하여 무역자유화 조치를 단행하였다. 또한 교역증대를 제도적으로 뒷받침하기 위해 환율정책전환, 무역자유화, 수출입가격통제 폐지 등의 조치를 마련하였다. 1985년 6월에는 무역업무의 신장, 외자도입의 정부보증확대, 계획초과 외화획득분에 대한 재량처분 등을 내용으로 하는 수출촉진 신규법이 제정되었고, 1988년 1월에는 수출입 상품세법과 외국인 합작투자를 촉진하기 위한 외국인 투자법이 시행되었다. 그 결과 일반적으로 모든 경제부분이 해외투자에 개방되었다. 대외무역증대에 힘입어 만성적인 무역적자가 감소하면서 경상수지 사정도 크게 호전되었다. 1989년에는 수출이 목표의 40%를 초과 달성하였으며, 1989년도 외화수입은 전년도 대비 81%나 증가하였다. 외국인 투자법의 공포가 1987년 실시된 이후 외국기업의 직접투자도 활기를 띠어 1989년까지 총 투자액이 약 8억 달러에 이르는 105개 투자사업이 승인되었고, 그 가운데 70개가 사업을 시작하였다.

(2) 한국의 '북방정책'

한국의 북방정책은 '중국, 소련, 동구 제국과 기타 공산국가 및 북한을 대상으로 하는 외교정책과 외교를 의미하는 것으로서, 중국과 소련의 관계개선을 도모함으로써 한반도의 평화와 안전을 유지하고, 공산국가와의 경제 협력을 통한 경제이익의 증진과 남북한 교류, 협력관계의 발전을 추구'

하려는 노력으로 정의된다.[35] 즉, 북방정책은 '대북정책'과, 북방 사회주의 국가와의 관계 정상화를 도모하는 '대북방외교정책'이라는 2개의 정책방향이 상호 연계되어 있었다. 한반도 평화를 위해 한국과 북한의 대결관계가 지양되어야하는 한편, 이를 위해서는 과거 이념적 차이로 상호관계가 소원하였던 중국, 소련 및 동구권 등의 사회주의 국가와도 관계개선이 필요하다는 인식에서였다. 1988년 7월 7일 발표한 '민족자존과 통일번영을 위한 특별선언'에서 한국 정부는 "비군사적 물자에 대하여 우방들이 북한과 교역하는 데 반대하지 않는다."는 점과, "한반도의 평화를 정착시킬 여건을 조성하기 위하여 북한이 미국, 일본 등 우방과의 관계를 개선하는 데 협조할 용의가 있음"을 밝혔다.[36] 7·7선언을 통해 본격적으로 시작된 노태우 정부의 북방정책의 목표는 다음의 세 가지였다. 첫째, 미국과 서방을 중심으로 하는 기존의 외교에서 공산권을 포함하는 전 방위적 세계외교로의 확장이다. 둘째는 공산권까지도 한국의 시장으로 확대시킴으로써 지속적인 경제성장 및 활로를 개척하고자 하였다. 셋째, 북한의 우방과 협력함으로써 북한을 압박하고 북한으로 하여금 한국과의 협력의 장으로 이끌어 냄으로써 통일의 환경을 만들어내는 것이었다.

시행초기단계에서 북방정책은 그 추진과 전개에 있어서 정부의 공식적인 관료라인은 활용되지 않고 주로 비밀외교의 형식을 통해 이루어졌다는 특징을 갖는다. 대통령이 가장 신임하는 개인과 그를 중심으로 한 전담팀에 의해 이루어졌다. 노태우 대통령은 수차례에 걸쳐 정책보좌관실을 중심으로 북방정책 및 남북비밀창구를 유지할 것을 주문함으로써 일반에 공개됨 없이 전격적으로 수행하였다.[37] 또한, 북방정책 결정과정의 주체로 자본과 기업이 있었다. 한국의 기업들은 1980년대 후반부터 미국의 강화되었

....

35   김달중, "북방정책의 개념 목표 및 배경,"『국제정치논총』제29집 (2)호 (1990), p. 43.

36   외교통상부,『한국외교 60년 1948-2008』(서울: 외교통상부, 2009), p. 142.

37   장훈각 (2011), p. 148.

던 통상압력과 국내적으로 빈번한 노동파업 및 생산원가 증가에 맞서기 위해 새로운 시장과 값싼 노동력, 우호적 해외직접투자대상자를 모색하고 있었던 것이다. 중-한 국교정상화과정에서도 경제행위자들의 대중수교 압력과 실질적 교류협력제도화의 요구가 강했음을 확인할 수 있다. 1980년대 중반부터 개별기업들의 진출이 확대되고, 1988년 6월 관민합동의 한중경제협력위원회가 결정되었다. 이에 따라 한국정부는 한중경제관계를 제도화하고 지원을 확대해 갈 필요성과, 간접무역의 문제점 해결, 직항로 개선문제 등에 대한 해결의 필요성을 느꼈다.[38]

또 하나의 큰 특징은 스포츠교류와 경제교류와 밀접한 관련이 있다는 것인데, 특히 스포츠교류는 노태우대통령이 대통령으로 당선되기 훨씬 이전부터 담당해오게 된다. 올림픽을 서울로 유치하기로 정부가 결정한 것은 박정희 대통령 시절이었는데, 1979년 10월8일 서울시가 올림픽 유치 계획을 공식선언하고, 1981년 2월26일 국제올림픽위원회(IOC, International Olympic Committee)에 유치신청서를 제출하였다. 그러나 서울올림픽 유치계획을 발표하고, 공식신청서를 제출했음에도 불구하고 정부는 본격적인 유치활동을 벌이지 않고 있었다. 현실적으로, 경제적으로 이를 실현하기가 불가능하다는 게 당시 정부의 지배적인 생각이었다. 이때, 노태우대통령이 올림픽유치활동의 지휘책임자로 지명되었고, 1982년에는 체육부가 창설되면서 초대장관에 임명되었다. 당시 최대현안은 무엇보다 서울올림픽 준비가 되었다. 1983년에는 서울올림픽 조직위원장이 되면서[39] 서울올림픽유치 준비에 힘썼으며, 대통령이 된 이후까지 북방정책의 일환으로 지속할 수 있었다. 당시 한국은 올림픽게임 사상 최다수국의 대회 참가를 실현하기 위하여 특히 미수교국의 참가 유도에 중점을 두었다. 그리고 제89차 IOC총회

....

38 전재성, "노태우 정부의 북방정책과 공산권 수교," 함택영, 남궁곤(편), 『한국 외교정책 : 역사와 쟁점』(서울: 사회평론, 2010), p. 392.

39 노태우, 『노태우 회고록: 上卷-국가, 민주화 나의 운명』(서울: 조선뉴스프레스, 2011) pp. 268-9, 277, 279.

에서 모든 국가올림픽위원회(NOC, National Olympic Committee)의 대회 참가를 확약하는 '로잔느 결의안'을 채택하기도 하였다. 그리고 1986년 4월 제5차 아시아올림픽평의회 총회를 서울에서 개최하여 국제 스포츠 기구 및 회원국으로부터 확고한 지지를 확인하였다.[40]

북방정책의 기원은 1973년 '6·23선언'이라고 할 수 있다. 6·23선언 이후 북방정책의 개념은 중국, 소련과의 관계개선 정책으로 사용되다가, 노태우정부에 들어서 북방정책의 대상에 동구권 국가들이 포함되며 그 개념이 확대되었다. 이는 이범석 전 외무장관이 6·23선언 10주년을 기념으로 1983년 6월 29일 국방대학원에서 행한 특강에서 한국외교의 최대 과제를 소련 및 중국과의 관계 정상화하는 북방정책이라고 정의하면서 공식적으로 사용되기 시작하였다.[41] 손진우(2015)와 장훈각(2011)역시 북방정책의 기원을 6·23선언에서부터 찾고 있으며, 북방정책의 근간이 되는 핵심적 개념과 내용이 1970년대 초에 이미 제시되었고, 한국 외교의 공식적 정책으로서 공개적으로 구체화되었던 시점이 6·23선언이 발표된 1973년경이라고 하였다. 따라서 비록 본격적으로 북방정책이 실시되기 시작한 것은 1988년도 이지만, 본격적으로 북방정책이 실시되기 이전에도 이 의미를 담고 있는 사례들을 모두 분석에 포함한다.

2) 국내정책이 가져온 사회 · 경제적 교류

중국과 베트남은 70-80년대 '경제정책'인 개혁개방정책이 실행 중이었고, 한국은 '외교정책'인 북방정책의 일환으로 중국과의 국교정상화 기틀이 마련되고 있었다. 이러한 각 국의 국내정책들은 양국의 사회적, 경제적 교류를 이끌어내었는데, 이를 통해 약소국이었던 베트남과 한국은 정치적인 관

....

40 외교통상부 (2009), pp. 291-2.
41 이태환, "북방정책과 한중 관계의 변화," 하용출(편), 『북방정책-기원, 전개, 영향』 (서울: 서울대학교출판부, 2003), p. 118.

계개선을 부담스러워하는 중국과 비정치적인 분야에서 지속적인 교류를 지속할 수 있었다.

중국과 베트남의 화해과정에서는 1986년 베트남의 경제개혁정책, '도이머이 정책'이 시행된 이후 비정치적인 교류가 늘어나는 것을 확인할 수 있다. 왕궈핑(王国平)은 1986년 이후 베트남의 개혁개방정책은 외부와의 우호적인 환경을 만들고자 함이었다고 하였다.[42] 베트남의 개혁개방정책 '도이머이'는 중국의 개혁개방정책을 모델로 하고 있는데, 중국의 경제개혁은 사회주의 시장경제 시스템을 구축하기 위한 것이었던 반면, 베트남의 경제개혁은 국가주도형 사회주의 다자적 시장시스템을 만드는 것이었다. 그러나 추구하는 것에 대한 표현에서 차이가 있을 뿐, 양국에 의한 경제개혁은 사회주의를 변화시키지 않으려고 한다는 점에서는 본질적으로 같았다. 중국과 베트남이 이렇게 본질적으로 같은 성격의 경제개혁개방정책의 일환으로서 양국 간의 교류를 증진시키고 나아가 국교정상화까지 도달할 수 있었는데, 양 국가의 관계개선이 "중국과 베트남이 공유하는 부분이 양국의 우정과 협력의 기초가 된다."고 한 리펑(Li Peng)의 말은 이를 잘 보여준다.[43]

실제로 도이머이 정책이 시행된 이후, 베트남과 중국 국경지역에서 무역이 늘어난 사례를 찾아볼 수 있다. 베트남과 중국의 접경지대의 긴장이 점차 줄어들자 변경무역이 재개되기 시작하였는데, 뿐만 아니라 국경 양쪽에 살고 있는 소수민족들은 서로 방문할 수도 있게 되었다. 1987년 3월부터 베트남은 국경지역의 주둔군을 철수하기 시작했고, 1989년 5월 무렵 국경지역의 군대를 완전히 철수하였다. 1988년 1월이 되어서는 국경지역의 선전방송을 완전히 멈추었다. 국경 양쪽에 있는 소수민족들이 지뢰밭 사이의 작은 길을 통해서 물건을 교류하기 시작하면서, 국경무역이 조금씩 다시

----

42 王国平, "越南外交中的大国因素,"『东南亚南亚研究』2 (2005), p. 41.

43 "Li Peng: Common Interests Underpin Sino-Viet Ties," *Business Times* (September 14, 1998).

시작되어가고 있었다. 워멕(Womack)이 직접 현지 조사한 결과에 따르면, 1985년에서 1990년 사이에 북부 베트남지역에 중국에서 들여온 싼 가격의 일상소비재들이 눈으로도 쉽게 인지할 수 있을 만큼 많아졌다고 밝혔다.[44]

베트남 정치국은 1988년 11월 공식적으로 '베트남과 중국 국경무역에 대한 지침(Directive no.118, On Border Trade between Vietnam and China)'을 발표했는데, 이를 통해, 베트남에서는 중국과 사업을 하기 위해서 한 달에 7000동(약 8CNY, 2USD)가량을 내도록 하였고, 중국과 베트남 국경을 넘어 오가는 것이 공식적으로 허용되었다. 이로써 1989년 국경 무역은 88년에 비해 10배가량 증가하였다. 베트남은 '중국동지'라는 용어를 다시 사용하게 되었으며, 중국과 베트남 국경을 넘어 물건이 오가던 좁은 잔디밭길이 1989년 이후에는 비교적 넓은 이차선 도로가 되었다.[45] 1990년이 되자 베트남은 홍콩다음으로 중국의 광시지역의 두 번째 무역파트너가 되었다. 1991년에 이르러서는 베트남과 중국의 광시지역 무역량이 광시지역과 일본, 미국, 독일, 싱가포르, 프랑스와의 교역량을 총 합친 것 보다 더 많은 양을 교류하고 있었다.[46]

인적, 물적 교류가 증가함에 따라, 베트남에 살고 있는 중국인들 즉, 화인사회에도 큰 변화를 살펴볼 수 있었다. 베트남과 중국의 비정치적인 교류를 통해 양국의 적대감이 점차 완화되고 있었다.[47] 특히, 남부에서 진행되는 화인들의 변화는 베트남의 경제발전 구도와도 연계되어 있고, 이러한 연계는 홍콩, 대만, 싱가포르 등지의 화인사회와의 재연결이 조직적으로 시도되

....

44 Brantly Womack, "Sino-Vietnamese Border Trade: The Edge of Normalization," *Asian Survey* 34-6 (June, 1994), p. 505.

45 Womack (1994), p. 499.

46 『广西统计年鉴』(1992), p. 376.

47 쾅궈투(莊国土, 2014)도 이와 비슷한 주장을 하고 있다. 동남아국가와 중국과의 관계가 동남아 국가의 정부가 화교, 화인들에 대한 태도와 상호 밀접한 연관을 가진다고 밝혔다. "문명충돌 혹은 사회모순: 제2차 세계대전 이후, 동남아화인과 거주국종족의 관계," 리궈량(李国梁) 외, 『동남아화교화인과 트랜스내셔널리즘』 (서울: 학고방, 2014), p. 102 참고.

고 있다. 사회주의 베트남이 시장개방을 하면서 화인들에게 새로운 장이 열리고 있는 것도 사실이었다.[48] 베트남 거주 중국인 인구가 증가하고, 이들 사회의 경제력이 회복된 것이다. 전통적으로 베트남의 최대 화인사회인 호찌민시와 메콩델타지역에서 두드러지게 화인 인구가 증가추세를 보였다. 호찌민시의 경우 화인 인구는 도이머이 직후 1988년 475,739명에서 1991년 50만 여명으로 증가했고, 메콩델타지역의 화인 인구는 도이머이 이전 1983년 233,856명에서 도이머이 직후 1989년 323,648명으로 6년간 무려 약 10만 명 증가했다.[49]

또한, 베트남거주 중국인들에 대한 언어사용의 변화가 있었다. 1986년 도이머이(Doi Moi) 채택 이후 베트남정부는 자국 거주 중국인에게 '응으어이화(Nguoi Hoa)'라는 용어를 공식적으로 사용하고 있다. 이는 정치적 속성이 배제된, 혈통주의, 민족적 속성에 근거한 용어 '화인'에 해당하는 뜻이다. 베트남에서는 화인(베트남 국적의 중국인)에 해당하는 '응으어이화'와, 화교(베트남 국적을 갖지 않은 중국인)에 해당하는 '화끼에우'를 명확히 구분하고 있다.[50] 도이머이정책 이후 베트남 공산당의 '응으어이 화'용어를 채택하였다는 것은 베트남의 살고 있는 중국인들을 인정하는 의미로서, 베트남과 중국의 양국관계가 개선되었음을 뜻한다. 한편, 베트남 공산당이 베트남 국적의 유무를 기준으로 '응으어이 화'와 '화 끼에우'두 용어를 공식적으로 명확히 개념정의하고 구분한 것은 베트남 거주 중국인이 베트남 국민임을

....

48   전경수, "월경소수민족으로서의 베트남 화인사회," 박사명 외,『동남아의 화인사회: 형성과 변화』(서울: 전통과 현대, 2000), pp. 123-4.

49   김현재, "베트남 화인 사회의 형성 과정, 그 역할과 특징에 대한 고찰,"『인문논총』제25집(2010), p. 217.

50   베트남 공산당 중앙집행위원회의 1995년 11월 8일 지시 문서는 '응으어이 화'를 "베트남에 이주한 중국계사람들, 한화(漢化)된 중국의 소수민족에 속한 사람들, 그리고 베트남에서 출생, 성장한 그들의 자손으로서 베트남 국적을 가지고 있으나 여전히 한족의 언어, 풍속, 관습 등 문화적 특징을 유지하며 스스로를 중국인이라고 인식하는 사람들"이라고 정의하고 있다. 그와 별도로 '화 끼에우'는 "중국인과 동일한 종족이지만 베트남 국적을 가지고 있지 않는 사람들"이라고 개념 정의함으로써 공식적으로 두 용어 간 개념을 명확히 구분했다.

재차 공식 확인하는 동시에 베트남 국민으로서 중국의 어떠한 정치적 영향도 배제한다는 정치적 함의의 표현이라고도 할 수 있다.[51]

중국과 한국의 비정치적인 교류는 덩샤오핑의 개혁개방정책 실시 이후인 1979년 한국이 중국산 무연탄을 구입하는 것을 계기로 홍콩, 일본, 싱가포르 등을 통한 간접무역의 형태로 시작되었다.[52] 한국은 1973년 6·23선언 이후, 중국과의 경제교역을 지속적으로 시도하고, 늘려가면서 이를 통해 외교관계를 정상화할 수 있도록 끊임없는 노력을 해왔다. 그러나 한국정부가 중국과의 수교를 재촉하며 시기를 앞당기려 할 때마다, 중국은 '사람이 많이 다니는 곳에는 길이 생기기 마련'이라며 정경분리원칙을 한결같이 고수하였다.

아래 〈표 3〉의 한국무역협회(KITA)의 자료에 따르면, 1978년 이후부터 중국과 한국의 수출입 기록이 남아있다. 1978년은 중국이 개혁개방정책을 시작한 해라는 점에서 1978년부터 중국과 한국의 교역이 시작되었다는 것은 의미있는 통계라고 할 수 있다. 또한 수출입 증가율을 살펴보면, 1979년, 1980년도의 증가율이 가장 큰 것을 알 수 있다. 반면, 외교관계가 정상화된 1992년 이후의 수출입 증가율은 평년과 비슷하다. 물론 국교수립 직후이기 때문에 외교관계정상화가 경제교역량의 증가에 곧바로 영향을 미치지 못했을 수는 있지만, 어쨌든 중국과 한국의 경제교류는 양국의 외교관계가 정상화되기 훨씬 이전부터 상당히 활발한 정도로 계속되고 있었고, 심지어는 중국의 개혁개방정책이 시행된 직후 가장 많이 증가한 것을 알 수 있다. 또한 1978년 직후부터 중국과의 수출입은 제3국을 통한 간접교역이 더 많은 비율을 차지할 것인데, 중국과의 경제교역이 간접교역으로 시작했기 때문에 고려할 만한 자료라고 할 수 있다.

....

51   김현재 (2010), pp. 198-200.
52   이태환 (2003), p. 121.

표 3 한국의 대(對)중국 수출입

(단위: 백만불, %)

년도	수출		수입	
	금액	증감률	금액	증감률
1993년	91,691	7.1	103,627	26.6
1992년	85,617	19.0	81,872	28.2
1991년	71,963	14.7	63,877	18.7
1990년	62,756	18.6	53,810	-9.0
1989년	52,908	11.0	59,141	6.8
1988년	47,660	20.8	55,352	28.1
1987년	39,462	25.8	43,223	-0.1
1986년	31,367	14.8	43,275	1.9
1985년	27,328	10.1	42,480	63.7
1984년	24,822	12.3	25,953	21.8
1983년	22,093	1.1	21,306	12.6
1982년	21,863	1.8	18,916	-12.6
1981년	21,474	18.4	21,631	10.9
1980년	18,139	32.8	19,505	24.4
1979년	13,657	40.1	15,675	43.6
1978년	9,745	0.0	10,915	0.0

[출처] 한국무역협회. http://www.kita.net

1988년에는 본격적으로 북방정책을 실행하면서 소련과 중국 등 사회주의 국가들과의 관계 개선을 통해 궁극적으로 남북한 평화공존과 평화통일을 추구하였고,[53] 그 일환으로서 중국과의 국교정상화를 더욱 적극적으로 추진하게 된다. 앞서 밝힌 것처럼 7·7선언이 북방정책의 시발점이 되었는데, 노태우 대통령의 북방정책은 당선자 시절부터 그 기본적인 구상이 형성되었고 공격적으로 추진되었다. 노태우 당선자는 언론 인터뷰를 통해 한반도의 평화정착과 통일의 준비를 위해 남북한 교차승인방식에 유연성을 부

....

53   서진영 (2006), p. 373.

여할 것과 중국과는 직교역체제를 구축하고 서울올림픽 개최 후 상호간에 무역대표부를 설치하는 등 외교관계를 수립할 것이라고 언급함으로써 남북관계 및 대 공산권 외교에 관한 정책에 있어서의 전격적인 변화를 예고했다.[54]

당선 직후 노태우대통령이 밝혔던 대로, 스포츠교류를 통해 중국과의 접촉이 점점 늘어나게 되었다. 1988년 9월17일-10월2일 있었던 서울올림픽이 개최되고, 중국도 참여하게 되면서, 76몬트리올 올림픽 이후 12년 만에 동서 양 진영 160개국이 참가한 의미 있는 올림픽이 되었다. 88서울올림픽에 중국이 참가하도록 한국에서는 많은 노력을 기울였는데, 효과가 있었던 것이다. 이후, 마침 1990년 아시아경기대회에서는 개최지로 베이징이 선정되어 있었는데, 따라서 86년 서울아시아경기대회 당시 경기운영 등 전산기술과 노하우에 중국은 관심을 가지게 되었다. 이런 상황에서 중국의 베이징아시아경기대회 준비조직위원회(베이징 시 당서기 천시퉁 위원장을 필두로, 우사오쭈 국가체육위원회 주임, 베이징 시 수석 부시장 장바이파 부위원장, 웨이지중 국제부장 등)와 한국의 서울올림픽조직위 (양세훈 국제협력국장, 윤해중 참사관 등)는 빈번한 접촉을 가졌다. 이 과정에서 중국으로부터 전산기술대표단이 기술 견학차 서울에 파견되어 오는 일도 있었다.[55] 첸치천 전 중국 외교부장 회고록에 의하면 1983년 민항기 피랍사건이 있은 몇 개월 후, 베이징 시는 아시아올림픽이사회에 1990년 제13차 아시아경기대회 유치를 정식 신청하였으며, 동시에 외교부장 명의로 한국을 포함한 모든 아시아올림픽이사회 회원국에 대회 참가를 위한 출입국을 보장한다는 내용의 서한을 발송한 것으로 기록되어 있다.[56] 이에 따라 중국은 1990년 베이징 아시아경기대회 성공적인 유치라는 목표를 세워놓고 이를 위해 86서울아시아경기

....

54　장훈각 (2011) 재인용.

55　윤해중 (2012), pp. 39-40.

56　첸치천, 『열가지 외교 이야기』 (서울: 랜덤하우스중앙, 2004), pp. 150-1.

대회와 88서울올림픽에 적극적으로 참가한다는 방침을 내부적으로 미리 정해둔 상태였던 것이다.

서울올림픽 이후 2년 뒤, 1990년 9월 초부터 1달여간 걸쳐 진행된 베이징 아시아대회에서는 한국 선수단과 임원이 500여 명 참가하여, 주최국인 중국 다음으로 대규모였다. 당시 한국에서는 이를 위해 정부뿐만 아니라 기업들도 적극적으로 지원하였다. 삼성, 선경, 대우 등 대기업의 상당한 기여가 있었으며, 대한항공은 직항로 개설이 최대 관심사였으므로 중소형 현대자동차 500여 대를 지원하였고, 아시아나항공도 200여 대를 기증하였다.[57]

또한 간접교역, 스포츠교류 외에 학술회의에 참가하는 교류도 점진적으로 확대되어 갔다. 1985년 여름, 도쿄에서 한중일 3자 학술회의가 개최되었는데, 한국에서는 김준엽 고대아시아문제연구소장, 이홍구 서울대교수 등 국제정치학자들이 참가하였고, 중국에서는 외교부 조선처장을 오랫동안 역임했던 타오빙웨이 학술위원을 비롯한 외교부 산하 국제문제연구소 소속 학자들이 참석하였다.[58] 1987년 7월경에는 세계보건기구(WHO, World Health Organization) 서태평양지역총회가 베이징에서 열렸는데, 보건사회부 이성호 보건국장과 윤방부 세브란스의대 가정의학과 교수가 함께 일주일간 베이징을 방문하기도 하였다.

이러한 교류들은 앞서 밝힌 대로, 북방정책의 특성상 정부 관료의 공식적인 교류가 아니라 민간 차원에서 다양한 비공식적 교류를 통해 이루어졌다. 서울에서 한의원을 경영하는 화교 한의사 한성호 원장의 저서에 따르면, 노태우 대통령이 1988년 3월, 주치의였던 한성호 원장을 청와대로 불러 북방정책 구상을 설명하면서 중국과의 관계개선이 중요하므로 연결 다리 역할을 해 줄 것을 당부한 일도 있었다고 한다. 한성호 원장은 같은 해 4월, 산둥 성 지난(濟南)을 방문하여 장춘윈(姜春雲) 당위원회 부서기 겸 성장(省長)

....

57   윤해중 (2012), p. 86.
58   윤해중 (2012), p. 33.

을 만나 상황을 설명하였다. 그러자 장춘원은 '한국과 외교관계는 아직 없지만, 경제교류는 정치와 무관하다. 또 중한 우호관계 촉진을 위해 평등과 자주의 원칙 하에 한국과 경제 합작과 무역 촉진, 문화교류를 강화하자'고 성 정부의 입장을 밝혔다.[59] 이로서 한성호 원장의 산둥 방문은 한국의 관민 무역대표단이 산둥성을 방문할 수 있는 길을 미리 마련하는 역할을 하였다.

민간차원에서의 여러 차례 비공식적 접촉 끝에, 1990년 10월 20일에는 한중 양국이 대한무역진흥공사(KOTRA)와 중국국제상회(CCOIC) 간의 무역 대표부 상호 설치에 합의하여 공적인 대표기구와 접촉 창구를 마련하게 되었다. 이 합의에 따라 1991년 1월 30일 대한무역진흥공사(KOTRA) 주베이징 대표부를, 중국국제상회(CCOIC) 주서울 대표처는 초대 대표로 쉬다유가 부임하면서 같은 해 4월 9일차로 정식 개설하였다.

3. '상호자제' 단계 : 결정적인 제3국 요인

동아시아의 적대국 간 화해의 세 번째 단계는 '상호자제'이다. 양 국가의 외교관계가 정상화되는 직전의 단계로서, 양국이 외교관계를 정상화하는 과정에서 양 당사자 외에 제3국이 매우 중요한 요인으로서 작용하였다. 제3국 문제가 해결되자, 그동안 관계개선에 적극적이지 않았던 중국이 입장을 변화하면서 상호자제가 일어나고, 이를 통해 외교관계를 정상화할 수 있었다. 중국-베트남관계에서는 캄보디아가, 중국과 한국관계에서는 북한과 대만요인이 결정적인 역할을 하였다.

기본적으로 국제관계는 양자관계에서 시작되지만, 양국의 문제로만 그 관계가 결정되는 경우는 거의 없다. 따라서 국제정치이론 가운데에도, 제3자가 관련된 이론이 다수 존재한다. 삼각관계이론의 대표적인 선행연구는 디트머(Dittmer)라고 할 수 있다. 그는 삼각관계의 개체 간 관계변화에 따라 4

....

59   윤해중 (2012) pp. 51-2 재인용.

개의 유형을 만들었다. 그리고 당시 주요 분석대상을 중국-소련-미국으로 설정하여 강대국 중심으로 분석하였다.[60] 제임스 슝(James C. Hsiung)은 전문영역에 따라 강대국 사이에서의 세력균형 분배가 달라진다고 주장하였다.[61] 또한 삼각관계에서의 협력관계는 협력의 규모에 따라 고도 협력관계부터 대립관계까지 구분될 수 있다고 규정하였다. 이들 선행연구는 강대국 사이에서 전개되는 협력과 대립의 영역 및 규모에 따라 양국의 충돌, 신뢰 등 관계의 정도를 분석한 것이다. 대만 학자 바오종허(包宗和)는 전략적 삼각관계이론을 원용해 미국과 양안관계의 작용과정을 대상으로 분석하였다.[62] 또한 우유산(吳玉山)은 삼각관계를 기초로 러시아와 동유럽 국가의 사례를 통해 대만-중국-미국 삼각관계 속에서 약소국은 제3국의 지원을 받으며 강국이 약소국의 태도에 영향을 줄 수 있다고 주장하였다.[63] 중국과 한국의 외교관계정상화과정을 삼각관계를 통해 분석한 홍리우(Hong Liu)는 중국-소련-북한, 중국-소련-미국, 중국-한국-북한, 중국-한국-대만, 중국-일본-한국 등 다섯 가지 삼각관계의 영향을 모두 고려하였다.[64] 베데스키(Bedeski)는 중한관계를 북한과의 삼각관계로 분석하면서, 삼각형 각 면의 특징을 소개하였다. 중국-북한은 후견-피후견관계, 중국-한국은 경제적 특징, 한국-북한은 가장 그 관계가 약하여 충돌가능성이 가장 높은 관계라고 하면서, 이러한 양국의 특징들이 중한관계에 어떤 영향을 미치는지 밝혔다.[65]

....

60   Lowell Dittmer, "The Strategic Triangle: An Elementary Game-Theoretical Analysis," *World Politics* 33-4 (July, 1981), pp. 485-515.

61   James C. Hsiung, "Internal Dynamics in the Sino-Soviet-U.S. Triad," in Ilpyong Kim (ed.), *The Strategic Triangle: China, the United States and the Soviet Union* (New York: Paragon House Publisher, 1987), pp. 230-52.

62   包宗和, 吳玉山, 『重新檢討爭辯中的兩岸關係理論』(台北: 五南文化事業, 2012).

63   吳玉山, 『抗衡或扈從:兩岸關係新詮:從前蘇聯看臺灣與大陸的關係』(台北: 正中出版社, 1997).

64   Hong Liu. "The Sino-South Korean Normalization: A Triangular Explanation," *Asian Survey* 33-11 (November, 1993), pp. 1083-1092.

65   Robert E. Bedeski, "Sino-Korean Relations: Triangle of Tension, or Balancing a Divided Peninsula?," *International Journal* 50-3 『China and Its Neighbours』 (Summer, 1995), p. 518.

그러나 본 연구에서는 세 국가를 동등한 중요도를 가진 행위자로 두지 않고, 제1국과 제2국의 관계를 연구하는 데, 제3국을 하나의 독립변수로 보고 설명하고자 한다. 앞서 논의된 바에서 볼 수 있는 것과 같이, 기존의 삼각관계에 관한 연구들은 대부분 세 국가에 동등한 중요도를 부여하고, 세국가 간의 '관계유형'이나, 그 사이에서 일어나는 '행동유형'을 연구하는 데 초점을 맞추었다. 이와 다르게, 독립변수인 제3국 요인이 해결됨으로써 중국의 태도에 변화를 가져오게 되었고, 이에 따라 상호자제가 일어남으로써 화해가 일어나는 과정을 중심으로 사례를 분석하도록 한다.

중국과 베트남이 냉전이후 새로운 관계 형성의 기회를 맞았을 당시, 그들의 관계 진전을 방해하는 마지막 방해요소는 캄보디아였고, 캄보디아 문제가 해결되자 비로소 중국과 베트남의 국교정상화가 이루어질 수 있었다.[66] 중국은 베트남의 영향력을 제한하고, 궁극적으로 베트남이 인도차이나 반도에 행사할 수 있는 힘을 줄이기 원했는데, 따라서 베트남부대가 캄보디아에 주둔하는 지의 문제가 중국에게 결정적으로 중요했던 것이다.[67] 캄보디아 문제가 결정적으로 작용했던 구체적인 과정을 살펴보면 다음과 같다.

1985년경부터 베트남은 중국에 대한 적대적인 외교정책은 조금씩 완화하는 경향이 보였지만, 1980년대 말 중국과 베트남은 스프래틀리 군도에서의 충돌문제가 계속되었다. 또한 80년대 내내 중국과 베트남은 국경지역에서도 군사분쟁이 지속적으로 일어났는데, 중국은 이 국경분쟁을 이용하여 베트남으로 하여금 캄보디아 주둔군을 철수하도록 하고자 하였다.[68] 이때, 베트남 언론은 중국의 팽창주의를 비난하면서도 영토분쟁은 협상에 의해

....

66 Ang Cheng Guan, "Vietnam-China Relations since the End of the Cold War," *Asian Survey* 38-12 (December, 1998), p. 1123.

67 Charles McGregor, "China, Vietnam, and the Cambodian Conflict: Beijing's End Game Strategy." *Asian Survey* 30- 3 (March, 1990), p. 267.

68 Xiaoming Zhang, *Deng Xiaoping's long war: the military conflict between China and Vietnam, 1979-1991* (Chapel Hill: The University of North Carolina Press, 2015), p. 166.

해결되어야 한다며 사태를 악화시키지 않으려고 노력하였으나 캄보디아에 관한 외교문제에 있어서는 여전히 중국과의 대립이 심하였다. 1989년 7월 파리 국제회의에서 베트남 외교부장 응우옌 꼬 타익(Nguyen Co Thach)과 중국 외교부 부부장 류수칭이 만났는데, 중국은 당시 캄보디아 시아누크 국왕의 제안을 받아들여 크메르루주를 포함한 4당파의 임시연합정부를 주장하였고 베트남은 이에 단호히 반대하였다. 베트남 외교부장은 이후 지속적으로 강한 반대의사를 표현하였는데, 그리하여 응우옌 꼬 타익은 중국정부와 언론의 공개적인 비난에 시달려야했다.[69] 이를 누그러뜨리기 위해 1990년 1월 베트남 외교부 부부장이 베이징을 방문하여 캄보디아 문제에 관한 입장차를 좁혀갈 수 있다는 가능성을 보여주고자 하였다. 이처럼 양국의 실질적인 관계개선은 양국의 영토분쟁문제뿐만 아니라, 캄보디아에 관한 좁혀지지 않는 의견차로 진전이 되지 않고 있었으나, 1989년 초부터는 중국과 베트남의 고위층 접촉이 조금씩 보고되기 시작하였다.

그리고 1990년 9월, 베트남과 중국이 고위 비밀회담이 일어났다.[70] 중국 쓰촨 성 청두에서 회담이 이루어졌는데, 흔히 이 청두 회담은 중-베 수교의 시작점으로 일컬어진다. 당시 정상회담 참석자는 베트남의 당서기장 응우옌 반 린(Nguyen Van Linh), 수상 도 므어이(Do Muoi), 당 원로 팜 반 동(Pham Van Dong), 중국에서는 당 총서기 장쩌민과 총리 리펑이었다. 베트남과 중국은 이 회담에서 캄보디아에 관한 비밀 합의각서를 작성하였다.[71] 중-베 수교의 시작점으로 여겨지는 회담에서 캄보디아에 관한 합의각서가 작성되었다는 점은 매우 의미가 깊다. 이 회담이 있은 후 캄보디아에 관한 국제적 외교논의가 있었던 것으로 보아, 캄보디아 문제를 국제적 논의로 가

....

69 Womack (2006), p. 208.
70 Ramses Amer, "Sino-Vietnamese Relations: Past, Present and Future," in Carlyle A. Thayer and Ramses Amer (eds.), *Vietnamese Foreign Policy in Transition* (Singapore: ISEAS, 1999), p. 73.
71 유인선 (2012), p. 470.

져갈 만큼 양국의 이해와 합의가 있었다고 할 수 있다. 또한 더욱 눈여겨볼 만한 점은 당시 베트남 외교부장 응우옌 꼬 타익(Nguyen Co Thach)이 청두회담에 참가하지 않았다는 점이다. 앞서 밝힌 것처럼 응우옌 꼬 타익은 캄보디아문제에 있어 중국과 격렬히 대립하던 인물이었는데, 중국 측의 요청으로 회담에서 제외된 것이다.[72] 중국과 베트남 간의 국교 수립을 위해서는 캄보디아 문제가 해결되어야 했기 때문에 중국은 베트남 외교부장을 배제했던 것으로 보이는데, 그만큼 캄보디아 문제에 대한 합의가 중요했던 것이다. 또한 회담이 있기 2개월 전, 미국이 크메르 루주에 대한 그간의 지지정책을 바꾸어 캄보디아 문제 해결을 위해 베트남과 접촉하겠다는 입장을 밝혔는데, 그러자 크메르 루주에 대한 유일한 지지자가 된 중국은 1979년 이래 일관되게 고집해 온 입장을 재고하지 않을 수 없었을 것이다. 진전 없이 정체되어왔던 중국과 베트남의 국교관계정상화 과정은 1991년 10월 캄보디아 파리평화협정을 맺고 난 직 후, 11월 5-10일 공식적으로 이루어졌다.

중국과 한국의 '상호자제' 단계에서는, 북한과 대만이 외교관계정상화를 이루는 직전의 핵심변수였음을 살펴볼 수 있다. 먼저, 북한은 과거 소련과 중국 사이에서 이중외교를 펼치며 자신의 이익을 누려옴으로써 중국에게 상당한 골칫거리였으나 양 국가는 40여 년간 동일한 사회주의 노선을 걸어왔다는 점에서 특정한 명분 없이 단순한 국가관계로 전환하기는 어려웠다. 또한 현실적으로도 북한과 소련의 관계가 밀착되는 경우 이에 따른 위험부담, 북한과의 국경지대에 배치된 군사문제, 북한과 동맹관계에 있는 다른 사회주의 국가와의 관계악화, 소련의 남진정책에 따른 부담가중 등의 문제가 중국으로 하여금 그동안 북한과의 특별한 관계를 유지하도록 하였다.[73] 따라서 중국은 북한과의 관계를 가장 중요하게 고려하지 않을 수 없었는데,

....

72　David Wurfel, "Between China and ASEAN: The Dialectics of Recent Vietnamese Foreign Policy," in Thayer and Amer (1999), p. 150.

73　김두현, "한중간 경제교류의 실제와 대책," 『현대중국연구』 창간호 (1992), p. 99.

이는 1991년 무역대표부 개설 후 당시 베이징 주재무역대표부 공관 창설책임자였던 윤해중 대표보와 타오빙웨이 외교부 국제문제연구소 학술위원과 나눈 대화에서도 잘 나타난다. "중국과 북한의 관계가 여느 나라와 달리 특수한 관계라고는 알고 있으나 중국이 지나치게 북한을 의식한 나머지 대한국 관계 개선에 너무 신중하고 인색한 것 아니냐"고 물었더니, 이에 타오위원은 "중국과 북한은 당·정부간 오랫동안 깊은 교류가 있어 왔고 특히 마오쩌둥, 저우언라이 등 혁명 1세대 지도자들과 북한 김일성 주석과의 우정은 아주 남다르다."면서 중국 정부가 대한국 관계에 보다 신중할 수밖에 없는 실정을 이해해 달라고 하였다.[74]

북한은 당시 중국에게 한국과 수교를 맺지 말 것을 적극적으로 권고했다고 알려졌다. 1991년 10월 4일부터 10일간에 걸쳐 김일성은 중국을 방문했으나, 중국 지도자들과의 회담 내용에 관하여서는 공식 브리핑이나 발표가 없었다. 회고록에 따르면, 김일성은 장쩌민 당 총서기, 양상쿤 국가주석, 리펑 총리 등을 만났으며, 당시 외국 인사들을 만나지 않던 덩샤오핑 지도자와도 비밀리에 면담한 것으로 알려졌다. 회담 중 김일성은 중국과 북한 간의 형제적 우의를 강조하고 미국과 일본이 북한과 미수교 상태임을 들어 중국이 한국과의 공식관계를 수립하는 일이 없도록 요청하였다. 또한 북한이 미국과 수교할 때까지 중국이 한국과 수교하는 일이 없기를 요청하였는데, 이에 대해 중국은 남한과의 관계로 북한을 해치지 않을 것이며, 남한과의 공식 관계 수립은 시기와 방법을 심사숙고하여 정한 것이라는 입장을 밝히며 사실상 북한의 입장에 동의했다고 전해졌다.[75]

이에 대해 중국 양상쿤 국가주석은 한국과 외교관계를 정상화하기 직전, 1992년 4월 13일-17일 북한을 방문하여 직접 북한을 설득할 수밖에 없었다. 중국과 북한 지도자들의 상호 방문은 거의 연례행사처럼 되어 왔기에,

----

74 윤해중 (2012), p. 97.
75 이상옥 (2002), p. 140.

1991년 10월에도 김일성이 중국을 방문한 바에 따라 양상쿤 주석의 평양 방문은 이에 대한 답례 방문이었다고 할 수 있겠으나, 4월 15일 80회 생일을 맞이한 김일성 생일 축하 방문의 의미를 띠고 있기도 하였다. 그러나 한국이 아시아태평양 경제사회위원회(ESCAP, Economic and Social Commission for Asia and the Pacific)총회 차 북경을 방문한 동일한 시기에 양주석이 평양을 방문하게 된 것은 한중간의 수교 문제와도 관련이 있다는 추측보도가 여러 갈래로 나왔다. 한반도 문제에 관하여 양상쿤 주석은 "조선 반도 정세의 완화와 남북 관계 개선이 전체 조선 인민의 이익이 될 뿐 아니라 아시아와 세계의 평화와 안정에도 유리하다."고 말하고 중국은 김일성의 자주 평화 통일 정책을 계속하여 지지할 것임을 밝혔다. 김일성은 남북한 총리 회담을 통하여 남북 사이의 화해와 불가침 및 교류, 협력에 관한 합의서(기본 합의서)와 한반도의 비핵화 공동 선언이 채택됨으로써 자주 평화 통일을 위한 여건이 호전되었으며 한반도 정세의 완화를 위한 노력을 계속해 나갈 것이라고 밝혔다. 양상쿤-김일성 회담 내용에 관하여서는 이상과 같은 신화사 통신의 공식 보도 이외에는 발표된 것이 없었으나, 당시 양주석이 김일성의 80회 생일을 축하하기 위해 북한을 방문한 기회에 한중수교의 불가피성을 김일성에게 설명했을 것이라는 추측이 널리 퍼졌다. 홍콩의 친중국계 신문인 신만보(新晩報)의 4월 19일 자 기사는 양주석이 평양 방문 중 김일성에게 한중수교가 가까운 장래에 이루어질 것임을 통보했으며, 양주석이 김일성 생일에 맞추어 평양을 방문한 것도 장차 한중수교로 북한이 받을 충격을 완화하고 위무하기 위한 것이라고 보도한 바 있었다.[76]

　　그러나 북한은 여전히 반발하고 있었으며 중국은 지속적으로 북한을 설득하기 위해 노력하였다. 1992년 7월 말, 중국 외교부는 평양 주재 중국 대사로 하여금 북한의 김영남 외교부장에게 한국과의 수교예정 사실을 통보하게 하였고, 김영남 외교부장은 이에 크게 반발하였다. 김일성 주석이 덩샤

....
76　이상옥 (2002), pp. 175-7.

오핑에게 한국과 수교만은 하지 말아 달라고 요청한 데에 대해 덩샤오핑이 그렇게 하겠다고 약속했다고 하면서 중국 측의 약속 위반이라는 것이었다. 이에 따라 중국 정부는 8월 초 치엔치천 외교부장을 비밀리에 평양에 파견하여 중국 측 입장을 설명하였다. 치엔부장은 북한 지도층에게 국제정세의 변화와 중국과 한국간의 경제 관계 증대로 한국과의 수교를 더 이상 연기하기 어렵게 되었으며, 한중수교는 한반도의 평화정착 등 북한에게도 유리하게 작용할 것이라고 하였다. 북한과의 경제 협력도 계속될 것이라는 점과 특히 1993년부터 경화로 결제하게 되어 있는 교역에 대해 전과 같은 우대를 제공할 것이라는 점도 들었다. 또한 치엔 부장은 한중수교가 대만에 대응하기 위한 가장 효과적인 방법의 하나임을 밝히고, 한국과 수교한 뒤에도 중국의 대북한 우호 정책은 변하지 않을 것이라고 안심시켰다. 중국은 절대로 북한을 고립화시키는 행동을 취하지 않을 것이며 북한과 더불어 일관되게 사회주의 노선을 견지할 것임을 강조하면서 지난 수십 년간 중국이 항상 북한 입장을 지지해 온 만큼 이번에는 북한이 중국 입장을 이해해줄 것을 간곡히 요청하였다. 치엔 부장의 이와 같은 간곡한 요청에 북한 측도 중국의 입장을 받아들이게 된 것으로 전해졌다.

한국은 중국과의 외교관계정상화를 통해 대북접근정책도 동시에 추구하고 있었다. 한중수교를 계기로 한국은 북한고립정책을 수정하고, 북-일, 북-미 외교관계 수립에도 원칙적으로 반대하지 않는다는 입장으로 전환하였다. 한국의 이러한 외교정책변화 역시 한중수교에 대한 북한의 이해를 촉구하는 큰 역할을 담당하였다. 북한이 한중 수교 발표 후 공개적인 반발을 보이지 않은 데에는 한국과 중국 측의 이 같은 노력이 있었기 때문인 것으로 보인다. 이것은 소련이 1990년 9월 한국과 외교 관계를 수립하였을 때 수교발표 후 셰바로드나제 외상이 평양을 방문하였으나 김일성이 접견을 거부하는 등 홀대를 받았고 북한이 노골적인 반발을 보였던 것과는 대조가 되는 것이었다.[77]

대만문제 역시 중국이 한국과의 관계를 정상화하는 데 주요한 변수였다. 대만의 독립이나 이탈은 중국입장에서 중국 분열의 시초가 될 수 있으며, 중국 주권의 포기로도 인식될 수 있어 공산당 정권의 존립자체가 위협받을 수 있는 문제이기 때문이다. 개혁개방시대에 덩샤오핑은 기본적으로 '3통4류(三通四流)', '일국양제(一國兩制)'에 입각한 평화통일방안을 강조하였다.[78] '3통4류'에 대하여 대만은 '대륙과 접촉하지 않으며, 대륙정부와 담판하지 않고, 타협하지 않는다'는 '3불정책(三不政策)'으로 대항했다. 또한 '일국양제'에 대해서는 '일국양부제(一國兩府制)', 즉 '하나의 국가에 두 개의 대등한 정치적 실체인 정부가 존재한다'는 논리로 대응하였다.[79] 이에 대해, 한국은 1991년 4월 유엔 아시아태평양 경제사회위원회(ESCAP) 제47차 총회에서 남-북한 간의 관계와 중국-대만 간 관계가 본질적으로 다르다는 점을 성명하고, 한국이 북한을 외교적으로 고립화시키는 것을 원하지 않으며 북한이 아시아태평양 경제사회위원회와 유엔에 가입하는 등 국제사회의 일원으로 합류하게 되기를 바라고 있다고 말하였다. 남북한 관계가 중국-대만 관계와 다르다는 점을 특히 지적한 것은 중국의 대한국 수교가 '두개의 한국'을 인정하는 결과가 되어 다른 나라들의 '두 개의 중국' 정책을 정당화하게 될 가능성이 있다고 일부에서 제기된 그릇된 논리를 염두에 두고 한 말이었다.[80]

....

77 이상옥 (2002), pp. 236-7.
78 '3통4류(三通四流)'란, 1979년 1월1일 중화인민공화국 정부가 "대만동포에게 고하는 글"을 통해 평화적 방법으로 통일을 달성할 것이라는 정책을 발표한 이후 양안간 교류협력을 촉구하는 중국의 정책이며, '통상(通商), 통우(通郵), 통항(通航)'과 '경제교류, 문화교류, 과학기술교류, 체육교류'를 의미한다. 이와 더불어, 1983년 6월 26일 덩샤오핑은 재미학자 양리위를 만나는 자리에서 '조국통일 6개원칙'과 '일국양제(一國兩制)'를 평화통일방안으로 제시하였다. '첫째, 중국이 대만에 군사 및 정부요원을 파견하지 않을 것, 둘째, 대만의 독립적인 입법권 및 현행 법률과 사법기구를 유지하도록 보장할 것, 셋째, 대만의 독자적 군대 유지도 허용할 것, 넷째, 대만의 대외사무 처리 권한을 계속 보장할 것, 다섯째, 대만의 특별 기치 및 '중국 대만' 칭호를 사용하도록 할 것, 여섯째, 외국으로부터의 무기 구입을 포함한 대만 자위권을 허용할 것'이라고 발표한 것이 그 내용이다.
79 서진영 (2006), pp. 283-5.
80 이상옥 (2002), p. 129.

이러한 가운데 대만은 적극적으로 중국과 한국의 외교정상화를 막고자 노력했다. 1990년 베이징아시아경기대회가 성공적으로 개최되고 두 나라의 관계 진전이 가속화되고 있는 시점에 대만의 진수지 주한 대사가 부임했다. 그의 최대 임무이자 목표는 한중수교를 저지하거나 최대한 지연시키는 일이었다. 진수지 대사는 과거 서울에 주재했던 어느 중화민국대사보다도 적극적인 활동을 전개하여 한국의 정계, 경제계, 언론계, 학계 등 광범위한 분야에 걸쳐 많은 유력 인사들과 접촉하여 친분을 두텁게 하고자 노력했다. 또한 각계 유력 인사들로 하여금 대만을 방문하도록 초청하여 한국과 대만 간의 우호 관계를 유지하는 데 전력하였다.

1990년 9월30일 소련과 한국이 국교를 수립하고, 10월 20일 중국과 한국이 민간 무역대표부 개설에 합의하자 대만 측은 직간접적으로 우려를 표명하였으나, 이에 대해 한국은 줄곧 대만을 안심시켜왔다. 11월초 노태우 대통령은 중국과의 관계진전에 따라 대만과의 관계를 소홀히 함이 없도록 할 것과 특히, 각료, 국회의원 등 고위층의 인사 교류와 실리 면의 협력 관계를 강화할 것을 외무부에 지시한 바 있었다. 또한, 당시 주한 중화민국 대사가 한국 외무장관을 면담하는 것은 이례적인 일이었는데도 불구하고, 이상옥 외무부장관과 진수지 대사는 종종 면담을 가지곤 하였다. 한국 측은 중국과의 관계 발전에 따라 대만과의 관계도 원활하게 해두는 것이 필요하다고 여겼기 때문이었다. 진수지 대사는 한중비밀수교 협상설 등이 언론에 보도될 때마다 신경을 곤두세우며 사실 확인 또는 해명을 요구하곤 했다. 그때마다 한국은 '중국과의 관계 발전과 수교를 계속 추진할 것이다. 그렇지만 중화민국과 우호관계를 유지하기 위한 노력도 계속할 것이다.'라고 대답했다. 특히, 1991년 11월 중국의 첸치천 외교부장이 최초로 한국을 방문하여 노태우 대통령을 만난 이후, 대만의 반응은 한층 더 예민해지기 시작했다. 이에 대해 한국은 중국과의 관계 정상화를 서두르지 않고 추진해나가면서, 대만과의 우호관계를 유지하기 위한 노력도 계속할 것이라고 일관되게 대답했다.[81] 그러나 대만 측은 한중수교방침보다는 '한국이 중화민국과 우호관계 유지에 노력한다.'는 취지에만 방점을 찍어 부각시키는 등 자국에 홍보하기 위해서인지 자국에 유리한 해석을 하곤 했다. 나중에 이것이 대만 국민들로 하여금 한국이 배신했다며 극심한 반한감정을 유발시킨 원인이 되었다.

대만은 이렇게 초반에는 중국과 한국의 수교를 저지하거나 지연하려고 하였지만, 1992년 초가 되어서는 수교를 맺더라도 2개의 중국을 동시 승인할 수도 있다는 가능성을 열어두면서 한걸음 물러섰다. 대만의 장호엄 외교부 정무차장은 대륙위원회 공작연구 토론회에서 "중공이 한국과 수교 시 북한과 단교하지 않을 것임으로 한국도 2개의 중국을 동시 승인하는 것이 가능하나, 한국 측에 이러한 관점을 제시한 바는 없다고 밝히고, 한국과의 외교 관계를 유지하기 위해 최대한 노력할 것이며 한국에 대해서도 어떠한 상황에서든 현재의 관계 유지 입장을 표명하고 있다."고 말하였다.[82] 5월에는 대만의 리덩후이 총통이 장옌스 특사를 한국에 파견했는데, 대만-한국 민간 경제협력위원회 구롄쑹 회장, 장샤오옌 외교부 정무차장, 장빙쿤 경제 부차장 등이 수행하면서 한국 외무부 장·차관 등 간부들에게 전달할 선물을 유난히 많이 가지고 와 마음을 사려고 하기도 하였다.[83]

그러나 중국은 여전히 '하나의 중국' 원칙을 고수하였다. 1992년 4월, 제48차 아시아태평양 경제사회위원회(ESCAP) 총회에서 중국의 치엔치천 외교부장과 한국의 이상옥 외교장관은 단독회담에서 비밀리에 양국간의 외교관계 수립을 위한 교섭에 대해 논의하였는데, 치엔치천 외교부장은 수교 교섭을 제의하면서도 비밀리에 진행될 것을 강조하였다. 또한 한국에 '한국과 대만이 긴밀한 관계를 유지해온 것을 알고 있으나, 한중수교는 중국의 통일에 유념하여 이루어져야 할 것이며, 중국과 다른 나라들 간의 수교시에 하나의 중국 원칙이 명시된 사례들을 언급하며 '하나의 중국' 원칙을 강조

....

81   이상옥 (2002), pp. 180-3.
82   이상옥 (2002), p. 186.
83   윤해중 (2012), p. 120.

하였다.[84]

이에 한국은 중국과의 수교를 진행시키기 위해 대만과의 관계를 차차 정리해가기 시작하였다. 중국이 하나의 중국을 일관되게 주장하며 입장을 바꾸지 않았기 때문이다. 대한민국 정부는 중국과 수교를 앞둔 1992년 8월 서울에서 예정되어 있던 한-대만 제25차 연례 각료회의를 연기한다고 대만에 통보했다. 한국 임시국회가 8월 중순에 열릴 예정이어서 장관이 국회에 출석하게 된 만큼 무기연기가 불가피하다는 명목상의 이유를 만들었다. 이에 대해 대만은 즉각 반발하고 나섰다.

당시 대한민국 정부는 대만이 아직 수교국인 이상 중국과의 수교 사실을 미리 알려야 한다고 판단하여, 1차로 8월 18일 이상옥 장관과 진수진 대사가 롯데호텔에서 만나 한국과 중국이 그간 수교 교섭에서 실질적인 진전이 있었다면서 구체적인 내용을 통보했다. 진 대사는 수교일자를 알려달라고 요구했고, 이 장관은 수일 내로 알려주겠고, 이 내용은 대외비로 해달라고 요청했다. 그러나 대만은 이를 곧바로 외신에 공개했으며, 19일 '한-중화민국 관계에 엄중한 결과를 초래한 데 대해 모든 책임을 져라'라고 통보했다. 이에 더해 진 대사가 이상옥 장관에게 면담을 요청하고, 다음의 3가지 요구사항을 전달했다. "첫째, 한중수교로 중국이 유일한 합법 정부라는 주장을 절대로 받아들이면 안된다. 둘째, 한국은 중화민국과 외교관계 유지를 위해 가능한 모든 노력을 해야 한다. 그럼에도 불구하고 외교관계 유지가 불가능할 경우 장래 우리의 한국 주재 대표기구에 중화민국 명칭을 사용하게 해 달라. 셋째, 여타한 경우에도 명동대사관의 재산은 우리 소유이며 중국이 탈취할 수 없다."

이에 대해 이상옥 장관은 '3가지 요구사항을 수용하기에는 이미 때가 늦었다'며 8월 21일 외무부장관실에서 진 대사에게 한중수교를 다음과 같이 공식 통보했다. "첫째, 8월 23-25일까지 첸치천 중국 외교부장 초청으로

....
84 이상옥 (2002), p. 168.

방중하여 공식 수교 성명을 발표할 계획이다. 둘째, 한국은 중국과 수교하면서 타이완과의 관계에 손상을 주지 않으려 최대한 노력했으나, 하나의 중국 원칙이 국제적 현실임에 비추어 부득이 귀국과 외교관계를 단절하지 않을 수 없음을 유감으로 생각한다. 셋째, 그러나 한국 정부는 귀국 정부와 가능한 최상의 비공식 관계를 유지하고자 한다. 경제·문화 등 여러 분야에서 실질 협력관계가 유지 발전되기를 희망하며, 양측과 비공식 관계 설정을 위한 협의가 조속히 진행되기를 바란다. 아울러 노태우 대통령이 가까운 시일 내 중국을 공식 방문할 계획이며, 중화민국 정부가 동의한다면 9월 초 특별사절단을 파견해 우리 사정을 설명하겠다."[85]

이처럼 한국은 당시 '하나의 중국'이 원칙이 되어 있는 상황과 이에 대한 중국의 변하지 않는 입장을 파악하고 대만과의 관계를 단절하였다. 2001년 말 통계에 따르면 중국은 총 162개 국가와 공식적인 외교관계를 수립하고 있는데, 이는 대만과 수교를 맺고 있는 28개국을 제외한 거의 모든 국가와 수교를 맺은 것이다.[86] 이처럼 중국은 하나의 중국 원칙을 고수하고 있기 때문에 한국 역시 대만과의 외교관계를 단절하고 나서의 중국의 마음을 돌려 중국과의 외교관계를 수립할 수 있었다. 마지막까지 중국은 북한을 설득하고 나서야, 그리고 대만과 한국의 관계가 정리되고 하나의 중국 원칙이 지켜지고 나서야 비로소 1992년 8월 24일 한국과의 공식적인 외교관계정상화를 이루었다.

....

85 이상옥 (2002), pp. 222-32.

86 정재호, "개혁기 중국의 대외관계 : 계속성, 변화, 그리고 '중국위협론'," 정재호(편), 『중국 개혁-개방의 정치경제 1980-2000』 (서울: 까치글방, 2002), p. 377.

IV. 결론

전쟁으로 적대국이 되었던 중국-베트남, 중국-한국 관계는 1990년대 들어서자마자 비슷한 시기에 외교관계정상화라는 화해를 맞이하였다. 이 사례를 통해, 동아시아에서 적대국 간의 화해가 어떻게 이루어지는 지에 대한 분석을 시도하고, 기존의 이론을 보완하여 새롭게 제시하였다.

동아시아 지역 화해 과정의 첫 단계인 '일방적 주도' 단계에서는 약소국이었던 베트남과 한국의 적극적인 관계개선 의지가 주된 특징으로 나타났다. 중국과의 관계개선과정에서 베트남과 한국의 적극적인 모습은 외교관계를 공식 정상화하기 직전까지 일반적으로 드러나고 있기도 하지만, 양국의 관계를 개선하는 첫단계에서 약소국의 적극성이 중요하게 작용했다는 큰 의미가 있다. 두 번째 단계인 '비정치적 교류' 단계에서는 약소국의 국내정책이 양국 간의 사회, 경제적 교류의 환경을 마련하여 후에 공식적인 외교관계를 정상화하는 데에까지 일조하였다. 그리고 공식적인 외교관계가 정상화되기 훨씬 이전부터 이러한 교류가 있었다는 점 또한 주목할 만하다. 마지막 '상호자제' 단계에서는 외교관계정상화 직전에 다른 어떠한 요인보다 제3국 문제가 해결됨으로써 그동안 양국의 관계개선에 냉담하였던 중국이 태도를 변화하는 요인이 되었고, 이로써 상호자제가 이루어져 공식적인 외교관계가 정상화될 수 있었다. 무엇보다 중요한 점은 각 단계별 변수들이 분절적인 단계로 끊어져서 작동하는 것이 아니라, 각 변수들이 중첩적으로 더해져 작용한다는 점이다. 약소국의 적극적인 관계개선 노력으로 첫단계가 시작되었지만 이것이 외교관계가 공식적으로 정상화되기 전까지 지속되었다. 그 과정에서 약소국의 국내정책이 양국의 비정치적 교류를 가져오고, 마지막으로 제3국의 문제가 해결되면서 중국의 입장을 변화시키는 중첩적인 특징 또한 기존의 서양중심적인 자유주의 화해이론과 다른 또 하나의 점이라고 할 수 있다.

본 글은 각 행위자의 주도적인 행위들이 간과되고, 관계개선의 구체적인 과정을 면밀히 살펴볼 수 없었던 기존 현실주의의 한계를 극복하고자 하였다. 또한 서양의 사례에만 편향되어 있던 서양 중심의 글로벌 이론을 비판적으로 수용하여 기존의 자유주의 화해이론에 문제를 제기하면서, 동아시아 지역적 차원의 국제정치 이론 확립을 시도하였다.[87] 즉 기존 이론이 화해에 이르는 과정을 일반화하는 과정에서 간과했던 구체적인 변수를 밝히고, 분절적인 각 단계의 중첩적인 특징을 밝혔다는 의의를 갖는다. 비록 소수의 사례연구를 통해 일반화된 이론을 이끌어내는 데에 한계가 있는 것은 분명하지만, 기존 이론이 간과했던 지역의 사례를 집중 조명하여 기존 이론에 의문을 제기했다는 점에서 의미가 있다.[88] 나아가 안정적인 평화의 첫 단계로서 국가가 화해하는 과정을 연구함으로써, 동아시아지역 국가들이 화해 이후 안정적 평화로 나아가는 데 실질적인 도움이 되기를 기대하는 바이다. 기존의 자유주의 화해이론이 서양위주의 경험과 역사를 바탕으로 제시한 안보공동체, 연합을 넘어서 지역적 특성이 고려된 동아시아 지역만의 안정적인 평화가 자리잡기를 기대한다.

....

87 Barry Buzan and Ole Wæver, *Regions and Powers : The Structure of International Security* (New york: Cambridge University Press, 2003) 참고.

88 Alexander L. George and Andrew Bennett, *Case Studies and Theory Development in the Social Sciences* (Cambridge, Mass: MIT Press, 2005), p. 21.

참고문헌

권기수, 김봉석. "1990년대 중국의 대한반도 정책."『한국정치학회보』제30집 1호 (1996).

김달중. "북방정책의 개념 목표 및 배경."『국제정치논총』제29집 2호 (1990).

김두현. "한중간 경제교류의 실제와 대책."『현대중국연구』창간호 (1992).

김소중. "중국특색의 사회주의 건설에 따른 정치·경제·사회·문화 개혁과 한·중 교류·협력 증진방안 연구."『한국동북아논총』제3집 (1996).

김현재. "베트남 화인 사회의 형성 과정, 그 역할과 특징에 대한 고찰."『인문논총』제25집 (2010).

노태우.『노태우 회고록: 上卷 - 국가, 민주화 나의 운명』서울: 조선뉴스프레스, 2011.

대한민국국방부.『國防白書』서울: 국방부, 1990.

리궈량 외.『동남아 화교화인과 트랜스내셔널리즘』서울: 학고방, 2014.

마상윤. "미중관계와 한반도-1970년대 이후의 역사적 흐름."『역사비평』11 (2014).

박종철. "북한과 중국의 관계정상화 과정에 대한 연구(1969-70년)."『아태연구』제15권 1호 (2008).

배영귀. "비대칭 개념 확장의 문제점에 관한 연구."『공사논문집』제66권 1호 (2015).

백성호. "강대국과 약소국간 안보동맹의 특성 고찰."『사회과학연구』제9권 1호 (2003).

서진영.『21세기 중국 외교정책: '부강한 중국'과 한반도』서울: 폴리테이아, 2006.

손진우. "북방정책의 기원에 관한 연구: 기원, 모색, 정착 - 6.23선언에서 7.7선언까지." 북한대학원대학교 정치통일전공 박사학위논문 (2015).

안인해. "북·미관계개선과 중국의 동북아 외교정책."『국제정치논총』제34집 2호 (1994).

양승윤, 황규희.『동남아-중국관계론』서울: 한국외국어대학교 출판부, 2003.

오경훈. "한중수교와 한반도 주변 정세."『정세연구』38호 (1992).

유인선.『베트남과 그 이웃 중국: 양국관계의 어제와 오늘』파주: 창비, 2012.

윤해중.『한중수교 밑뿌리 이야기: 윤해중의 30년 중국 외교 발자취』서울: 이지출판, 2012.

액설로드, 로버트 저. 이경식 옮김.『협력의 진화』서울: 시스테마, 2009.

외교통상부.『한국외교 60년 1948-2008』서울: 외교통상부, 2009.

이상옥.『전환기의 한국외교-이상옥 전 외무장관 외교회고록』서울: 삶과 꿈, 2002.

이태환. "북방정책과 한중 관계의 변화." 하용출 편.『북방정책-기원, 전개, 영향』서울 : 서울대학교출판부, 2003.

장호각. "노태우 정부의 북방정책과 남북관계-북핵위기를 중심으로."『동서연구』제23권 2호 (2011).

전경우. "월경소수민족으로서의 베트남 화인사회." 박사명 외.『동남아의 화인사회: 형성과 변화』서울: 전통과 현대, 2000.

전재성. "노태우 정부의 북방정책과 공산권 수교." 함택영, 남궁곤 편.『한국 외교정책: 역사와 쟁점』서울: 사회평론, 2010.

정재호. "개혁기 중국의 대외관계: 계속성, 변화, 그리고 '중국위협론'." 정재호 편.『중국 개혁-개방의 정치경제 1980-2000』서울: 까치글방, 2002.

정준구. "한중관계의 쟁점분석."『국제지역연구』제9권 2호 (2005).

천자현. "화해의 국제정치-화해이론의 발전과 중일관계에 대한 비판적 적용."『국제정치논총』제53집 2호 (2013).

첸치천. 『열가지 외교 이야기』 서울: 랜덤하우스중앙, 2004.

최창현, 황성돈. "국력의 실증적 비교 분석." 『한국행정학회 학술발표논문집』 (2015).

최현희. "베트남 도이 모이(Doi Moi) 정책 연구." 이화여자대학교 대학원 지역연구협동과정 석사학위
청구논문 (1999).

팡슈위, 주밍아이. "한중관계의 정상화와 문제점 및 해결방안 모색." 『사회과학 담론과 정책』 제2권
2호 (2009).

한국수출입은행(韓國輸出入銀行). 『中國의 省別 投資環境』 서울: 한국수출입은행, 1994.

_____. 『베트남 投資가이드』 서울:한국수출입은행, 1994

홍현익. "미국의 적성국과의 관계 정상화: 중국, 베트남, 리비아, 미얀마 사례의 북미 관계 정상화에
대한 함의." 세종연구소 (2014).

Amer, Ramses. "Sino-Vietnamese Normalization in the Light of the Crisis of the Late 1970s."
Pacific Affairs 67-3 (Autumn, 1994).

_____. "Vietnam and Its Neighbours: The Border Dispute Dimension." *Contemporary Southeast
Asia* 17-3 (December, 1995).

Ang, Cheng Guan. "Vietnam-China Relations since the End of the Cold War." *Asian Survey* 38-
12 (December, 1998).

Bedeski, Robert E. "Sino-Korean Relations: Triangle of Tension, or Balancing a Divided
Peninsula?" *International Journal* 50-3 (Summer, 1995).

Brazinsky, Gregg Andrew. "Between Ideology and Strategy: China's Security Policy Toward
th Korean Peninsula since Rapprochement." In Robert Wampler. ed. *Trilateralism and
Beyond: Great Power Politics and the Korean Security Dilemma During and After the
Cold War*. The Kent State University Press, 2012.

Buzan, Barry and Ole Wæver. *Regions and Powers : The Structure of International Security*.
New york: Cambridge University Press, 2003.

Chanda, Nayan. *Brother Enemy: the war after war*. New York: Collier Books, 1986.

Chandler, David. *A History of Cambodia*. Chiang Mai: Silkworm books, 2008.

Dittmer, Lowel. "The Strategic Triangle: An Elementary Game-Theoretical Analysis." *World
Politics* 33-4 (July, 1981).

Fung, Edmund S. K. "Sino-British Rapprochement, 1927-1931." *Modern Asian Studies* 17-1
(1983).

Gainsborough, Martin. "Vietnam II: A Turbulent Normalisation with China." *The World Today*
48-11 (November, 1992).

George, Alexander. L. and Andrew Bennett. *Case Studies and Theory Development in the Social
Sciences*. Cambridge Mass: MIT Press, 2005.

Glaser, Charles L. "Realists as Optimists: Cooperation as Self-Help." *International Security* 19-3
(Winter, 1994-1995).

Grieco, Joseph M. "Anarchy and the Limits of Cooperation: A Realist Critique of the Newest
Liberal Institutionalism." *International Organization* 42-3 (Summer, 1988).

Hong Liu. "The Sino-South Korean Normalization: A Triangular Explanation." *Asian Survey* 33-
11 (November, 1993).

Hsiung, James C. "Internal Dynamics in the Sino-Soviet-U.S Triad." In Ilpyong Kim ed. *The Strategic Triangle: China, the United States and the Soviet Union*. New York: Paragon House Publisher, 1987.

Ina, Masaki. "In Search for Peace, Reconciliation and Human Rights Promotion in East Asia" *The Korean Association Of International Studies* (June, 2011).

Jervis, Robert. "Cooperation under the Security Dilemma." *World Politics* 30-2 (January, 1978).

Johnston, Alastair I. *Social States : China in international institutions, 1980-2000*. New Jersey : Princeton University Press, 2008.

Joo, Seung-Ho. "DPRK-Russian Rapprochement and its Implications for Korean Security." *International Journal of Korean Unification Studies* 9-1 (August, 2000).

Kupchan, Charles A. *How Enemies become Friends: the source of stable peace*. New Jersey: Princeton University Press, 2010.

Le Hong Hiep. "Vietnam's Hedging Strategy against China since Normalization." *Contemporary Southeast Asia* 35-3 (2013).

Lind, Jennifer. "Apologies in International Politics." *Security Studies* 18 (2009).

Long, William J. and Peter Brecke. *War and Reconciliation: Reason and Emotion in Conflict Resolution. Cambridge*, MA: MIT Press, 2003.

Mearsheimer, John J. "The False Promise of International Institutions." *International Security* 19-3 (Winter, 1994-1995).

Méndez, Juan E. "National Reconciliation, Transnational Justice, and the International Criminal Court." *Ethics and International Affairs* 15-1 (2006).

Nguyen, Manh Hung. "The Sino-Vietnamese Conflict: Power Play among Communist Neighbors." *Asian Survey* 19-11 (November, 1979).

Roper, Christopher T. "Sino-Vietnamese Relations and the Economy of Vietnam's Border Region." *Asian Survey* 40-6 (November-December, 2000).

Thayer, Carlyle A. and Ramses Amer. ed. *Vietnamese Foreign Policy in Transition*. Singapore: ISEAS, 1999.

Vuving, Alexander L. "Strategy and Evolution of Vietnam's China Policy: A Changing Mixture of Pathways." *Asian Survey* 46-6 (November-December, 2006).

Walt, Stephen M. *The Origins of Alliances*. Ithaca: Cornell University Press, 1987.

Waltz, Kenneth N. *Theory of International Politics*. Boston: McGraw-Hill, 1979.

Weatherbee, Donald E. *International Relations in Southeast Asia: the Struggle for Autonomy*. Lanham, Md: Rowman & Littlefield, 2015.

Womack, Brantly. "Sino-Vietnamese Border Trade: The Edge of Normalization." *Asian Survey* 34-6 (June, 1994).

_____. "International Relationships at the Border of China and Vietnam: An Introduction." *Asian Survey* 40-6 (November-December, 2000).

_____. *China and Vietnam: The Politics of Asymmetry*. New York: Cambridge University Press, 2006.

Yi, Xiaoxing. "China's Korea Policy: Change and Continuity." American University. ph.D

Dissertation, 1993.

Zhang, Xiaoming. *Deng Xiaoping's long war: the military conflict between China and Vietnam*, 1979-1991. Chapel Hill: The University of North Carolina Press, 2015.

包宗和, 吳玉山, 『重新檢討爭辯中的兩岸關係理論』台北: 五南文化事業, 2012.

陳永豐, "越南之外交政策(1976-1995)," 國立政治大學, 2000.

黃胜伟, "越南外交: 从"一边倒"到"走平衡"" 『世界知识』, 11 (2001).

林孝穎, "從對抗到和解:中國與越南的「關係正常化」及其效應(1975-1991)."
國立暨南國際大學東南亞學系碩士在職專班學位論文, 2015.

罗敏, "战后中国对越政策的演变 — —以中国国民党对越党派工作为中心的探讨."
『中国社会科学院近代史研究所青年学术论坛卷』2001.

王国平, "越南外交中的大国因素," 『东南亚南亚研究』2 (2005).

吳玉山, 『抗衡或扈從:兩岸關係新詮:從前蘇聯看臺灣與大陸的關係』台北: 正中出版社, 1997.

翟東升, "對中蘇中越同盟的反思(一)," 『經理世界』第10期 (2007).

_____. "對中蘇中越同盟的反思(一)," 『經理世界』第11期 (2007).

『广西统计年鉴』1992.

신문기사

"한-중 공동 언론 발표문." 『조선일보』(1992년 10월 01일).

"잠수함 3척 서독서 추가구매 결정." 『한겨레』(1989년 10월 31일).

"Li Peng: Common Interests Underpin Sino-Viet Ties." *Business Times* (September 14, 1998).

제4장

지역질서 연구를 위한 구성주의 방법론 검토

허수진(서울대학교 정치외교학부 석사과정)

I. 서론

'서구의 경험에서 추상되어 설명의 틀을 갖춘 구미의 국제정치학이론'[1]
이 지역적 현실에 들어맞지 않음은 어찌 보면 당연했다. 설명되지 않는 지
역적 현실을 분석할 틀로써 이론의 필요성이 주목받았고, 학계의 문제의식
과 고민은 비서구 이론이 왜 존재하지 않는지에 대한 질문[2]으로 만들어졌
다. 지역적 현실과 국제정치 현실의 격차는 이론의 격차로 이어졌다. 지역
자체의 역사적 경험을 바탕으로 전통 질서를 설명하는 연구뿐 아니라 기존
의 국제정치이론을 수정해서 적용, 고유의 역사를 이론틀과 결합하여 지역
의 현실을 설명을 시도하는 연구들[3]이 축적되었다.

....

1   전재성, 『동아시아 국제정치: 역사에서 이론으로』 (서울: 동아시아연구원, 2011), p. 12.
2   Amitav Acharya and Barry Buzan, *Non-Western International Relations Theory: Perspec-*
    tives on and beyond Asia (New York: Routledge, 2010). 10년 후 저자들은 편집본 서문과
    같은 제목 "Why there is no non-Western International Relations theory in East Asia"으
    로 논문을 발표해서 비서구 이론의 10년 간 발전 현황을 다루었다. Amitav Acharya and Barry
    Buzan, "Why is there no non-Western International Relations theory? Ten years on," *In-*
    ternational Relations of the Asia-Pacific 17-3 (July, 2017), pp. 341-70.
3   동아시아 고유의 역사에 조직원리론을 결합하여 새로운 동아시아 복합조직원리론의 이론틀
    로 남북 관계를 설명하는 연구는 다음을 참조. 전재성, "국제정치 복합조직원리론으로 분석하
    는 남북 관계," 구갑우, 서보혁(편), 『남북한 관계와 국제정치 이론』 (서울: 논형, 2012), pp. 13-
    45. 한국 국제정치학계가 이루어온 성과에 대한 점검, 비판적 성찰 그리고 향후 과제에 대해서
    는 國際政治論叢 제46집 특별호를 참조할 것. 동아시아 전통질서 연구 검토와 제언에 관해서는
    다음의 논문을 참조. 전재성, "동아시아 전통질서 연구의 현황과 과제," 『세계정치』 제30집 (2)
    호 (2010), pp. 7-34. 한편 이론의 해석적 기능을 강조하여 현실을 설명하고 해석하는 서구의 이
    론에 대한 이해와는 달리 중국에서는 정책을 지도하는 사상으로써 이론의 실천적 의미를 강조
    한다. 국제정치학에 중국적 시각을 반영할 필요성으로 형성된 중국학파의 수립에 관해서는 다
    음의 연구를 참조. 김애경, "국제질서의 변화와 중국 대외전략에 대한 담론 검토: 중국 내부 논
    의 분석을 중심으로," 『아시아리뷰』 제2권 (2)호 (2012), pp. 65-93. 중국적 특색으로는 유교,

구미의 국제정치학이론이 동아시아의 지역적 현실, 경험 혹은 특수 맥락에 들어맞지 않는다는 문제의식은 이미 많은 연구들이 공유하고 있는 상황이다. 여러 대안이 부상한 가운데, 정체성 변수를 통해 지역적 현실을 설명하려는 구성주의 연구도 빠른 속도로 진행되었다. 본 논문은 새로운 시각을 제안하지는 않지만 국제정치학에서 구성주의에 대한 최근 연구들의 검토가 동아시아의 지역적 현실을 이해하는 하나의 방법이라고 생각한다. 따라서 비서구 지역의 질서를 분석하는 데 구성주의가 도움이 된다고 보고 아직 충분히 발전하지 못한 구성주의의 방법론을 살펴보는데 의의를 둔다. 그리고 향후 비서구 지역질서 분석에 도움이 될 것으로 가정하고 동아시아의 질서 분석을 염두에 두고 방법론 검토에서 부분적으로 사례를 인용한다.

일반 국제정치의 현실과 지역적 현실의 보편과 특수의 관계를 다루는 비교 지역질서 연구에서 설명은 하나의 대상에 대한 다양한 의미나 이해를
....

천하이론, 조공체계, 모택동의 사상 등을 확인할 수 있다. 관련 연구로는 다음을 참조. Xinning Song, "Building International relations: Theory with Chinese Characteristics," *Journal of Contemporary China* 10-26 (August, 2010), pp. 61-74. 중국 학파 발전 양상에 대한 연구로는 Yaqing, Qin, "Development of International Relations Theory in China: Progress through Debates," *International Relations of the Asia-Pacific* 11-2 (April, 2011), pp. 231-57. 시미즈 코스케(Shimizu Kosuke)는 일본에서 비서구 국제관계학의 사상적 근원으로 교토 학파의 중요성을 강조한다. 자세한 내용은 다음을 참조. Shimizu Kosuke, "Do Time and Language Matter in IR? Nishida Kitaro's non-Western discourse of philosophy and politics," *The Korean Journal of International Studies* 16-1 (April, 2018), pp. 99-119. 아윱은 제3세계 시각에서의 고전현실주의, 국가형성에 있어서 역사사회학적 관점, 영국국제사회학파의 규범적 통찰의 관점을 이용해서 서벌턴 현실주의(subaltern realism) 논의를 전개한 바 있다. Mohammed Ayoob, "Inequality and Theorizing in International Relations: The case for subaltern realism," *International Studies Review* 4-3 (Autumn, 2002), pp. 27-48. 제3세계와 국제정치이론의 상호작용에 대한 연구는 다음을 참조. Stephanie G. Neuman (ed.), *International Relations Theory and the Third World* (New York: St. Martin's Press, 1998). 라틴아메리카 학자들의 국제정치 이론 접근에 대한 개관은 다음을 참조. Eduardo Devés-Valdés, "How to think about international-world affairs from Latin American thought: An analysis of the theorization (원제: Cómo pensar los asuntos internacionales-mundiales a partir del pensamiento latino-americano: análisis de la teorización)," *Histórica Unisinos* 17-1 (January/April, 2013), pp. 48-60.

기술하는데 그쳐서는 안 된다. 지역적 현실을 설명하는 이론화 작업을 위해서 방법론의 검토가 필요한 이유이다. 방법론은 의미와 이해가 구성되는 메커니즘의 파악을 위해 의미와 이해의 대상을 다양한 틀로 담아내고[4] 방법(method)을 결정하는 방식(way)으로서 디자인의 역할을 한다. 연구 질문은 연구자의 존재론, 인식론적 가정을 함축하며[5] 방법은 존재론, 인식론, 데이터를 수집하는 기술을 연결, 조립한다.[6] 연구 디자인은 연구 질문과 방법의 유기적 연결을 통해 구성된다. 이 글에서는 연구 디자인으로서 방법론을 다룬다.

II. 구성주의와 방법론

1. 구성주의

구성주의는 국제정치학계에서 1980년대부터 중요성을 인정받았고 초기 웬트, 오너프, 크라토크빌 등의 저자들에 의해 기본 개념틀과 가설들이 마련되었다. 1990년대 중반에 접어들며 본격적인 패러다임으로 자리 잡아 경험적 연구의 성과를 축적해 나갔다.[7] 초기의 구성주의는 합리주의와 상대

....

4 Ian S. Lustick, "Thinking Counterfactually and with Discipline: Agent-Based Models for Constructing and Deconstructing the Future," in J. Samuel Barkin and Laura Sjoberg (eds.), *Interpretive Quantification: Methodological Explorations for Critical and Constructivist IR* (United States: University of Michigan Press, 2017), pp. 145-73.

5 D. Yanow and P. Schwartz-Shea (eds.), *Interpretation and method: empirical research methods and the interpretive turn* (New York: M.E. Sharpe, 2006), pp. xi-xxvii.

6 Claudia Aradau and Jef Huysmans, "Critical Methods in International Relations: The politics of techniques, devices and acts," *European Journal of International Relations* 20-3 (May, 2013), pp. 596-619.

7 전재성, "구성주의 국제정치이론에 대한 탈근대론과 현실주의의 비판 고찰," 『국제정치논총』 제50집 (2)호 (2010), pp. 35-64.

주의적 해석적 접근 중간에 위치한다는 입장을 가졌다.[8] 인간 행위와 상호 작용에 의해 형성되는 물질적 세계가 규범적, 인식론적 해석에 달려있다는 시각을 견지하며 간주관적인 지식의 존재론적 현실[9]과 인식론적, 방법론적 의미를 강조하였다.[10]

이론적 특성으로는 권력이나 물질 변수에 대한 대안으로 정체성 변수를 다루는 연구들이 구성주의로 분류되었다. 지역질서 연구에 있어서 문제는 정체성에 대한 기술이 아니라 정체성을 어떻게 다룰지 메커니즘을 파악하는 데 있다.[11] 정체성의 변수화 과정[12]이 중요해지는데, 구성주의의 가정을 제대로 고려하지 않으면 정체성을 표방하는 행위자의 힘의 정치로 묘사되는 차원에 그칠 위험이 있다.[13] 그렇다면 오히려 현실주의에서 논하는 단위 차원의 힘의 정치에 얼룩져서 구성주의의 입지 자체가 좁아지는 결과를 초래한다.

....

8   Emanuel Adler, "Seizing the Middle Ground: Constructivism in World Politics," *European Journal of International Relations* 3-3 (September, 1997), pp. 319-63.
9   애들러는 구성주의자들이 존재론적 현실주의자들로서 물질적 세계의 존재에 대한 믿음을 가진다고 설명한다. 그들은 물질적 세계의 존재를 믿을 뿐 아니라 그 세계에 의거하여 행동한다. 그리고 물질적 세계도 행위자에 저항할 수 있다고 서술한 부분에서 존재론적 현실이라는 개념의 의미를 유추해볼 수 있다. 자세한 내용은 다음을 참조. Adler (1997), pp. 322-3.
10   Adler (1997).
11   구성주의적 시각에서 정체성은 시간과 맥락에 따라 변화하는 사회적 관계이며 행위자들과 그들의 행위를 위한 동기의 차이를 다루는 것이 중요하다. 클로츠와 린치는 어떻게 정체성이 개인을 집단의 구성원으로 정의하는지 행위로 변환되는 과정을 살펴보는 것이 필요하다는 점을 강조한다. 자세한 내용은 Klotz and Lynch (2007), p. 65.
12   티에스는 구성주의로 한 연구를 분류할 때 변수가 복수의 이론적 관점을 가지는지 여부를 주의해서 따져 보아야 한다고 주장한다. 자세한 내용은 다음의 논문을 참조. Cameron G. Thies, "Quantitative Methods and Constructivist Theorizing for Conflict Studies," in Barkin and Sjoberg (2017), pp. 51-71.
13   이때, 단위에 작용하는 힘의 논리와 조직원리 차원에서 작용하는 힘의 논리는 구분되어야 한다. 예컨대 전재성은 조직원리 자체의 구성과정에 작용한 힘의 논리에 대해 만약 국제정치가 무정부상태라는 조직원리로 돌아가고 있다면 그 상태 역시 특정한 힘의 논리로 무정부상태로 개념화된 것이라고 설명한다. 해당 문제에 대한 지적으로는 다음을 참조. 전재성, "국제정치 조직원리 논쟁과 위계론," 『국제정치논총』 제54집 (2)호 (2014), pp. 7-45.

초기 구성주의는 기존의 실증주의와 물질주의 그리고 이상주의와 해석학으로 구분된 중간의 공간을 포착(seizing the middle ground)하는 보완적 역할을 했다. 구성주의는 중간의 애매한 공간을 포착하며 형성되었지만 이름과 지칭된 대상의 관계를 명확히 하려는 시도를 계속하였다. 구성주의(Constructivism)와 사회구성주의(social constructionism)의 구분을 강조하는 학자들은 국제정치학에서 통상 지칭하는 상호 구성의 작용을 다루는 구성주의는 사실 사회구성주의라고 주장한다.[14] 사회구성주의는 사회적 이행의 의미와 과정의 간주관적 협상에 주목하는 반면 구성주의는 규칙과 규범의 인과적 영향에 주목한다는 것이다. 둘은 결과의 논리 대 적절성의 논리의 대립[15]으로 사회적 행동을 설명하는 차이를 보인다.[16]

나름의 역사성을 가지게 된 구성주의의 역동적 변화과정을 염두에 둔 계보학적 접근도 시도된다. 자연주의적 접근에 대항해서 규범과 같은 주제를 다루던 구성주의는 이후 정체성과 정체성에 따른 전략적 결과에 대한 연구들로 영역을 확장시켰다.[17] 애들러는 그간의 구성주의의 변화에 대해 근대주의적, 근대주의-언어적, 급진적, 비판적 구성주의로 구분하여 각각이 어떻게 사회적 현실을 이해하는지 설명한다.

....

14   Jackson (2011).

15   적절성의 논리는 결과의 논리와 구분되어 쓰인다. 결과의 논리와 적절성의 논리를 구분할 때, 전자에서 주체는 유용성을 최대화하기 위해 합리적으로 행동하고 후자에서 행위자는 특정 정체성을 특정 상황에 결부시키는 사회, 조직의 규범에 따라 행위한다. 특히 적절성의 논리에 대해서는 다음의 논문을 참조. James G. March and Johan P. Olsen, "The institutional dynamics of International political orders," *International Organization* 52-4 (Autumn, 1998), pp. 943-69.

16   D. Yanow and P. Schwartz-Shea (eds.), *Interpretation and method: empirical research methods and the interpretive turn* (New York: M.E. Sharpe, 2006), pp. xi-xxvii.

17   Emanuel Adler, "Constructivism in International Relations: Sources, Contributions, and Debates," in Walter Carlsnaes, Thomas Risse and Beth Simmons (eds.), *Handbook of International Relations* (Los Angels: SAGE publications, 2013), pp. 112-44.

표 1 메타이론적 작업에 따른 구성주의 구분

구성주의	사회적 현실에 대한 이해	지식과의 관계
근대주의적(modernist) 구성주의	객관적 해석학	보수, 인지적 이해
근대주의-언어적 (modernist linguistic) 구성주의	주관적 해석학	보수, 인지적 이해
급진적 구성주의	주관적 해석학	반체제적 이해
비판적 구성주의	객관적 해석학	반체제적 이해

출처: Adler (2013), pp. 112-34를 재구성하여 저자가 작성하였음.

한편, 모든 연구자들이 집단적 증거 안에서 연구 질문을 선택할 때 해석에 관여되어 있고[18] 어디까지 해석이 가능한지 의견이 분분하다는 점에서 구성주의에서는 인식론적 회의[19]라는 특성이 부각된다. 하지만 인식론적 회의가 방법적 회의로 이어지지는 않는다.

2. 방법론

구성주의적 접근을 추구하는 연구들만이 공유하는 연구 방법은 없다. 다만 방법은 연구 질문에 의해 결정된다.[20] 연구 질문은 연구자의 존재론적, 인식론적 가정을 함축한다. 클로츠와 린치는 구성주의적 이해에 있어서 방법의 유용성을 보여주기 위해 구조와 행위자 차원의 접근으로 나누어 어떻게 상호 구성의 주요 양상을 포착할 수 있는지 설명한다.[21] 하지만 두 접근

....

18 Klotz and Lynch (2007).
19 구성주의에서 인식론적 회의의 문제는 분석가가 연구 주체와 같은 방법으로 세상을 인식하고 있는지 확신할 수 없기 때문에 발생한다. 클로츠와 린치는 인식론적 회의 문제에 대해 의식에 대한 개념을 보다 깊게 파고 들어서 어떻게 사람들이 그들 스스로를 인식하는지, 특히 특정한 사회적 위계성의 맥락에서 역사적으로 어떻게 인식하는지 살펴보는 것이 중요하다고 주장한다. Klotz and Lynch (2007).
20 Matthew J. Hoffmann, "Norms and Social Constructivism in International Relations," in Robert A. Denemark and Renée Marlin-Bennett (eds.), *The International Studies Encyclopedia* (West Sussex: Wiley-Blackwell, 2010), pp. 1-22.
21 Klotz and Lynch (2007).

은 본질적으로 배타적이지 않으며 구분은 어디에 방점을 찍는지에 달려있다. 예컨대 같은 담론을 다루더라도 담론의 권력이 주체를 정의하면 구조적 차원, 주체가 구조의 변화를 불러일으키는 행위를 할 수 있는 능력을 강조하면 행위자 차원의 담론이 된다.

연구 대상과 방법 그리고 연구 질문을 포괄하는 방식이 필연적으로 논리적 연결성을 보이지 않고 다원성을 가지기 때문에[22] 여러 방법론의 선택지가 존재한다. 연구 질문이 구성주의 메타이론 작업의 가정[23]을 공유한다면 방법은 구성주의에 들어맞을 수 있다. 따라서 구성주의 이론은 특정한 방법을 자동으로 수반하지 않는다. 어떤 방법들은 다른 방법들보다 구성주의에 더 잘 들어맞을 수 있다. 구성주의적 가정을 따르더라도 주관성 혹은 간주관성을 설명하는 기술의 사용을 통해 방법의 협상은 여러 방면으로 이루어질 수 있다.[24]

주체성을 의도의 차원에서 정의하는 구성주의에서는 사람들이 적어도 부분적으로 구조를 인식하고 행위를 헤아리고 있다고 여긴다. 주체성에 있어서 개인과 공동체의 관계는 환경이 행위자에 영향을 끼치는 정도에 따라서 세 가지로 분류가 가능하다.[25] 가장 높은 수준에서 환경은 행위자의 존재

....

22 Patrick T. Jackson, *The Conduct of Inquiry in International Relations: Philosophy of Science and Its Implications for the Study of World Politics* (New York: Routledge, 2011), p. 27.
23 구성주의에서 구조는 행위자를 구성하기도 하고 행위의 범위를 제한하기도 하며 주체성을 통해 의미와 상호작용한다. 구성주의의 존재론적 가정은 구조와 주체성이 간주관적 이해를 통해 상호 구성된다는 것이다. 주체-구조에 관한 구성주의의 존재론적 가정에 대한 최근의 검토로는 다음을 참조. 신욱희, "주체-구조 문제(agent-structure problem)의 재검토: 구성적 권력과 복잡적응체계,"『미래국가론: 정치외교학적 성찰』최종 발표회 원고 (2018) 참조. 한편, 클로츠와 린치는 개인과 사회의 관계를 다루는 데 있어서 위와 같은 존재론적 가정은 구성주의만이 향유하는 것은 아니라고 지적한다. 자세한 내용은 다음을 참조. Audie Klotz and Cecelia M. Lynch, *Strategies for Research in Constructivist International Relations* (Armort, NY: M.E.Sharpe, 2007).
24 J. Samuel Barkin and Laura Sjoberg, "Introduction: Why Quantitative Methods for Constructivist and Critical Theorizing?" in Barkin and Sjoberg (2017), pp. 1-28.
25 Klotz and Lynch (2007).

에 영향을 끼친다. 탈식민주의 연구에서 동양, 주권의 서구적 관념 연구의 예를 들 수 있다. 중간 수준은 행위자들의 정체성, 이익, 능력과 같은 특성에 영향을 끼친다. 마지막으로 환경은 행동 수준에 영향을 끼친다. 기존의 많은 구성주의 연구가 뒤의 두 수준의 구성에 집중해서 행위자들의 특성과 행동을 분석하였다.[26]

이 글에서는 구조적 접근으로 거시적 차원의 역사와 계보학, 그리고 행위자 수준의 차원에서는 서사와 프레이밍에 주목한다. 특히 환경이 행위자의 존재에 영향을 끼치는 연구들을 함께 살펴본다. 구체적으로, 주권을 중심으로 하는 조직원리의 비교와 '서구'의 의미에 대한 계보학적 접근을 사례로 살펴볼 것이다.

III. 구조적 접근

1. 거시적 차원의 역사

클로츠(A. Klotz)와 린치(C. Lynch)는 구성주의에서 권력이 공유된 이해(understanding)의 지배에 의존한다고 설명한다. 맥락 안에서 안정적 의미는 구조를 형성한다. 구성주의자들은 언제, 어떻게, 왜 특정한 실천(practice)이 상대적으로 고정된 형태를 가지거나 유동적인지 연구한다. 적어도 관찰자의 시선에서 사람들은 패턴과 규칙에 의거해서 행동하거나 혹은 그에 대항해서 반응하기 때문에 제도적 실천에 따른 규칙과 안정적 의미군으로서 구조는 인과적, 규범적 힘을 획득한다.[27]

또한 행위자와 구조에 대한 구성주의적 이해는 연구자의 규범적 위치를

....

26 Klotz and Lynch (2007).
27 Klotz and Lynch (2007).

예측하게 한다. 클로츠와 린치는 질문을 어떻게 만들고 답을 도출할지에 관하여 연구자들이 규범적인 함의에 적절히 대응해야 한다고 주장한다. 상호 구성의 과정과 구조의 맥락 안에서 주체들은 끊임없이 의미를 협상, 재생산, 변화시킨다. 따라서 의도성에 대한 주장은 본질적으로 규범적인 요소를 포함하게 된다.[28]

거시적 차원의 역사로는 구성주의와 역사사회학 결합을 예로 들 수 있다. 거시역사분석에서 비교의 방법은 고대, 중세, 근대 체제 이행의 기저를 이루는 거대 과정을 확인하는 거시 구조의 주요 요소를 파악한다. 권위의 실천과 정당성은 거대 역사 구조의 기저에서 변화를 유발하는 요소로 작용한다. 클로츠와 린치는 특정한 일련의 사건들의 정점으로서 역사를 다른 사회의 역사와 비교하면 어떤 메커니즘이 언제 가장 중요했는지 파악할 수 있다고 설명한다.

예컨대 신성 권력의 왕정 개입은 9세기부터 11세기까지 지속되었으며 왕정과 교회의 관계에서 위계적 구조에서 교회가 우세했다. 이후 십자군 전쟁과 경제 계급의 성장은 기존의 교회의 도덕적 권위의 변화를 가져왔다. 특히 사회와 경제의 발전은 교회와 왕정의 관계를 불안정하게 만들며 비록 교회가 지배 위치를 유지하는 동안에도 권위의 도전에 직면하게 한다. 르네상스 시대의 이태리 도시 국가 그리고 베스트팔렌 조약 이후 왕정이 기존의 실천을 수정하여 새로운 상호작용의 패턴을 만들어서 지배권을 공고히 하였다.[29]

....

28 Klotz and Lynch (2007).
29 베스트팔렌조약 기점설을 비판적으로 검토한 연구는 다음을 참조. Andrea Osiander, "Sovereignty, International Relations, and the Westphalian Myth," *International Organization* 55-2 (Spring, 2001), pp. 251-87; Benno Teschke, *The Myth of 1648: Class, Geopolitics and the Making of Modern International Relations* (London: verso, 2003); 용채영, "베스트팔렌 신화와 신성로마제국의 존속에 관한 연구(1495-1806)," 서울대학교 석사 학위논문 (2016). 그 외 국제정치학에서 전통적으로 다루어지는 기준 시기(benchmark date)에 대한 연구로는 다음을 참조. George Lawson and Barry Buzan, "Rethinking benchmark dates in International

류스미트(C. Reus-smit)의 경우, 주권이 특수성과 배타성을 기반으로 국가들이 이루는 사회에서 정치 단위를 구분한다고 설명한다.[30] 구성주의에서는 주권의 원리를 변수로 다루며 역사적 맥락에 따라 의미와 행동에 끼치는 영향이 변화한다고 본다.[31] 권위의 정당성으로서 주권은 상호 승인의 메커니즘이 작동하는 공동체에 국가가 참여하게 하는 사회적 위상으로 이해되며, 류스미트는 주권이 주체성의 특징을 정의할 수 있다고 주장한다.[32]

구성주의와 역사사회학은, 존재론적 수준에서는 어떻게 주체의 행위가 사회 세계를 형성하는지, 그리고 결국 그들의 행위를 가능하게 하는 조건을 만드는 주체와 구조의 관계를 요하게 된다. 인식론적 수준에서는 지배 인과 변수에 집착하지 않고 거시적 결과에 대한 복합인과적 성격을 선호하며 방법론적 수준에서는 사례중심 연구, 비교 방법, 반사실적 분석을 선호하는 데서 유사점이 부각된다.[33]

한편, 거시역사 변화 연구에 있어서 유럽 중심적 시각이 대부분이었다는 점이 지적된다.[34] 홉슨은 내재주의와 방법론적 내셔널리즘[35]이 결합되면

....

Relations," *European Journal of International Relations* 20-2 (June, 2014), pp. 437-62.

30 Christian Reus-Smit, *The Moral Purpose of the State: Culture, Social Identity, and Institutional Rationality in International Relations* (Princeton, New Jersey: Princeton University Press, 1999).

31 Rues-Smit (1999), p. 32.

32 사회적 정체성이 타 행위자의 관점에서 바라본 특성이라면 사회적 위상은 타 행위자의 관점에서 설명되는 위상이라고 이해할 수 있다. 타 행위자의 관점으로 구성되기 때문에 간주관적 의미를 가지게 된다. 따라서 사회적 성격은 간주관적, 사회적으로 제재를 가할 수 있게 된다.

33 Michael Barnett, "Historical sociology and constructivism: an estranged past, a federated future?" in John Hobson and Steve Hobden (eds.), *Historical Sociology and International Relations* (Cambridge: Cambridge University Press, 2002).

34 John Hobson, "Worlding the Rise of Capitalism: The Multicivilizational Roots of Modernity," in Julian Go and George Lawson (eds.), *Global Historical Sociology* (Cambridge: Cambridge University Press, 2017).

35 내재주의는 특정 영토 내 다이내믹에 제한하여 분석 서사와 인과적 설명을 시도하는 것을 뜻한다. 방법론적 내셔널리즘은 주권국가가 자연적인 분석단위가 되어버리는 가정을 뜻한다. 자세한 내용은 다음의 연구를 참조. Andreas Wimmer and Nina Glick Schiller, "Methodological

서 상호구성의 연결이 드러나기 어렵게 되었다고 주장한다. 그는 동양 주체
성의 주제와 서구 제국주의의 분석을 재건하여 유럽 중심적 문제를 벗어나
고자 시도한다. 지구적 보편은 모든 지역에 적용되는 하나의 모델이 아니라
특수성을 띠는 구성단위들이 유기적으로 연결된 전체이다. 동양과 서구가
긴밀하게 연결되었다는 주장은 모방을 통해 유사성을 띠는 것이 아니라 전
체를 고려하였을 때 유기적으로 상호 연결되었기 때문이라고 볼 수 있다.

아시아의 질서를 분석할 때 구성주의의 지역 역학(regional dynamics)
연구는 서구식 규범 논의에서 출발한 서구 중심의 대규모 작업의 양상을 벗
어날 수 있도록 기여하였다.[36] 그렇지만 서구 핵심 근원지(sourcing area)
의 바깥에서 이론에 새로운 시각을 가져다줄 아시아, 중동과 같은 지역들의
전-베스트팔렌적(pre-Westphalian) '문명'의 쟁점을 여전히 도외시하는 점
이 지적된다.[37]

2. 계보학

계보학은 다른 역사적 분석처럼 객관적 역사를 보여주거나 그 전의 시
각을 수정하기보다는 이전의 해석에 도전하거나 해석을 더 풍부하게 한다.
계보학은 연구자들이 어떻게 담론을 안정화하고 재생산하는지 보여준다. 따
라서 학자들은 에피스테메의 권력을 유지하는 데 있어서 가치중립적일 수

....

nationalism and beyond: nation-state building, migration and the social sciences," *Global Networks* 2-4 (December, 2002), pp. 301-34.

36 아시아에서 구성주의에 대한 논의에 대한 개관은 다음을 참조. David Leheny, "Constructivism and International Relations in Asia," in Saadia Pekkanen, John Ravenhill, and Rosemary Foot (eds.), *The Oxford Handbook of the International Relations in Asia* (New York: Oxford University Press, 2014), pp. 64-80.

37 Acharya and Buzan (2017), p. 345. '문명'은 필자 강조. 문명이 적합한 개념인지 다른 지면에서 논의가 필요하다. 문명 개념을 통해 세계 정치에 있어서 다원적 시각을 강조한 연구로는 다음을 참조. Peter J. Katzenstein (ed.), *Civilizations in World Politics: Plural and Pluralist Perspectives* (New York: Routledge, 2010).

없게 된다. 클로츠와 린치는 학문 영역에서 내장된 가정들을 자동적으로 따르거나 그에 도전하는 연구자들의 편향이 절대 제거될 수 없다고 주장한다.

잭슨은 푸코의 논의를 빌려와 계보학이 완결되거나 과잉적으로 의미의 전체를 보지 않으며 불완전하고 일종의 조각난 그림으로 파악한다고 본다. 계보학은 숨겨진 해석을 드러내거나 기반이 되는 원리를 발견하거나 구성되는 행위를 자유롭게 하거나 합리성을 바탕으로 목적론을 포용하지도 않는다. 또한 계보학은 담론이 축적되는 특정한 형태를 확인하기 때문에 실증성(positivity)을 가진다. 계보학은 발생한 변화와 표현의 가능성이 변화하는 조건을 보여준다. 담론이 변화할 수 있는 일반적 조건을 찾거나 보편적 규칙에 의해 변화가 실현된다고 주장할 수는 없다. 잭슨은 계보학으로 서술된 역사 자체가 현실의 발견이 아니라 외부적으로 드러나는 것과 현실 사이에 존재하는 차이의 또 다른 해석일 뿐임을 강조한다.[38]

계보학을 통해서 불균등한 권력의 배분의 사실 너머 어떻게 지배, 주류가 구성되고 내부적 갈등과 도전에 직면하여 권력이 유지, 전복되는지 증명할 수 있다. 방법으로서 계보학은 인과적인 설명 대신 경우의 수를 결합한다. 과정 추적[39]의 형태로 권력의 기술과 담론 안에서의 작용 그리고 역사적 시기를 가로질러 제도화된 실천에서 나타나는 단절과 분리를 강조할 수도 있다.[40] 역사화의 방법으로서 계보학은 의미의 발전 과정에서 분절과 불연

....

38 Patrick T. Jackson, *Civilizing the Enemy: German Reconstruction and the Invention of the West* (Ann Arbor: The University of Michigan Press, 2006), pp. 72-8.

39 구성주의에서 과정추적 방법론을 다루는 연구는 다음을 참조. Andrew Bennett and Jeffrey Checkel, *Process Tracing: From Metaphor Analytic Tool* (Cambridge: Cambridge University Press, 2015); David Collier, "Understanding Process Tracing," *Political Science and Politics* 44-4 (October, 2011). 그 외 과정추적에 관한 심포지움의 논문들을 참조. *Security Studies* 24-2 (June, 2015).

40 클로츠와 린치는 계보학을 사용하는 연구로 더 더리안의 외교담론 연구와 프라이스의 화학 무기 금기에 대한 계보학적 해석에 관한 연구를 꼽는다. 자세한 내용은 다음의 논문들을 참조. James Der Derian, *On Diplomacy: a Genealogy of Western Estrangement* (Malden: Blackwell Publication, 1987); Richard Price, "A Genealogy of the Chemical Weapons Taboo,"

속성을 설명하기에 효과적이라고 평가받는다.[41]

어떻게 담론을 안정화하고 재생산하는지 주목하는 계보학은 의미의 구조적 불평등성을 인지하면서 시작된다. 하나의 개념이 다양하게 이해된다면 어떤 의미가 지배적인지, 도전을 통해 경합하는 의미들은 무엇인지, 해당 의미들이 어느 지점에서 중요해지는지 파악해야 한다. 클로츠와 린치는 해석적 방법으로서 계보학은 본질적으로 간주관적인 체제 같은 것을 포착할 수 있기 때문에 레짐과 같은 특정 분석 수준에서 유용한 방법이라고 주장한다.[42]

계보학을 사용한 사례로 바터슨(J. Bartelson)의 주권 연구를 꼽을 수 있다. 그는 주권 역사의 불연속을 연구하며 주권의 새로운 개념화를 시도한다. 바터슨에 따르면 주권은 정치적인 것과 정치적이지 않은 것을 구분하는 프레이밍의 역할을 한다. 그는 방법론적으로 진실과 지식이 담론적으로 형성되는데 주목하며 주권 개념이 본질적인 것을 내포하고 있지 않으며 어떻게 사회 현상의 의미를 고정하는지에 대해 경합이 계속되었다고 설명한다.[43]

....

International Organization 49-1 (Winter, 1995), pp. 73-103.

41 Pouliot (2007).

42 클로츠와 린치는 특정 패권의 본성과 우세한 자원뿐만 아니라 다른 행위자와의 관계 자체가 세계 질서에 상당한 영향을 끼친다고 주장한 러기(J. G. Ruggie)의 1993년 연구를 소개한다. 경제 대공황과 전간기 경제 양자주의의 실패에 대항하여 새로운 규칙과 규범이 시장체제를 수정하였고 이것은 내장된 자유주의로 불렀다. 이때, 기본적인 조직원리가 된 내장된 자유주의에서 자유주의와 같은 이데올로기가 물질적 바탕의 산물인지 혹은 가치가 권력의 구성적 차원에서 작동하는지에 대한 계보학적 논쟁이 이어졌다. 관련 논문은 다음을 참조. John Gerard Ruggie, "Territoriality and Beyond: Problematizing Modernity in International Relations," *International Organization* 47-1 (Winter, 1993), pp. 139-74; "International Regimes, Transactions, and Change: Embedded Liberalism in the Postwar Economic Order," *International Organization* 36-2 (Spring, 1982), pp. 379-415.

43 주권의 계보학 연구(1995)에서 바터슨은 국내와 국제 영역이 서로 영향을 주고받지만 상호 구별되는 프레임으로 주권 개념을 상정하였다. 하지만 이후에 바터슨(2014)은 당시 사용한 주권 개념이 국가와 국제체제의 존재가 당연시되는 논쟁을 벗어나지 못했다고 밝혔다. 주권의 계보학 연구가 유럽 중심적 주장인 점, 주권의 역사적 측면을 부각시키려고 했으나 불가분성과 영토성과 같은 기본적 의미를 귀속시킨 점 그리고 역사적으로 연속성을 암묵적으로 가정한 모순을 가

동아시아와 관련해서는 조동준의 예를 들 수 있다. 그는 의미론적으로 형성된 동아시아의 지역 개념을 서술한다.[44]

동아시아는 자연적 경계로 획정된 공간단위로서… 이 지역은 산맥과 해양 등의 자연적 경계로 극동 지역과 인도차이나로 구성되어 있다. 두 지역은 원래 중국의 전통질서 안에서 한 권역으로 이해되었지만, 서양 열강은 동아시아를 둘로 분절된 지역으로 이해하였다. 동아시아 정치 단위체들이 서양 열강의 영향권 아래 편입되면서 단일한 지역적 개념은 사라졌다. 20세기 중엽 일본이 아시아의 지역 패권국으로 대동아 공영권을 내세우면서 동아시아가 단일지역으로 인지되기 시작했으나, 일본의 패배 이후 인지적 산물로서 "동아시아"는 부정적 의미를 가지게 되었다.

조동준은 특히 중국에서 여전히 "동아시아"를 2차 대전 중 일본의 침략과 연결시키는 어감이 강하다고 설명한다. 맥락 안에서 안정적 의미가 구조를 만들기 때문에 인식의 요소가 동아시아라는 개념에 영향을 미치고 의미가 유지되는 구조를 형성하였다. 제도적 실천에 따른 규칙과 안정적 의미군으로서 구조가 되면 동아시아는 지리적 의미뿐 아니라 인식론적 의미를 공유하게 된다. 사회적 특성들의 변화하는 성격은 역사가 변화하는 방향을 '구조'화[45]하기 때문에 일본과의 관계 변화는 동아시아의 의미 구조에 영향을 미친다.[46]

....

지고 있음을 스스로 지적한다. 바터슨은 위의 문제를 해결하기 위해 주권의 상징적 형태를 지구적 맥락에 위치시켜서 주권이 현재에 가지는 의미와 기능에 대한 이해를 시도한다. 자세한 내용은 다음을 참조. Jens Bartelson, *A Genealogy of Sovereignty* (Cambridge: Cambridge University Press, 1995); *Sovereignty as Symbolic Form* (New York: Routledge, 2014).

44 민병원, 조동준 편 (2014), p. 229.

45 기든스(Anthony Giddens)의 구조화 이론(Structuration theory)과 구분하기 위해 '구조'화로 표기하였다.

46 그 외 일본 정체성의 변화가 중일관계, 국제정치에 끼치는 영향으로는 다음의 연구들을 참조. Li-

비서구 지역질서 분석에 주는 함의를 염두에 둘 때, 잭슨의 문명 개념에 대한 계보학적 분석도 주목할 만하다. 잭슨은 문명 분석에 있어서 본질을 가정하는 개념적 오류를 지적한다. 물화(reification)의 오류는 실증적(empirical) 대상에 대한 분석적 개념의 오류이다. 그는 사회과학에서 문명을 실증적 물질의 묶음으로 보는 관점과 마치 실제 세계의 방식으로 조직되었다고 보는 관점을 융합해버리는 문제를 지적한다. 또한 잭슨은 서구 문명이라는 개념이 정치 논쟁에서 백 년이 채 되지 않게 사용되었음을 밝힌다. 서구가 문화적 공동체라면 어떤 이유로 한 세기라는 짧은 시간에 주목을 받기 시작한 것인지에 대해 의문을 제기한다. 잭슨은 서구 문명이라는 언어 자체도 역사적으로, 전략적으로 유연성을 가진다고 주장한다.[47]

잭슨은 서구의 어떤 설명(version)이 논증에 있어서 중요한지, 서구 문명의 본질 자체보다는 그에 대해 말해지는 이야기에 주목하며 학자들의 연구를 통해 계보학적 추적을 시도한다. 예컨대 성 아우구스티누스의 기독교 종말신학사의 구원 서사에서 인간의 역사는 네 개의 제국으로 나뉘었고 바빌론에서 로마로 뻗어나가면서 패턴은 동-서의 방향을 띠었다. 잭슨은 당시의 서구는 방향이나 경향을 드러냈을 뿐이며 자족적인 공동체를 가정하지 않았음을 밝힌다. 당시만 해도 기독세계(christendom)는 오늘날에 쓰이는 의미처럼 문명의 개념이 아니었다. 문명은 전통서사에서 야만으로 간주되던 사람들이 문명화되는 것이 유럽인들과 타자를 구분하도록 작용하였다는 것이 잭슨의 주장이다.

....

nus Hagström, "Sino-Japanese Relations: The Ice That Won't Melt," *International Journal: Canada's Journal of Global Policy Analysis* 64-1 (March, 2009), pp. 223-40; Linus Hagström and Karl Gustafsson, "Japan and identity change: why it matters in International Relations," *The Pacific Review 28-1* (December, 2014), pp. 1-22.

47　Jackson (2006), pp. 78-84.

IV. 행위자 수준의 접근

1. 서사(narrative)

구성주의 연구에서 서사 방법이 적절한 이유는 서사, 카테고리, 개념 등이 외부 현실(Reality)에 있지 않고 현실과 과학적 구성 안에서 해석이 이치에 맞게 하기 위해 집단적으로 발전되었기 때문이다.[48] 서사는 주제 구성(plot)과 주요 인물(character)이 있는 이야기로 이루어진다. 특정 개인이나 집단의 주체성을 강조하기 때문에 행위자 수준의 접근이 가능하다. 또한 서사는 시작과 끝이 있다는 점에서 불연속을 강조하는 계보학과 구별된다.[49]

종료감의 환기는 서사가 구조적 전체로 배열되었음을 뜻한다. 표지(labelling)은 한 특정한 전개 과정(sequence)이 서사라고 제안하지만 그 자체로 어떻게 전개 과정 내에서 개별적 요소가 각각 연결되는지 설명하지는 못한다. 연결 방법은 서사가 전체로서 가진 양상에 달려있다. 서사는 미시적 차원에서 전체 양상을 반영하며 요소들 간의 연결, 그리고 각 연결들이 구성하는 두 수준의 관계로 형성된 전체적 양상을 드러낸다. 전체적 양상에서 표지와 들어맞지 않는 연결고리를 가지면 서사는 제대로 구성되지 않는다.[50]

연속적 요소들은 서사가 주제의 구성을 통해 극복되어야만 하는 저항점(impedance) 혹은 정보를 제공해서 보고자 하는 목표를 향해 서사가 작동하는지 보여준다. 연속적 요소들이 서사의 주제나 시각에 주목하여 당시까지 언급되지 않은 차원의 주제나 시각을 드러낼 수도 있다. 연속적 요소는 본질적으로 인과적이지 않으며 서사가 그 자체로 완벽한 전체가 되도록 만

....

48 Vincent Pouliot, ""Sobjectivism": Toward a Constructivist Methodology," *International Studies Quarterly* 51-2 (June, 2007), pp. 359-84.

49 Klotz and Lynch (2007).

50 David Sylban, "Computing Narratives: Assemblage Relations in Diplomatic Conversations," in Barkin and Sjoberg (2017), pp. 123-44.

들어주지도 않는다. 서사에서 관계는 구성적이게 되며 서로 연관된 특정한 요소를 특정한 방법으로, 특정한 서사로 정의한다.

또한 서사에서는 주요 행위자들이 강조된다. 국가, 계급, 성, 지도자 등과 같은 분석적 범주는 행위자와 행위자들 사이의 관계를 형성한다. 행위자가 가지는 명칭(designation)은 집단의 개별 차원을 강조하기도 한다. 개념의 선택은 주체성의 담론적 구성을 보게 한다. 이때, 주체성은 심리적 과정보다는 사회적 실천의 역할을 지칭한다. 담론은 사람들의 사고방식, 세계관, 목적 등에 무의식적으로 영향을 끼치고 습관을 통해 행위하게 하며 의식적 선택에도 영향을 미친다. 클로츠와 린치는 의도적으로 행위할 수 있는 정도에 대해서는 논란의 여지가 있지만 주체성은 어떻게 행위자가 행위에 기여하는지 인과성을 보여준다고 주장한다.

정체성이나 이미지, 혹은 역할에 관한 연구에서도 국가 간 차이에 따른 명칭의 구별에 주목한다. 코워트(P. Kowert)는 국가 간 차이를 묘사하는 형용사 분석(주요 요소 분석)을 통해 행위자의 정체성이 구성되는 과정을 연구한다. 구체적으로 그는 심리학에서[51] 사용하는 양적 방법과 유사한 방식으로 국가의 동일시(identification)문제, 국가 간 차이의 측정 그리고 정체성 구성에 접근한다. 그는 담론 형성의 산물로서 정체성은 인지적 구조를 가지고 있다고 설명한다. 코워트는 무엇보다도 이론적 지향에 묶이지 않은 보편적 측정 체계가 필요하다고 주장한다.

....

51   코워트는 정체성에 양적 방법으로 접근하기에 앞서 심리학에서 어떻게 성격 유형 검사가 발전하게 되었는지 설명한다. 심리학자들은 인간의 성격에 지역, 문화, 언어를 넘어 공통의 기본적 요소의 구조가 있는지 연구하였다. 심리학에서 평가 방법과 모델은 귀납적 일반화에서 연역적 모델로 함께 발전하기 시작했다. 특히 다섯 가지 기본 변수로 이루어진(신경과민성, 외향성, 경험, 우호성, 성실성) 5요소 모델이 폭넓게 수용되며 NEO PI-R(NEO-Personality Inventory)와 같은 인성검사가 발전했다. 자세한 내용은 Paul A. Kowert, "Dimensions of Identity Construction and the Measurement of Differences among Countries," in Barkin and Sjoberg (2017) 참조. 특히 구성주의에서 심리학 전회 연구로 다음의 연구를 참조. Vaughn P. Shannon and Paul A. Kowert, *Psychology and Constructivism in International Relations: An Ideational Alliance* (Ann Arbor, MI: University of Michigan Press, 2012).

귀납의 방법을 사용한 연구의 예로 홀스티(Holsti)는 1964년과 68년 사이에 71개국 국가 지도자들의 외교 성명(972개)을 코딩했다.[52] 각 국가에서는 최소한 10개 이상의 출처를 사용했으며 코딩은 지역적 리더, 신뢰할만한 동맹, 보호국, 혁명적 국가, 중재자 등 열일곱 개의 국가 역할 개념을 드러냈다. 하지만 홀스티의 연구는 국가 지도자들의 성명에 의존함에 따라 이미 국가의 역할에 대한 표현을 특정한 인구의 부분적 집합에 한정시킨 한계가 있다. 국가의 역할과 정체성을 연구하는 학자들에게 있어서 국가들을 분류하는데 참고할 만한 틀이 여전히 부족하다는 점이 지적된다.

한편, 특정한 서사에 문제가 있다고 공언하면 연구자는 어떻게 더 나은 이야기를 말할 수 있는지 찾아야 한다. 역사기술(historiography)의 전통적 표준 방법을 따르면 좋은 이야기는 일관적이고 폭 넓은 증거들을 포함한다. 클로츠와 린치는 기존 서사의 대안으로 사회적 시각(societal views)의 수용을 제안한다. 서사는 일종의 해석이기 때문에 이야기를 객관적 사실에 근거하여 고치지 않고 기존 이야기의 일관성, 완결성에 도전하는 데 방점을 둔다.

더불어 분석가들이 주류를 이루는 이데올로기를 반영하는 이론에 의지하여 서사를 쓸 수 있기 때문에 연구자들 스스로가 메타 서사 안에서 일종의 '등장인물'이 된다. 다른 연구자들에 의해 의도적으로 소외된 행위자들에 대한 이야기를 쓰게 될 때 연구자들이 숨겨진 편향을 드러내어 지식의 권력 차원에서 새로운 시각을 조망할 수도 있다.

서사의 구성은 역사화의 또 다른 방법으로 역사화 서사[53]로 부를 수 있

....

52　Kal J. Holsti, "National Role Conceptions in the Study of Foreign Policy," *International Studies Quarterly* 14-3 (September, 1970) pp. 233-309.

53　Pouliot (2007), p. 373. 풀리엇은 다음의 연구들을 예시로 든다. Erik Ringmar, *Identity, Interest and Action: A Cultural Explanation of Sweden's Intervention in the Thirty Years War* (New York: Cambridge University Press, 1996); Rodney Bruce Hall, *National Collective Identity: Social Constructs and International Systems* (New York: Columbia University Press, 1999); Martha Finnemore, *The Purpose of Intervention: Changing Beliefs about the Use of Force* (Ithaca: Cornell University Press, 2003); Christian Reus-Smit (1999).

다. 풀리엇(V. Pouliot)은 링머(E. Ringmar)의 논의를 가져와서 과거는 더 이상 고정되거나 안정적이지 않고 역사가들이 말하는 이야기에 달려있다고 주장한다. 과거의 사건들은 그 자체로는 아무것도 아니며 서사의 맥락에 집어넣어졌을 때에만 아무것도 아닌 것에서 '어떤 것'이 된다는 것이다. 결국 역사화는 과거와 현재에 관해 새로운 객관화된 지식의 형태를 야기하게 된다고 주장한다.[54]

서사는 서술, 질적 형태로만 존재하지 않는다. 양적 형태의 분석으로 실반(D. Sylban)의 국가 지도자 대화 연구 사례를 꼽을 수 있다. 실반은 외교 대화에서 누가 누구에게 영향을 끼치는지를 중심으로 서사 분석과 조립을 시도하며 사회적 삶은 일련의 연속적인 형태로 기억, 회상될 수 있다고 주장한다. 전개는 단순히 시간 순으로 배열된 것이 아니라 필요한 정리, 배치(ordering)에 따라 구성된다. 가령 A의 발생은 B에 의해 반드시 뒤따르거나 혹은 V의 발생이 A가 이미 반드시 벌어졌음을 넌지시 나타내는 것이 그 예이다.

실반은 일반적 전개과정(sequence)과 서사 전개과정의 차이를 구별하기 위해 세 가지 유형을 구분한다. 첫째, 일반적 전개과정은 시간 순 전개를 뜻한다. 이때, 전개과정은 인과적이거나 특정한 방식(fashion)을 띠지 않는다. 둘째, 역사적 전개과정은 차후의 사건들을 유발하거나 그 전의 사건들에 의해 수반된 전개과정을 뜻한다. 셋째, 서사 전개과정에서는 사건들이 시간적으로 연속적일 필요가 없으며 다만 전개과정은 종료감을 가진다.[55] 실반은 서사가 일종의 조립된 관계들로 분석되어야 한다고 주장한다.

미스키몬(A. Miskimmon), 오로린(B. O'Loughlin), 로젤(L. Roselle)은

....

54 Pouliot (2007).
55 실반(Sylvan)은 이 구분이 역사적 재현을 연보, 연대기, 본래의 역사로 구분한 헤이든 화이트의 메타역사 논의과 대략적으로 일치한다고 설명한다. 헤이든 화이트의 역사론 검토는 다음의 논문을 참조. 안병직, "픽션으로서의 역사: 헤이든 화이트(Hayden White)의 역사론," 『인문논총』 제51집 (0)호 (2004), pp. 35-75.

국제질서를 설명할 때 전략적 서사의 유용성을 강조한다. 구체적으로, 구조적 조건 자체가 서사를 뒷받침하는 담론으로 작용하고 서사의 쟁점과 갈등이 있을 때 전략적 서사가 주체를 형성하는 역할을 강조한다고 설명한다. 따라서 전략적 서사는 질서를 만드는 데 있어서 역할, 기대, 권위 관계를 설정하는 권위를 드러낸다. 서사의 분석을 통해 어떻게 질서가 유지되는지 드러내는 점에서 국제질서를 설명하는데 특히 유용하다는 주장이다.[56]

실반의 사례 연구에서 국가 지도자 간 대화 분석의 의의는 행위자들이 어느 지점에서 얼마나 상대의 의견에 따르는 것을 동의, 거부하는지 이해하는 데 있다. 대화를 분석해서 협력, 적대 관계 혹은 권력에 대해 함의를 줄 수 있다. 그는 대화를 소개하고 대화적 전회를 논쟁적 발화 행위로 그린다. 또한 발화자에 의해 사용된 발화 행위를 표지화(labelling)하고 행위에서 가장 공통적으로 나타나는 짝을 계산하여 대화의 특성을 분석한다.

구체적으로, 대화 서사의 구성을 식별한 관계를 대화의 표지로 계산할 수 있다. 발화행위에서 가장 흔한 짝은 함수의 입력 값으로 다루어지며 대화 전체의 표지에 대응한다. 실반은 인접-쌍(adjacency-pair)과 빈도 계산이 편향과 선입견을 제거하기에 적절하다고 주장한다. 그리고 대화에서 처음 제안하는 사람이 불리할 수 있다는 결론을 도출한다. 실반은 호의를 요청하는 행위자가 구조적으로 불리한 위치에 있고 설사 강대국이 요청한다 해도 적용되기 때문에 권력은 강요뿐 아니라 동의(consent)에 기반한다는 주장을 펼친다.

실반이 제시하는 방법은 방법론적으로 언어적 전회를 연구하는 데 있어서 텍스트를 읽는 데 편향성을 줄이기 위해 계산론적 기술이 유용함을 드러낸다. 또한 이론적으로 미시사회학적 방법은 구체적으로 정례화된(routined) 실천에 기반하여 정체성, 권력 연구가 가능함을 보여주는 의미가 있

....

56   Alister Miskimmon, Ben O'Loughlin and Laura Roselle, *Strategic Narratives: Communication power and the new world order* (New York: Routledge, 2013), p. 16.

다고 정리할 수 있다.

결국 구성주의에서 주체성은 의도성과 선택을 할 수 있는 능력으로 정의된다. 국가 행위자들은 특정한 정책, 행위를 선택하는 능력과 의도성을 가지는 주체이다.[57] 앞서 살펴본 것처럼 주체는 적어도 부분적으로 구조를 인식하며 구조 안에서 행위를 헤아리고 있다고 여겨진다. 민병원은 독자적인 문화권과 정체성의 근원으로 동아시아를 상정하고 해당 범주 안에서 공유되는 정체성을 가정한다.[58]

문화적 차이는 "지역"이라는 공간적 대상을 기반으로 한다.... 우리는 지역의 범주 안에서 형성되는 정체성의 근원에 관심을 기울인다. "동아시아"라는 지역에 대한 관심도 이런 맥락에서 다시 부활하고 있으며... 독자적인 문화권과 정체성의 근원으로서 자리매김하기 시작했다.

상호 구성의 과정과 구조의 맥락 안에서 주체들은 끊임없는 협상, 재생산을 통해 의미를 변화시킨다. 사람들의 인식이 정례화되고 인식에 질서가 형성되면 인식되는 공간에 차원성이 생긴다.[59] 더불어 동아시아 지역에 대한 관심의 부활은 지식의 형성, 축적, 발전이 구성하는 현실이기도 하다. 관심의 부활 자체가 동아시아와 상호 구성될 수 있는 점에서 구성주의의 인식론적 차원을 강조할 수도 있다.

....

57 Nicholas Onuf, "Rules in Practice," in Oliver Kessler and Rodney Bruce Hall (eds.), *On Rules, Politics and Knowledge: Friedrich Kratochwil, International Relations and Domestic Affairs* (England and New York: Palgrave Macmillan, 2010), pp. 115-26.

58 민병원, 조동준 (편), 『동아시아의 보편성과 특수성』 (서울: 사회평론, 2014), pp. 5-6.

59 Patrick T. Jackson, "Practicing (Social-)Scientific Pluralism," in Barkin and Sjoberg (2017), p. 237.

2. 프레이밍

담론의 힘은 서사에서 두 가지 형태를 가지게 된다. 하나는 개념 구성과 줄거리(stroy line)을 통한 주체성의 맥락화이고 다른 하나는 더 넓은 이데올로기에 의지해서 특정한 구성(plot)을 우대하는 것이다. 분석적 도구로서 서사는 정치적 행위가 되기도 하는데, 암묵적인 가정들이 기존의 관점을 자연스럽게 받아들이고 학자들이 어떻게 특정한 이데올로기적 입장을 재생산하거나 넘어서게 되는지 보여주기 때문이다. 프레이밍[60]의 방법은 연구자들이 행위의 목적과 효과를 식별하는데 도움을 준다.

연구자들은 사람이 왜 어떤 행위를 하는지, 행위가 무엇인지 그리고 그들이 목표를 성취했는지 파악한다. 기존의 정책 지향적 시각의 경우, 영향력의 평가 혹은 권력을 평가하는 데 있어서 행위자의 능력으로 도구적 행위를 통해 목적을 달성하는 것을 중심으로 연구가 진행되었다. 구성주의 연구에서는 행위의 여러 영향을 파악하기 위해 담론을 사용할 수 있다. 행위자가 의미를 구성하는 방법에 주목하는 담론은 목적과 수단에 대한 이해를 넓히고 정책 논쟁에서 사용되는 언어를 변경하려는 시도를 포함하게 된다.

의미가 행위의 기반이 되기 때문에 도구적, 구성적 다이내믹을 구분하는 것은 어려울 수 있다. 하지만 사회 운동 영역에서 유물론적, 합리주의적 가정에 대항하면서 발전한 프레임 분석의 경우 행위자, 목적, 행동 간의 복잡한 관계를 풀어내서 의미의 생산을 영향의 유형으로 보기 때문에 위의 문제를 해소하는 데 도움이 된다. 연구자들은 우선 특정한 프레임에서 내용 분석을 통해 담론의 생성을 철저하게 조사한 후 프레임에 놓인 행위의 영향

....

60 프레이밍(framing)은 틀로 번역될 수 있다. 하지만 한국학계에서 이루어지는 연구들에서도 영어 단어가 그대로 차용되는 경우가 있음을 확인하였다. 따라서 본고에서도 '프레이밍'으로 표기하기로 한다. 프레이밍 개념을 사용한 연구의 예로 다음의 논문을 참조. 손혁상, "프레이밍이론으로 본 국제개발협력의 '원조효과성'과 '개발효과성' 담론 경합에 관한 연구,"『국제정치논총』제53집 (1)호 (2013), pp. 7-40.

을 평가한다.

　담론으로서 프레임은 특정한 상황에서 정당화된 특정 목적과 행위들을 묘사한다. 클로츠와 린치는 프레임 개념이 하나의 문제를 식별하고 솔루션을 제공하는 분석판(template)을 구체적으로 나타낸다고 설명한다. 연구자들은 프레임을 식별하기 위해서 다른 담론 방법에서 쓰이는 증거들을 사용할 수 있다. 하지만 프레이밍과 다른 방법과의 차이는 물질적인 것을 모두 증발시킨 행위에 집중하는 데 있다. 분석가는 특정한 이슈에 있어서 행위자의 시각을 지정하는 기본적 분석판을 식별하게 된다.

　질적, 양적 코딩 과정과 유형은 증거의 유형(pattern)을 드러낸다. 연구자들은 규범적 목적을 표현하고 정책 처방과 연관된 특정한 단어나 개념을 찾는다. 정보의 양에 따라서 선별적 표본 추출이 필요할 때 양적 접근을 통해 맥락 의존적 코딩이 가능하다. 비서술적 형태의 담론을 분석하고 의미를 해석하기 위해 시각적 기술의 적용[61]이 필요할 수도 있다.

　클로츠와 린치는 1980년대 동유럽과 소련의 반체제 인사들이 평화를 인권과 연관 짓기 위해 노력한 사례와 정부가 평화를 오직 핵무기와 대 미사일 방어 체계의 문제로 두려고 한 대립에 관한 담론의 예[62]를 통해서 복수의 프레이밍이 항상 일관적으로 정리되는 것도 아니고 행위자가 오직 하나의 프레이밍만 조장하지도 않는다고 주장한다. 프레이밍은 중첩되고 겹쳐지며 일관성의 정도는 다양할 수 있다는 것이다. 다층 수준에서 명확하게 특정한 프레이밍 연결과 층위의 지도화는 복잡성에 대응하는 하나의 전략이 된다.

....

61　국제정치이론에서 시각성을 다룬 연구는 다음을 참조. Erika Kirkpatrick, "Visuality, Photography, and Media in International Relations Theory: A Review," *Media, War & Conflict* 8-2 (May, 2015), pp. 199-212. 특히 블레이커와 캠벨이 국제정치에 시각성을 적용하는 활발한 연구 경향을 보인다. 대표 연구로 다음을 참조. Roland Bleiker, David Campbell, Emma Hutchison and Xzarina Nicholson, "The Visual Dehumanisation of Refugees," *Australian Journal of Political Science* 48-4 (December, 2013), pp. 398-416.

62　Klotz and Lynch (2007), p. 54.

프레이밍에 있어서 내용 분석은 역사적 관점이 더해져서 특정한 시기, 지리적으로 어떻게 특정한 개념이 두드러지는 특성을 가지는지 알 수 있게 한다. 프레임들은 반드시 고립되어서 발전하지 않기 때문에 프레임 간 대조는 상호작용도 보여줄 수 있다. 하나의 프레임과 다른 대안적 프레임들의 비교도 반드시 필요한 과정이다.

프레임 분석은 상황에 대한 행위자 고유의 재현에 의존하기 때문에 서사적이기보다는 도구적 주체성을 강조한다. 또한 사람들의 행위들에 대해 위치지어지거나 맥락화된 이야기를 구성한다. 클로츠와 린치는 프레임 분석을 사용하는 연구자가 메타 서사 혹은 지배 프레임(master frame)에 남아 있다는 사실이 종종 물어지지 않기 때문에 프레임 분석은 메타 서사를 염두에 두고 행해져야 한다고 주장한다.

V. 결론

특수를 위한 특수는 의미가 없다. 지역의 개별적 특성의 기술을 넘어 전체와 유기적 연결을 통해서 보편과 특수를 살펴보아야 한다. 비서구 지역질서를 넘어 비교 지역질서 연구에서 구성주의 작업은 지역 고유의 정체성, 관념, 규범 등을 포착하는 의미의 구조를 보편성과 특수성에 위치시키고 살펴보는 과제를 포함한다. 조직원리가 관념적 차원으로 구성될 수 있다면 구성주의이론은 동아시아에 특수한 집합정체성과 규범이 존재하는지, 존재한다면 내용은 무엇인지 파악하는 데 유용하다.

본 논문은 구성주의 방법론에 제한하여 기존의 연구를 살펴보았다. 특히 홉슨의 지구적 역사사회학 논의, 잭슨의 '서구' 의미의 계보학적 추적 연구 등과 같이 자유주의적 편향에 비판적인 시각을 견지하는 연구들을 검토하였다. 글에서 소개한 사례 외에 어떤 방법으로 동아시아의 현실을 보다 잘 드러낼 수 있는지에 대한 방법론의 논의가 필요하다.

비서구 지역질서연구는 지역적 현실에 대한 이해에서 한 발 나아가서 각 영역을 통합할 수 있는 구성주의 동아시아 지역이론의 정립가능성, 지역이론을 정립하는 중범위 이론적 개념 및 가설의 정립 가능성, 동아시아 경험에서 추상된 동아시아발 일반이론의 가능성을 탐구하기 위해 반드시 거쳐야 하는 단계임이 분명하다. 이 글은 동아시아 지역적 현실을 설명하는 비서구 지역질서 연구들에 사용할 수 있는 방법론에 대한 고민 역시 이론화 작업과 함께 계속되어야 한다는 필요성을 인지하고 제한된 관점에서나마 기존의 구성주의 방법론을 검토하였다.

참고문헌

김애경. "국제질서의 변화와 중국 대외전략에 대한 담론 검토: 중국 내부 논의 분석을 중심으로."
『아시아리뷰』제2권 2호 (2012).

민병원, 조동준 편. 『동아시아의 보편성과 특수성』서울: 사회평론, 2014.

손혁상. "프레이밍이론으로 본 국제개발협력의 '원조효과성'과 '개발효과성' 담론 경합에 관한 연구."
『국제정치논총』제53집 1호 (2013).

신욱희. "주체-구조 문제(agent-structure problem)의 재검토: 구성적 권력과 복잡적응체계."
미래국가론: 정치외교학적 성찰 최종 발표회 원고 (2018).

안병직. "픽션으로서의 역사: 헤이든 화이트(Hayden White)의 역사론."『인문논총』제51집 0호
(2004).

용채영. "베스트팔렌 신화와 신성로마제국의 존속에 관한 연구(1495-1806)." 서울대학교 석사
학위논문 (2016).

전재성. "동아시아 전통질서 연구의 현황과 과제."『세계정치』제30집 2호 (2010).

_____. "구성주의 국제정치이론에 대한 탈근대론과 현실주의의 비판 고찰."『국제정치논총』제50집
2호 (2010).

_____.『동아시아 국제정치: 역사에서 이론으로』서울: 동아시아연구원, 2011.

_____. "국제정치 복합조직원리론으로 분석하는 남북 관계." 구갑우, 서보혁 (편),『남북한 관계와
국제정치 이론』서울: 논형, 2012.

_____. "국제정치 조직원리 논쟁과 위계론."『국제정치논총』제54집 2호 (2014).

Acharya, Amitav and Barry Buzan. *Non-Western International Relations Theory: Perspectives on
and beyond Asia*. New York: Routledge, 2010.

_____. "Why is there no non-Western International Relations theory? Ten years on."
International Relations of the Asia-Pacific 17-3 (July, 2017).

Adler, Emanuel. "Seizing the Middle Ground: Constructivism in World Politics." *European
Journal of International Relations* 3-3 (September, 1997).

_____. "Constructivism in International Relations: Sources, Contributions, and Debates." In
Walter Carlsnaes, Thomas Risse and Beth Simmons. eds. *Handbook of International
Relations*. Los Angels: SAGE publications, 2013.

Aradau, Claudia and Jef Huysmans. "Critical Methods in International Relations: the Politics of
Techniques, Devices and Acts." *European Journal of International Relations* 20-3 (May,
2013).

Ayoob, Mohammed. "Inequality and Theorizing in International Relations: the Case for Subaltern
Realism." *International Studies Review* 4-3 (Autumn, 2002).

Barkin, J. Samuel and Laura Sjoberg. eds. *Interpretive Quantification: Methodological
Explorations for Critical and Constructivist IR*. United States: University of Michigan Press,
2017.

Barnett, Michael. "Historical Sociology and Constructivism: an Estranged Past, a Federated

Future?" In John Hobson and Steve Hobden. eds. *Historical Sociology and International Relations*. Cambridge: Cambridge University Press, 2002.

Bartelson, Jens. *A Genealogy of Sovereignty*. Cambridge: Cambridge University Press, 1995.

_____. *Sovereignty as Symbolic Form*. New York: Routledge, 2014.

Bennett, Andrew and Jeffrey Checkel. *Process Tracing: From Metaphor Analytic Tool*. Cambridge: Cambridge University Press, 2015.

Bleiker, Roland, David Campbell, Emma Hutchison and Xzarina Nicholson. "The Visual Dehumanisation of Refugees." *Australian Journal of Political Science* 48-4 (December, 2013).

Collier, David. "Understanding Process Tracing." *Political Science and Politics* 44-4 (October, 2011).

Der Derian, James. *On Diplomacy: a Genealogy of Western Estrangement*. Malden: Blackwell Publication, 1987.

Devés-Valdés, Eduardo. "How to think about international-world affairs from Latin American thought: An analysis of the theorization (원제: Cómo pensar los asuntos internacionales-mundiales a partir del pensamiento latinoamericano: análisis de la teorización)." *Histórica Unisinos* 17-1 (January/April, 2013).

Finnemore, Martha. *The Purpose of Intervention: Changing Beliefs about the Use of Force*. Ithaca: Cornell University Press, 2003.

Hagström, Linus. "Sino-Japanese Relations: The Ice That Won't Melt." *International Journal: Canada's Journal of Global Policy Analysis* 64-1 (March, 2009).

Hagström, Linus and Karl Gustafsson. "Japan and identity change: why it matters in International Relations." *The Pacific Review* 28-1 (December, 2014).

Hall, Rodney. *National Collective Identity: Social Constructs and International Systems*. New York: Columbia University Press, 1999.

Hobson, John. "Worlding the Rise of Capitalism: The Multicivilizational Roots of Modernity." In Julian Go and George Lawson. eds. *Global Historical Sociology*. Cambridge: Cambridge University Press, 2017.

Hoffmann, Matthew J. "Norms and Social Constructivism in International Relations." In Robert A. Denemark and Renée Marlin-Bennett. eds. *The International Studies Encyclopedia*. West Sussex: Wiley-Blackwell: 2010.

Holsti, Kal J. "National Role Conceptions in the Study of Foreign Policy." *International Studies Quarterly* 14-3 (September, 1970).

Jackson, Patrick. T. *Civilizing the Enemy: German Reconstruction and the Invention of the West*. Ann Arbor: The University of Michigan Press, 2006.

_____. *The Conduct of Inquiry in International Relations: Philosophy of Science and Its Implications for the Study of World Politics*. New York: Routledge, 2011.

_____. "Practicing (Social-)Scientific Pluralism." In J. Samuel Barkin and Laura Sjoberg. eds. *Interpretive Quantification: Methodological Explorations for Critical and Constructivist IR*. United States: University of Michigan Press, 2017.

Katzenstein, Peter J. ed. *Civilizations in World Politics: Plural and pluralist perspectives*. New York: Routledge, 2010.

Kirkpatrick, Erika. "Visuality, photography, and media in International Relations theory: A review." *Media, War & Conflict* 8-2 (May, 2015).

Klotz, Audie and Cecelia M. Lynch. *Strategies for Research in Constructivist International Relations*. Armort, NY: M.E.Sharpe, 2007.

Kowert, Paul A. "Dimensions of Identity Construction and the Measurement of Differences among Countries." In J. Samuel Barkin and Laura Sjoberg. eds. *Interpretive Quantification: Methodological Explorations for Critical and Constructivist IR*. United States: University of Michigan Press, 2017.

Lawson, George and Barry Buzan. "Rethinking Benchmark Dates in International Relations." *European Journal of International Relations* 20-2 (June, 2014).

Leheny, David. "Constructivism and International Relations in Asia." In Saadia Pekkanen, John Ravenhill and Rosemary Foot. eds. *The Oxford Handbook of the International Relations in Asia*. New York: Oxford University Press, 2014.

Lustick, Ian. S. "Thinking Counterfactually and with Discipline: Agent-Based Models for Constructing and Deconstructing the Future." In J. Samuel Barkin and Laura Sjoberg. eds. *Interpretive Quantification: Methodological Explorations for Critical and Constructivist IR*. United States: University of Michigan Press, 2017.

March, James G. and Johan P. Olsen. "The Institutional Dynamics of International Political Orders." *International Organization* 52-4 (Autumn, 1998).

Miskimmon, Alister, Ben O'Loughlin and Laura Roselle. *Strategic Narratives: Communication Power and the New World Order*. New York: Routledge, 2013.

Neuman, Stephanie G. ed. *International Relations Theory and the Third World*. New York: St. Martin's Press, 1998.

Onuf, Nicholas. "Rules in Practice." In Oliver Kessler and Rodney Bruce Hall. eds. *On Rules, Politics and Knowledge: Friedrich Kratochwil, International Relations and Domestic Affairs*. England and New York: Palgrave Macmillan, 2010.

Osiander, Andrea. "Sovereignty, International Relations and the Westphalian Myth." *International Organization* 55-2 (Spring, 2001).

Pouliot, Vincent. ""Sobjectivism": Toward a Constructivist Methodology." *International Studies Quarterly* 51-2 (June, 2007).

Price, Richard. "A Genealogy of the Chemical Weapons Taboo." *International Organization* 49-1 (Winter, 1995).

Reus-Smit, Christian. *The Moral Purpose of the State: Culture, Social Identity, and Institutional Rationality in International Relations*. Princeton, New Jersey :Princeton University Press, 1999.

Ringmar, Erik. *Identity, Interest and Action: A Cultural Explanation of Sweden's Intervention in the Thirty Years War*. New York: Cambridge University Press, 1996.

Ruggie, John Gerard. "International Regimes, Transactions, and Change: Embedded Liberalism in the Postwar Economic Order." *International Organization* 36-2 (Spring, 1982).

_____. "Territoriality and Beyond: Problematizing Modernity in International Relations."
International Organization 47-1 (Winter, 1993).

Shannon, Vaughn P. and Paul A. Kowert. *Psychology and Constructivism in International Relations: An Ideational Alliance*. Ann Arbor. MI: University of Michigan Press, 2012.

Shimizu, Kosuke. "Do Time and Language Matter in IR? Nishida Kitaro's non-Western discourse of philosophy and politics." *The Korean Journal of International Studies* 16-1 (April, 2018).

Song, Xinning. "Building International Relations: Theory with Chinese Characteristics." *Journal of Contemporary China* 10-26 (August, 2010).

Sylban, David. "Computing Narratives: Assemblage Relations in Diplomatic Conversations." In J. Samuel Barkin and Laura Sjoberg. eds. *Interpretive Quantification: Methodological Explorations for Critical and Constructivist IR*. United States: University of Michigan Press, 2017.

Teschke, Benno. *The Myth of 1648: Class, Geopolitics and the Making of Modern International Relations*. London: Verso, 2003.

Thies, Cameron G. "Quantitative Methods and Constructivist Theorizing for Conflict Studies." In J. Samuel Barkin and Laura Sjoberg. eds. *Interpretive Quantification: Methodological Explorations for Critical and Constructivist IR*. United States: University of Michigan Press, 2017.

Wimmer, Andreas and Nina Glick Schiller. "Methodological Nationalism and Beyond: Nation-State Building, Migration and the Social Sciences." *Global Networks* 2-4 (December, 2002).

Yanow, Dvora and Peregrine Schwartz-Shea. eds. *Interpretation and Method: Empirical Research Methods and the Interpretive Turn*. New York: M.E. Sharpe, 2006.

Yaqing, Qin. "Development of International Relations Theory in China: Progress through Debates." *International Relations of the Asia-Pacific* 11-2 (April, 2011).

國際政治論叢 제46집 특별호 (2007).
Security Studies 24-2 (2015).

제5장

페미니즘 국제정치학적 관점에서 본 한국의 대북정책과 그 과제

정유진(한양대학교 정치외교학과 석사과정)

I. 서론

전통적인 서구 국제정치학(IR)의 대표적인 이론인 '현실주의'는 한반도에서 가장 일반적으로 통용되는 이론이었다. 휴전중이라는 국가적 상황과, 이를 위시한 '국가 안보'의 개념이 시의성 있게 수용되면서, 한국에서는 현실주의적 시각의 국가안보가 '안보' 그 자체를 나타내는 개념으로 인식되곤 했다. 현실주의에서 말하는 '안보 딜레마'에 입각해, 불안정한 현실세계에서 군사력으로서 스스로를 무장하고자 했고, 이는 대북정책에 지배적 남성성(hegemonic masculinity)이 확대되는 결과를 낳았다. 그러나, 이러한 국가안보 개념에 기반한 대북정책의 지속은, 남북관계에 별다른 진전을 끌어내지 못했고, 무엇보다 그 속에서 젠더를 점차 소외시키는 양상을 드러냈다. 그간 한반도에선 역사적으로도 여성이 분단과 전쟁, 정전협정 체결 등 모든 과정에 단 한 명도 주요정책결정자로 등장한 적이 없었고,[1] 해방 이후 한국이 수입한 국제정치학은 서양의 역사에서 성에 민감하지 못한 채 젠더화된 남성성 위주의 국제정치학[2]이었다.

특히 이중에서도 대북지원정책은 대북정책들의 하위갈래들 중 상대적으로 국가안보중심적 관점보다는 '여성'안보에 대한 조망을 가능하게 해줄 수 있음에도, 이와 같은 접근은 아직까지는 부족해왔다. 북한에 대한 대외원조를 보편적 관점의 공적개발원조로 일반화하여 접근하기에 무리는 있지만, 저개발 국가를 대상으로 원조를 행한다는 측면에서는 개발원조의 영역

....

1   안정애, "여성. 한반도 정전체제 60년을 말하다," 여성과 정전협정 학술토론회 (2013), p. 10.
2   전재성, "한반도 안보에 대한 젠더화된 관점에서의 접근," 『아시아여성연구』 제41권 (2002), p. 142.

의 속성을 공유하고 있다. 이러한 공적개발원조를 양성평등적 관점으로 조망하는 접근은 점차 보편적인 접근방식이 되어왔지만, 아직까지 북한을 대상으로 하는 대북지원정책에서 여성은 늘 '수혜자로서의 수동적 역할'만 부여되어왔었다.

그러나 현재 북한 내의 여성들의 심각한 여성안보 상황과, 그간 그나마의 지원정책 역시 '수동적' 지위의 '복지적 접근'에 치우쳐져 있다는 측면에서, 대북정책(그 중에서도 대북 지원정책)을 여성주의적 관점으로 접근하는 것에 대한 연구는 반드시 필요하다고 하겠다.

이러한 의미에서, 본 글은 여성주의적 관점으로서 정책을 고찰함에 있어 유용한 관점이 되어줄 수 있도록 '젠더'와 '페미니즘'이라는 렌즈를 통해 접근해나가고자 한다. 이에 본 논문에서는, 새로운 IR 관점에서 북한문제와 대북정책에 접근해야함을 주장하며, 현 주류 시각이 간과하고 있는 문제점을 효율적으로 드러내줄 수 있는 이론으로서 페미니즘 시각을 제시한다. 그리하여 이 시각을 바탕으로 국제개발학과 국제관계학에서 논의되는 이론인 '여성주의 안보연구'와 '개발지원의 젠더적 접근'으로서 대북정책을 접근하고자 한다. 이를 통해 '왜' 여성이 부재했는가에 대한 근본적 질문에 답을 찾아나가고자 한다.

따라서 본 논문에서는 페미니즘 시각에 기반해 북한 내 시급한 여성안보 위협을 들추어내고, 이 문제의 본질적 해결을 위해 대북정책에 여성의 '유재(有在)'가 시급하며, 이를 위해선 '성인지적 관점'으로 북한을 조망해야함을 주장한다. 이에 본 논문에서는 북한 내의 여성들의 여성인권 신장과 젠더적 평등의 실현에 초점을 맞추어, 대북정책을 고찰해보고자 한다. 더불어, 대북정책의 정책형성과 설계절차에 '젠더 인식이 부재한 점(gender-blindness)'에 초점을 맞춰, 본질적으로 왜 이러한 부재가 일어났는가에 대한 고찰을 시도하고자 한다.

II. 이론적 논의

1. 페미니즘과 IR

1) 개념

정치학을 이야기함에 있어, 여성학은 매우 유용한 도구다. 여성학은 사회문화적으로 구성된 제도로서의 젠더(gender)에 주목하는데, 이 젠더 체계는 사회가 성차를 조직하는 방식으로서 위계적 남녀관계의 구조화를 문제삼고 이러한 방식을 인식하도록 해준다.[3] 정치학 및 국제관계학의 원리를 '젠더'로서 바라보고자 하는 노력은 여기에 새로운 이론적 효과를 부여한 신시아 엔로(Cynthia Enroe)와 같은 독창적인 연구자들에 의해 이루어졌다.[4] 이는 약 1980년대 말부터 행해진 노력인데, 페미니즘 학자들은 성맹적(gender-blind) 성격을 떴던 이론과 젠더를 상호간 관계하고자 하는 진지한 학문적 시도를 감행하고자 했다.[5] 중요한 지점은, 페미니즘의 시각으로 IR을 바라보는 것은, 단순한 생물학적 성별의 문제를 넘어서서, 기존의 '체계'와 '체제'가 배태하고 있을 수 있는 젠더 위계질서(gender hierarchy)를 짚어내고 이를 문제시하는 데에 있어 적절한 이론적 바탕을 제공한다는 점에 있다. 그리고 페미니즘으로 정책과 정치 체계를 분석함에 있어, '성 인지(性認知) 관점'은 유용한 관점이 되어준다. 성 인지 관점은 문자 그대로 여성과 남성의 사회문화적 차이를 인정하고 이로부터 기인하는 각 성별의 요구 차이를 이해하며, 성별불평등에 대한 '민감성'을 통해 이를 해결하고자 하는

....

3   이재경 외, 『여성학』 (서울: 미래인, 2007), p. 24.

4   전재성, "인간안보와 여성안보 – 동아시아에서의 여성안보 논의," 『국제관계연구』 제11집 (2)호 (2006), p. 88

5   Brook A. Ackerly et al, "Feminist methodologies for International Relations," in Brook A. Ackerly, Maria Stern, and Jacqui True (eds.), *Feminist Methodologies for International Relations* (New York: Cambridge University Press, 2006), p. 1.

관심과 태도다.[6] 이러한 관점은, 성(젠더)에서 비롯되는 차이에 대해 얼마나 이해할 수 있는지, 민감하게 반응할 수 있는지를 다룬다는 점에서 사회학에서 근래 쓰이는 개념인 '젠더 감수성(Gender sensitization)'이라는 개념과 맞닿아 있다. 각종 여성학 연구에서는 '젠더 감수성'이라는 용어로 더 많이 쓰이고 있다.

젠더 감수성은 성 인지적 관점이 견지하는 하나의 '능력'의 개념으로서 사실상 동일한 의미로 통용되는데, 이는 "사회적 남녀 유별화에 따른 성차별로 인해 야기되는 문제, 즉 젠더 이슈를 인지하는 능력"을 말한다.[7] 이와 같은 젠더 감수성이 동반될 때, 여성과 남성은 서로의 성역할로부터 발생하는 인식과 이해관심의 차이를 인지할 수 있게 된다. 바로디아 (Shailly Barodia)(2015)는 이에 대해 이러한 젠더 감수성은 남성과 여성을 겨루게 하려는 개념이 아니라고 설명한다. 오히려 이 개념은 양성 구성원 모두에게 이득을 주는 교육의 일환이라고 설명한다.[8]

2) 의미

그렇다면, 왜 굳이 '페미니즘 시각'으로 대북정책을 보아야 하는가? 대북정책은 북한을 대하는 대외정책(foreign policy)으로 정의되는데, 이 '대외정책'이라는 분야는 가장 대표적인 정치학의 갈래 중 하나라고 할 수 있다. 그러나 상당히 오랜 기간 동안 이러한 정치학(특히나 IR)의 분야에서 페미니즘은 주변화된 경향이 짙어왔다. 신시아 웨버 (Cynthia Weber)는 1980년대 후반에 들어서야 페미니즘의 질문이 IR의 어젠다 속으로 편입되기 시작했다고 지적한다. 그러나, 아직까지도 페미니즘 학자들은 IR이 다루는 주요한 개념들과 담론들이 페미니즘의 시각에 맞게 재편되지는 못하고 있다

....

6 한국청소년상담복지개발원, "성인지 감수성 향상 교육," 청소년동반자 보수교육 5차 (2013), p. 4
7 한국청소년상담복지개발원(2013), p. 6.
8 Shailly Barodia, "Gender Sensitization and Education," *International Journal of Interdisciplinary and Multidisciplinary Studies* 2-4 (2015), pp. 107-13.

고 설명한다.[9] 이처럼 아직까지 IR의 상당히 많은 관련 개념들과 정책들, 그리고 담론들은 젠더화되어있거나, '페미니즘 IR' 혹은 '젠더 IR'이라고 부르기에 진보는 미미한 실정이다. 엔로 (Enloe)는 젠더를 통한 분석에 있어 중요한 것은, 남성성에 대한 지배적 관념이 무엇인지를 자문하고, 이를 여성에 대한 논의 자체로 국한시키기 보다는 남성성과 여성성의 '관계성'에 함께 집중해야한다고 주장한다. 이와 함께 젠더적 분석은 여성성과 남성성의 의미와 그러한 논쟁적 의미가 남성과 여성사이의 관계와 제도에 어떤 영향을 미쳤는지를 탐구한다면, 페미니즘적인 분석은 한 층 더 나아가서, 그들이 '힘'의 분배와 사용에 영향을 미치는지에 대해 탐구한다고 지적한다.[10] 따라서 본 논문에서는 이와 같은 젠더적 분석과 페미니즘적 분석관점에 기반하여, 남성성과 여성성의 위계구조 관계와 함께 '힘'의 논리에 지배되어왔던 전통적 접근에서의 안보학과 개발학의 현재를 짚어보고, 젠더와 페미니즘이라는 '렌즈'를 통해 이러한 안보학의 주요 정의들을 다시 새롭게 조망할 것을 제안한다.

그간 국제정치학을 논함에 있어, 주류 국제정치학의 관점은 국가의 행위를 추상화할 때 그 기반은 남성의 행동에서 출발[11]해온바 있었다. 이러한 접근법에 있어, 불평등한 젠더의 구성은 여성을 더욱 주변화 시키는 데에 기여했다. 남성성과 관련된 가치에는 긍정적이고 높은 가치를 부여하는 반면, 여성과 관련된 가치에는 부정적이고 낮은 가치를 매기게 되는 이원적 구별의 사회적 관행[12]이 더해지며, 여성은 점점 더 소외될 수밖에 없었다. 즉 '여성이 삭제된 대북정책'은 현재 IR이라는 생태계 자체에서 일어나는 '여

....

9   Cynthia Weber, "Gender-Is Gender a Variable?," in *International Relations Theory: A Critical Introduction* (UK: Routledge, 2013), p. 82.

10   Cynthia Enloe, "Feminism," in Martin Griffiths (ed.), *International Relations Theory for the Twenty-First Century: An Introduction* (UK: Routledge, 2007), p. 100.

11   황영주, "만나기, 뛰어넘기, 새로만들기: 페미니즘 국제정치학에서 안보와 그 과제,"『국제정치논총』제47집 (1)호 (2007), p. 47.

12   황영주, "페미니즘 안보연구의 기원. 주장 그리고 분석,"『젠더와 세계정치』제35집 (2013).

성의 주변화' 경향과 무관하지 않다는 것이다.

페미니즘 학자들은 이를 경계하며 다양한 연구들을 통해 주변화 경향을 지적해왔다. 가장 선구적인 노력은 1988년 밀레니엄지에서 다루었던 '여성주의적 국제정치학'이다.[13] 티크너는 대표적인 주류 국제정치학자 한스모겐소(Hans Morgenthau)의 현실주의를 페미니즘 IR적 시각에서 재구성했다. 가령, 모겐소가 정의하는 '힘' 역시 남성성으로 위시되는 개념 중 하나이며, 그렇기에 여성성과 연관된 집합적 권한부와 같은 개념으로 이를 확장해야 한다고 주장한다.[14] 국가를 주된 행위자로 상정하고, 국가인 관심사인 안보를 향한 '생존'이 중시되는 현실주의 국제관계이론은, 오랫동안 한반도 내에서 주도적인 담론으로서 기능해왔다. 전재성(2002)은 "이론이 현실을 반영하고, 진단하고, 처방을 내리는 것이라면, 한국의 안보상황에서 남성성의 논리가 강하게 반영된 현실주의로 한반도를 이론화하는 것이 가장 안전하고, 최악에 대비하는 길이었기 때문"이라고 설명한다. 이와 함께 전재성(2002)은, 한국이라는 국가가 안보국가(security state)이자, 군사국가(milirarist state)라고 지적하며, 한국이라는 국가가 1876년 개항 이래, 끊임없이 군사화되고, 기지화되고, 전장화되었다는 역사적 배경을 지적한다. 이로 인해 정복과 승리가 각광받는 정치학의 근대적 정서 속에 고안된 서양의 국제정치학이 한국 내로 수입되며, 한국의 국제정치적 모순을 심화시켰다는 것이다.[15] 이처럼 한반도의 지역적 특수성과 이로 인한 정치학의 지형 자체가 젠더의 속성과는 대비되는 국제관계 패러다임으로 형성되어왔다.

그러나 한반도 내에 발발하는 여러 문제들을 현실주의이론에 기반해 "남성적 자연상태와 안보경쟁의 상태"[16]로만 설명하기에 그 설명력은 한계

....

13 황영주, "페미니즘 국제정치학," 『한국국제정치학회소식』 제105집 (2003), p. 14.
14 Ann Jane Tickner, "Hans Morgenthau's Principles of Political Realism: A Feminist Reformulation," *Millennium* 17 (1988), p. 438.
15 전재성 (2002), pp. 137-75.
16 전재성 (2002), p. 170.

를 가지고 있다. 따라서 보다 다양한 국제관계이론의 설명력의 재고를 위해서, 페미니즘 국제정치학을 새로운 이론적 틀로서 고민해볼 수 있다. 하지만 구갑우(2007)에 따르면, 국내에서 시도되는 연구 중 페미니즘 IR 연구는 극히 드물고, 그 수준 또한 '이론의 소개' 형식에서 그치고 있다고 지적한다.[17] 본질적으로 정치학을 바라보고 안보를 바라보는 관념 자체가 '힘'과 '국가행위자'에 초점이 맞춰져 있는 현실주의적 시각에서 '여성'이란 행위자 개개인을 논하는 것은 지극히 개인적인 것으로 치부될 경향이 짙다는 것이다. 이 시점에서 우리는 대북정책을 둘러싼 정치학과 국제관계학 논의에서 여성과 페미니즘이 담론화되는 것을 주변화시키는 학문의 경향에 대해 성찰하고, 또 자문해봐야 할 것이다. 로라 스요베르 (Laura Sjoberg)는 여성주의가 단순히 '여성'에 관한 것 혹은 여성을 주류 구조에 '편입'시키려는 것을 추구하는 것이 아니라, '존재와 앎에 대한 전환의 과정'이라고 강조한다.[18] 남성성이라는 일종의 이데올로기가 배태하고 있는 젠더위계구조와 그 생산과정을 짚어내고, 구조적 문제에 물음을 제기하는 것은 말 그대로 의식의 '전환'과정에 더 큰 지향점이 있다는 것이다. 이때에 국가의 대외정책을 검토해보는 것은 큰 의미가 있다고 할 수 있다. 여성주의적 시각에서 IR을 새롭게 분석해본다면, 국가의 대외 정책의 경우 정책의 정체성이 남성성 (masculinity), 남자다움(manliness), 이성애주의(heterosexism)에 영향을 받을 수 있기 때문이다.[19] 따라서 본 논문에서는 여성주의라는 '렌즈'로 대북정책을 조망해보고, 이러한 재개념화의 의의를 도출해보고자 한다.

....

17 구갑우,『비판적 평화연구와 한반도』(서울: 후마니타스, 2007).

18 Laura Sjoberg, ed., *Gender and International Security: Feminist. Perspectives* (New York: Routledge, 2010) p. 3.

19 Sjoberg (2010), p. 6; V. Spike Peterson, "Political Identities/Nationalism as Heterosexism," *International Feminist Journal of Politics* 1-1 (1999), pp. 34-65; Charlotte Hooper, *Manly States: Masculinities, International Relations, and Gender Politics* (New York: Columbia University Press, 2001).

2. 젠더와 안보연구

'젠더'를 안보와 함께 분석하려는 의도는 안보 개념을 확장하는 노력에서부터 근거한다. 안보를 단순히 군사주의적 관점인 전통안보적 개념으로만 국한하지 말고, 보다 다양한 의미에서의 안보로서 그 개념을 확장해야한다는 시도가 있어왔다. 대표적으로 유엔개발계획이 1994년 발간한 보고서에서 드러난다. 유엔개발계획은 안보 개념의 지협성을 지적하며, '기아, 질병, 억제와 같은 고질적 위협으로부터의 안전'과 '일상 속에서 갑작스럽고도 해로운 붕괴로부터의 보호'으로서 인간안보 개념을 정의했고, 이에 따라 안보 자체의 범위도 넓어지게 됐다.[20] 전재성(2006)은 "안보의 범위를 확장함으로써, 지금까지 간과되었던 주제인 '여성'에 눈을 돌릴 수 있는 더 나은 기회를 맞이하게 되었다"고 말한다. 그리하여 안보를 젠더의 렌즈로 접근하여 바라보는 여성주의 안보연구가 태동하게 된 것이다. 국제정치 이론가 질 스타인(Jill Steans)에 따르면, 젠더의 렌즈로 세계를 바라본다는 것은 젠더를 권력관계의 특정한 종류 혹은 젠더가 국제적 과정을 이해하는 데에 중심이 되는 방법을 그린다는 것을 의미한다.[21]

젠더의 렌즈로 안보를 바라보게 되면, '여성안보'라는 개념을 포착할 수 있는데 이는 일반적으로 구성원 개개인의 단위인 '여성'의 '안보'를 의미한다. '안보'라는 단어의 사전적 정의가 '편안히 보전하다'라는 것을 감안해본다면, 여성의 안전을 보장하고 보전하는 것을 보편적으로 일컫는다고 볼 수 있다. 안정애(2013)는 여성안보에 대한 구체적인 정의로서 "군사적인 폭력의 자유, 경제적 폭력으로부터의 자유 그리고 가부장제 등 사회로부터 억압받는 성적 폭력으로부터의 자유의 범주를 다루는 것"[22]으로 설명했다.

....

20   전재성 (2006), p. 90.
21   Sjoberg (2010), p. 2.
22   안정애 (2013), p. 10.

이선미(2005)는 이러한 여성주의적 안보 개념의 한 예로서 1985년 캐나다 핼리팩스(Halifax)에서 개최된 국제여성평화회의 (the Women's International Peace Conference)를 제안한다. 이때 제안된 바에 따르면, 안보란 인간의 생존에 어떤 것이 직접적 위협이 되는가에 영향받을 수 있으므로 다차원적인 이해가 필요하며, 무엇보다 타인의 불안정에 기반한 안보는 안보가 아님이 강조되야 한다는 점이다.[23]

이러한 여성주의 안보연구는 여성주의 국제관계학과도 맥락을 같이 하는데, 여성주의 국제관계학은 젠더의 시각으로 국제관계를 바라본다. 그리고 국제관계학이 배태하는 남성성을 지적하고, 이를 해결하고자 한다. 티커너(Ahn Tickner)(2001)는 국제관계를 '남성화된 인간행위 모델'에서 출발하는 관점에서 초월하여, 자율성보다는 상호 의존 및 협력, 남성화된 권력 중심 개념보다는 상호적인 가능성으로서의 권력 정의를 강조하여 안보의 개념과 함께 안보의 위협을 해결하기 위한 방법으로 사용할 것을 제안한다.[24]

이러한 '안보'는, 사실상 대북정책에서 다뤄지는 가장 주요한 개념들 중 하나로서, 이를 포괄하고 있는 대북정책과 그 정책적 기반을 재고하는 것은 매우 주요하다고 할 수 있다. 여성주의 안보 이론에 기반하여 대북정책을 고찰해본다면, 국가안보적 개념 안에서만 '여성에 대한 안보의 기여'를 논하는 것이 아니라, 대안 안보적 관점에서 이를 새롭게 조명할 필요가 있음을 알 수 있다.

3. 젠더와 개발원조

대북정책을 젠더적 시각으로 바라봄에 있어, 함께 활용될 수 있는 이론은 '개발지원의 젠더적 접근'이다. 자유주의적 대북정책의 큰 중량감을 차지

....

23 이선미, "여성의 안보와 전지구화된 여성주의 정치학의 관계," 『젠더와 사회』 제4집 (2005), pp. 83-99.
24 안티커너 저, 황영주 옮김, 『여성과 국제정치』 (부산: 부산외국어대학교 출판부, 2001).

하는 정책은 바로 '대북 지원정책'이다. 사실상 개발의 영역은, 앞선 '안보'보다는 상대적으로 젠더가 반영될 수 있는 여지가 높음에도 불구하고, 현실적으로는 그렇지 못해온 것이 현실이다. 현재 논의되는 북한을 향한 개발지원 담론엔 '여성' 또는 젠더 이슈와 성인지적 접근은 부재한 상태다.[25]

현실적인 제약으로 인해 젠더적 고려가 덜해졌지만, 개념적으로 '지원정책'은 국가안보적 논의에서는 비교적 자유롭고 인도주의적 정책으로 접근할 수 있는 여지가 많아, 상대적으로 '인간'에 초점을 맞춘 정책설계가 가능한 영역이다. 뿐만 아니라 사회적 남녀유별화로 인한 성차별 등 젠더 이슈를 인지하여 이를 정책 내에 반영할 수 있다는 정책적 가능성으로 인해 개발원조 안의 젠더를 통합하는 이슈는 국제기구와 다양한 기관들에서 논의가 활발하다. 즉, 성인지적 관점으로 개발 패러다임을 조망할 시, 젠더의 정책적 반영이 가능하다는 점이다.

그러나 이를 '어떻게' 접근할 것인가에 대해서는 다양한 접근 방법이 혼재한다. 일전의 여성정책들은 주로 여성의 '재생산역할'에 초점을 맞춘 정책적 접근들이 많았다. 이는 부비닉(Mayra Buvinic)이 범주화한 여성개발정책의 영역과 맥락을 함께 한다. 부비닉은 '여성을 재생산역할에 초점을 두는 개발의 수동적 수혜자로 간주'하는 접근을 '복지적 접근'으로 범주화하였는데,[26] 이는 위로부터의 공식적 조치를 통해 실질적 젠더요구를 충족시키고자 하는 것[27]이지만, 여성의 '수동성'을 강조하는 접근방식이기도 하다.

이후 보다 본격적으로 개발이라는 사안에 젠더를 고려하고자 하는 접근 방식들이 다양화되었다. 덴마크의 경제학자 이스터 보세럽(Ester Boserup)은 1970년대 경제가 성장하게 되면 개발이익이 부유층에서 서민층으로, 여

....

25 조영주, "한반도 평화와 남북관계 증진을 위한 여성의 역할," 평화를만드는여성회 포럼 (2010년 12월).

26 Mayra Buvinic, *Women and Poverty in the Third World* (Baltimore: Johns Hopkins University Press, 1983).

27 Caroline O.N. Moser 저, 장미경 옮김, 『여성정책의 이론과 실천』 (서울: 문원출판사, 2000), p. 93.

성으로 자동적으로 이동할 것이라는 트리클다운(trickledown) 이론에 대해 비판적 견해를 견지하고 경제 사회개발에 대한 여성들의 기여가 제대로 평가되어야 한다고 주장하였는데, 이와 함께 개발 이슈와 여성의 연관성이 활발하게 제기되기 시작했다.[28] 그 후, 1975년 멕시코에서 개최된 제1차 UN 세계여성대회에서 '개발과 여성' 이슈가 본격적으로 논의됐는데, 이 국제회의에서 참가자들은 개발과정에 여성을 통합할 것을 결의하였고, 여성을 단순히 개발의 '수혜자'가 아니라 개발과 평화의 '기여자'임을 강조하여 여성 없이 개발은 불가능하다는 인식이 확대되었다.[29]

III. 대북정책 내 여성의 외부자성

1. 국가안보의 중량감

미시적 단위로서 정책을 살펴보았을 때에도, 여성이 부재한 원인을 찾을 수 있다. 대표적인 것이 대북정책이 안고 있는 국가 안보의 중량감이다. 그렇다면 왜 대북정책 내에 국가안보가 무게감을 가지게 되었는가? 이에 대한 가장 대표적인 원인으로서, 국가를 단위로 하는 '국가안보(national security)'개념이 가지는 상대적 보편성을 들 수 있다. 휴전국가인 한국에서 '안보'는, '국가'를 단위로 하는 국가안보적 개념으로서 보다 더 일반적으로 이해되고 있다. 국가 구성원 개개인의 사회적 안전보다는 국가안보가 우선적인 명제로서 인식 속에 자리매김 해온 것이다. 구갑우(2007)에 따르면, 국내 안보 연구 자체는 분단이라는 구조적 제약이 자리하고 있는 바, 현실주의

....

28 이선주 외, "한국 ODA의 효과성 제고를 위한 성인지적 전략," 『한국여성정책연구원 연구보고서』 16호 (2010), p. 20.
29 이선주 외 (2010), p. 21.

적 관점이 강하게 나타나고 있다고 지적한다.[30] 현실주의 이론에 따르면 불완전한 현실 속에서 국가는 자국의 안보를 보장하기 위해 '무장(武裝)'을 택할 수밖에 없고, 이는 또 다른 국가에겐 군사적 위협이 되므로 연쇄적인 무장을 통해 전쟁 가능성을 대비하게 된다. 본질적으로 정치학을 바라보고 안보를 바라보는 관념 자체가 '힘'과 '국가행위자'에 초점이 맞춰져 있는 현실주의적 시각에서 '여성'이란 행위자 개개인을 논하는 것은 지극히 개인적인 것으로 치부될 경향이 짙다는 것이다.

'한반도 신뢰프로세스'라는 미명하에 실시된 박근혜정부의 국정과제(2013)는 이 같은 특성을 잘 드러내고 있다. 부수적인 대북정책의 일환으로 인도적 문제 해결을 다루기는 하였으나, 신뢰프로세스는 국가 안전보장을 위해 '군사적 신뢰 구축'을 내세우면서 현실주의적 성격을 강하게 띠었다. 그 결과, 현실주의에서 중요시하는 동맹(Alliance) 개념에[31] 입각해, 주로 대북정책으로는 정치, 군사적 교류협력과 신뢰구축에 치중한 과제들이 많이 제시되었다. 대북정책 내 군사력과 무기군축에 대한 중량감은 곧 '남성성의 안보'를 대표하는 기지로 활용되었다. '강한' 군사력이 곧 대북정책의 핵심으로 인지되며, 여성에 대한 근원적인 고찰을 시도할 가능성을 낮춘 셈이다.

이와 같은 국가안보적 개념을 두고, 여성주의 국제정치학자들은 국가안보라는 개념에 내재한 '지배적인 남성성의 특성'을 지적해왔다. 황영주(2007, 2013)는 주류 국제정치학의 관점이 국가의 행위를 추상화할 때 그 기반은 남성의 행동에서 출발해왔다고 주장하며, 남성성과 관련된 가치에는 긍정적이고 높은 가치를 부여하는 반면 여성과 관련된 가치에는 부정적이고 낮은 가치를 매기게 되는 이원적 구별의 사회적 관행이 더해지며, 여성은 점점 더 소외될 수밖에 없었다고 설명한다.[32]

....

30   구갑우 (2007).
31   김병남, 『안보란 무엇인가』 (서울: 한울아카데미, 2011), p. 24.
32   황영주 (2003), p. 14; (2007), p. 47.

결국 여성들의 안보는 '국가안보'라는 미명 하에 중요하게 다뤄지지 못했다. 그러나 설사 국가안보가 확립된다 할지라도, 여성안보가 전면화되지 않는 이상 여성의 안보는 전격 확보되기 어렵다. 황영주(2013)는 국가 중심의 안보가 확보되어 있다 하더라도, 개인의 안보는 침해받을 가능성이 있는데, 여성의 경우에는 더욱 그렇다고 지적한다.

그간의 대북정책 내에서 강조되었던 '남북 여성 교류 정책'의 경우, 가장 활발하게 진행되었던 것이 '일본군 위안부 문제'가 대두되고 남북 여성의 공동대응이 강조되었던 시기[33]였다는 점을 감안해보았을 때, 이 정책의 방점은 '여성주의'가 아니라 '국가주의'에 기반한 경향이 크다. 민족적 해결이라는 과업 안에, 진정 다뤄져야 할 북한의 가부장제 해결과 여성의 식량안보와 같은 생존권 안보는 다뤄지지 못했다. 이는 즉, 또다시 '국가'란 과업안에 여성의 안보가 희생된 것이다.

대북정책 자체가 초점을 맞추는 영역 역시 이러한 '국가안보의 중량감' 문제를 드러낸다. 2016년 6월까지 인도적 지원 액수는 648억 원으로, 이명박 정부의 2천 575억 원과 비교해 25% 수준에 이른다. 인도적 지원의 전체 파이마저 줄어든 상태에서, 여성의 안보 문제의 적극적 검토와 감안이 될 확률은 점차 줄어들고 있는 현황[34]이다. 대북정책 내에서 '인간'의 안보에 초점을 맞추며, 보다 평등한 사회 건설을 위한 성인지적인 관점은 점차 부재해가고 있다. 더불어 남북 관계가 경색된 후, 개성공단은 전면 중단되었고, 북한을 조망하는 대북정책 사업 내에 '여성'이 설 자리는 점점 줄어들고 있다. 그나마 '인권'을 다루는 정책이 존재하지만, 세세하게 다뤄져야 할 여성의 문제는 '보편적 인권'이란 명제 안에 잠식되었다. 현재 대북정책 내 '인간 안보' 차원에서 다뤄진 과제는 '인도적 문제해결 적극 추진' 항목에 있는 영

....

33   김원홍, "북한여성실태 및 향후 대북정책 추진방향," 『한국여성정책연구원 연구보고서』(2009).
34   "朴정부 대북 인도적지원 이명박정권보다 훨씬 적어," 『연합뉴스』(2016년 09월 25일), http://www.yonhapnews.co.kr/bulletin/2016/09/25/0200000000AKR20160925048900001.HTML (검색일: 2017. 01. 31).

유아, 임산부 등 취약계층 대상 순수 인도적 지원이다. 그러나 이는 '북한 인권'이라는 보편적 인권 명제에 여성 문제를 축약시킴으로써, 여성문제의 전면화를 이끌어내는 데에는 이르지 못했다. 이는 스요베르(Sjoberg)가 지적했듯, 안보의 이론과 실천이 아직까지 남성성을 배태하고 있음을 보여주는 부분이기도 하다.[35]

그러나 현재 북한의 여성안보적 상황은 우려스러운 것이 현실이다. 전쟁 이후 휴전에 놓인 이래, 1990년대에 시작된 고난의 행군과 함께 찾아온 경제적 궁핍으로 탈북 후 중국에서 체류하게 되는데, 북한 여성들은 그 과정 속에서 불법체류자 지위와 공안으로부터의 추격에 놓인 상황을 악용한 브로커와 현지인으로부터 착취와 폭력에 노출되고 있다. 이로 인해 생존을 위한 매매성의 결혼과 성폭력의 요인에 노출되어 북한 남성과는 다른 구별점으로서 트라우마로 작용하고 있기도 하다. 이는 유엔난민기구 (UNHCR)이 발표한 '난민을 향한 성폭력 가이드라인'에 기반해 본다면 일종의 '젠더 박해'라고 볼 수 있다.[36] 따라서 여성주의적 시각에서 본다면, '힘' 중심의 현실주의적 대외정책 중심의 기존 정책적 기조에서, 인간안보적 중심의 여성주의적 대외정책 역시 동등하게 논의되고 고려되어야 하는 것이다. 이는 안보적인 사안을 논할 때에 있어서 젠더가 중요한 요소로서 작용함을 인지하게 해준다.

2. '복지적' 접근방식

구체적으로 대북정책의 분야 중 대북지원정책에서는 정책이 기초적인 수준에서의 젠더감수성을 보이고 있음을 알 수 있다. 현재까지의 대북정책

....

35 Sjoberg (2010), p. 1.
36 김현경, "탄력성 (resilience) 관점에서 조명한 북한이탈여성의 생애연구," 『젠더와 문화』 제4집 (2)호 (2011), p. 10.

을 성인지적 관점에서 살펴보면, '여성'의 성역할에 대한 고정관념이 개입되어 구조화된 경우가 대부분이다. 가령, [표1]과 같이, 2015년 12월까지 사용되었던 인도적 지원 사업 내역을 살펴보면, 여성에게 해당되는 대북지원 사업의 초점은 주로 '분유'와 보건 영양 등 여성의 전통적 역할로 간주되는 '출산'기능에 주된 초점을 맞추고 있음을 알 수 있다. 이는 북한 내의 근원적인 여성 불평등 시정에 대한 고려가 바탕이 되기보다는 일차원적인 여성의 역할에 기반한 지원으로서 구조화되었음을 의미한다. 이는 현재 북한의 여성 안보를 위협하는 가장 큰 원인인 가부장제와 여성불평등을 해결함에 있어 큰 영향을 미친다고 보긴 어렵다.

북한의 경우, 전통적인 성역할의 위계성이 강하게 나타나 여성들은 노동자 뿐 아니라 노동자의 어머니로서의 역할을 동시에 요구받아, 젠더 편견적 여성의 재현(Gendered-Stereotyped Representations of Women)이 강하게 나타나고 있는 특징을 띤다.[37] 이승윤 외 2인의 연구(2015)에 따르면, 북한은 사회주의를 바탕으로 국가통제적 성격이 강한 중앙집권적 계획경제체제 하에서, 국가의 계획에 따라 직업이 배치했는데, 여성 역시 노동의 주체로 배치됐다. 그러나 젠더적 고정관념에 따라 여성이 특정 산업에 배치되며 이는 임금 격차로 연결됐고, 직업현장에서도 숙련도에 따라 성별을 중심으로 수직적인 위계성이 구조화됐다. 더불어 북한의 배급제와 당원제는 남성과 여성을 다른 인민으로 구성하며 종속시키는 젠더위계를 유지 및 강화했다. 또한 북한 여성은 경제적 활동을 하는 동안에도 가정 노동을 모두 부담하는 등 북한 사회의 깊은 가부장적 가치관의 영향을 받았다. 북한사회에서 여성이 그나마 활발하게 경제활동을 보이는 곳은 '비공식'영역밖에 없는데, 이러한 비공식 경제는 북한이 휴전 이후 무역수지 적자 누적과 외채 상환 위기에 몰려 경제적 위기를 맞고 90년대 '고난의 행군' 시기를 거치며 진행

....

37 박정란, 강동완, "북한의 여성고등교육과 남북한 통합과제," 『국제정치연구』 제16집 (2)호 (2013), p. 47.

뒨 결과이기도 하다. 이로 인해 비공식경제는 범람하고 여성노동은 확대됐는데, 이는 비공식 영역 안에서 여성의 사회적 인정에 대한 한계성과, 숙련형성의 한계점, 그리고 제도권 규제 밖에서 일어나는 각종 폭력과 불합리한 관행에 대한 경험에 더 잦게 노출될 수 있는 결과를 낳았다는 것이다.[38] 홍민(2010)의 조사에 따르면, 북한에 거주할 당시 여성들은 남성 폭력에 시달리는지를 물은 설문에 70%가 그렇다고 응답[39]하기도 했는데, 이는 북한 내 여성 상황을 알 수 있게 하는 지표가 된다.

그러나 위와 같은 여성의 안보 상황에 대한 고려가 결여된 채 진행되는 기존 지원 정책의 맥락은 위에서 언급한 부비닉의 '복지적 접근'에 해당한다. 캐롤린 모저(Caroline O.N. Moser)(2000)는 이 같은 접근 방식에 대해, "하향식 지침들이 여성을 독립적인 존재로 만들기보다는 의존적 존재로 만드는 경향이 있다"고 지적하며, "개발 재단의 중요 부분을 제공하는 개발 기관의 개발 프로그램에서 여성을 배제시키는 결과를 낳곤 한다"고 서술한다. 더불어 복지적 접근이 "여성의 재생산 통제 등 전략적 젠더 요구의 충족과 무관하다는 것은 제3세계 여성 집단들이 그들의 저술에서 강조해온 사실"[40]이라고 강조한다.

표 1 정부 및 민간차원 무상지원액 세부내역

연도	정부 차원	민간 차원
2008	20,893만 불(1,983억 원)	6,460만 불(725억 원)
	영유아, 의료장비 지원	의류, 농자재 등
2009	1,994만 불(261억 원)	2,858 불(376억 원)
	의료인력교육 지원 등	식량, 의약품 등

....

38 이승윤, 황은주, 김유휘, "북한 공식-비공식 노동시장의 형성과 여성,"『비판사회정책』제48집 (2015), pp. 285-328.
39 홍민, "북한여성인권침해," 박선영의원 주최 제26회 정책 세미나 자료집 (2010년 4월 28일).
40 Moser (2000), p. 96.

2010	1780만 불(204억 원)	1748만 불(200억 원)
	신종플루 지원, 신의주 수해 지원	밀가루, **분유**, 의약품, 연탄, 말라리아 방역 등
2011	565만 불(65억 원)	1173만 불(131억 원)
	영유아, 의약품 지원	**분유**, 두유, 의약품, 밀가루, 말라리아 방역 등
2012	210만 불(23억 원)	1032만 불(118억 원)
	백신 및 의료교육	밀가루, 의류, 의약품, 의료장비, 수해 지원 등
2013	1209만 불(133억 원)	453만 불(51억 원)
	보건 및 영양	의약품, 의류, 영양빵재료, **분유**, 장애인 용품 등
2014	1330만 불(141억 원)	506만 불(54억 원)
	보건 및 영양	영양식, 의류, 의약품, 의료소모품, 농자재 등
2015.12	1220만 불(140억 원)	1002만 불(114억 원)
	보건 및 영양, 의료인력 교육 지원, 민간단체에 대한 기금 지원	의약품, 의료소모품, 영양식, **분유**, 진료소자재, 묘목, 온실자재 등

출처: 남북교류협력 동향 (서울: 통일부, 2015년 12월), p. 142; (2009년 07월) 참고.

북한은 현재 세계 최하위 수준으로 경제적 생존권과 인간 안보적 평화가 박탈되었으며, 경제적 수준에서 제3세계와 유사한 인간 안보적 상황에 놓여있다. 이런 국가를 향한 정책일수록 일방적인 '구호 지원' 개념의 개발지원 영역에서 벗어나 보다 근본적인 인간안보와 여성안보의 향상을 지향하는 정책으로의 전면 재구조화가 필요한 것이다. 젠더의 논의를 초월하여, 광의의 개발영역 자체에도 북한에 대한 한국의 지원을 인도적 지원에서 실질적인 '개발지원'으로 변환해야 한다는 논의[41]가 이뤄지고 있다.

IV. 대북정책의 인식과 접근법의 새로운 모색

위 같은 문제점의 원인에 근거하였을 때, 대북정책은 어떠한 방향으로

....

41   강명옥, "북한과 ODA," 전남대학교 세계한상문화연구단 국내학술회의 (2008), p. 184.

나아갈 수 있는가? 사실상 북한이 기반한 가부장제 사회에서는 여성은 궁극적으로 남성과 같아질 수 없으며, 이러한 사회 안에서 평등의 추구는 결국 모든 사람에게 남성의 규범을 따르도록 하기 때문에 실질적 평등을 이루는 데에 한계가 있다.[42] 젠더화된(gendered) 구조 그 자체에 문제의식을 가져야 할 필요가 있다. 따라서 가부장제 사회에 근본적인 변화를 도모하고, 궁극적으로 여성과 남성의 다른 삶의 경험과 사회 경제 지위의 차이를 고려해 정책의 효율성과 형평성을 높이는 정책을 수립해야 할 것이다. 즉, 북한 여성의 안보상황은 '여성'의 문제만을 부각하는 정책만으로 해결될 수 있는 부분이 아니다. 가령 북한인권백서(2016)에 따르면, 북한 내 가정폭력 현상은 흔한 일이며, 경제난이 계속되며 가사노동을 포함한 여성들의 노동부담은 크게 늘어나고 있다고 한다. 2015년 통일연구원 면접조사에서는 응답자의 93.5%가 가사노동의 책임은 '여성'에게 있다고 응답했으며, 응답자의 83.3%는 여성(아내)이 가족을 부양할 경우에도 역시 가사노동의 책임은 '여성'에게 있다고 답했다.[43] 이처럼, 현 북한 사회의 뿌리깊은 가부장제를 감안해 보았을 때, 이 문제의 접근을 '여성집단의 문제'에만 초점을 맞춰 진행하는 것은 본질적 해결점을 어렵게 한다.

이를 위해선 그간의 일방지원 위주의 사업보다는 성별 입장을 고려한 정책이 설계될 수 있도록 성인지적 관점을 더한 대북정책이 필요하다. 즉, 개발 원조의 젠더적 접근을 통해 수원국으로서의 북한으로 접근해야 한다는 것이다. 이는 여성학계에서 말하는 성주류화 전략(gender-mainstreaming)과 맥락을 같이한다. 이 전략은, 차별적인 법을 개정하고, 불평등한 결과가 고착된 영역에 정책이 개입하는 것 못지않게 성과 관련하여 고착된 오랜 사고방식과 행위양식의 변화가 필요하다[44]고 본다. 이를 북한에 대입해

....

42   이재경 (2007), p. 23.
43   도경옥 외, 『북한인권백서』 (서울: 통일연구원, 2016), p. 272.
44   이재경 (2007), p. 57.

본다면 '스스로 자신이 억압되는 행위자'임을 인지하게 하고, 북한 여성들이 당하는 일상적 억압에 대한 지각을 시켜주는 것을 의미한다. 이러한 지각의 과정을 통해, 대북정책의 전면 제고 가능할 것이다.

더불어, 대북정책에 예산을 할당할 때에 있어서, 인간안보와 여성안보의 문제를 '인도주의적 지원 사업'으로만 접근할 것이 아니라, '성인지 예산'을 편성하는 것을 고려해볼 수 있다. 이는 시민단체와 정부의 상호협력형으로 진행해도 되고, 정당과 시민사회 및 연구자가 연합하는 연합형으로 진행할 수도 있다. 성인지 예산은 성주류화 전략을 보다 효과적으로 이행할 수 있게 돕는 정책이다. 이와 관련해서는 남아공에서 진행한 WBI(South Africa's Women's Budget Initiative) 프로젝트가 좋은 선례가 될 수 있다. 앞서 언급한 1995년 베이징 컨퍼런스에서 젠더이슈가 붉어지며 영향을 받은 이 사업은, 아프리카 대륙 내의 남아공의 여성 인권을 향상시키기 위해 진행한 성인지 예산의 일환이다. 이때, 미국의 USAID (United States Agency for International Development)와 같은 타국의 공조 및 국제 여성 NGO들의 합동으로 이뤄낸 예산이다. 북한 내의 여성상황을 국제 여성계의 입장에서 함께 접근하며 풀어내는 것 역시 중요하다.

이때에 중요한 점은, 여성이란 행위자가 더욱 많아져야 한다는 전제는 함께 가야 한단 사실이다. 여성의 경험이 정책결정의 장(setting)을 형성하는 데에 필요하기 때문이다.[45] 전재성(2002)은 여성성이 증가된 정책결정과정은 우선 여성의 진출에 의해 이루어진다고 제언한다.[46] 기존의 교류와 같이 단순히 '여성단체 고위직끼리의 만남'과 같은 기존의 행위자 영역에서만 생각할 것이 아니라, 지역 사회를 기반으로 한 여성리더를 양성하는 데로 확장해볼 수 있다.

....

45 허라금, "여성주의 평등 개념을 통해 본 성주류화," 이재경(편), 『국가와 젠더: 성 주류화의 이론과 실천』 (파주: 한울 아카데미, 2010), p. 145.

46 전재성 (2002), p. 171.

부가적인 정책적 보완에 있어 무엇보다 고려해야 할 참고지료는, 다름 아닌 북한이탈여성의 생생한 증언이다. 국내 기존 연구 중 이미경(2006)은 북한 이탈 여성의 안보를 지적하며, 북한이탈여성과의 심층면접을 통해 북한 내 여성의 지위와 역할을 진단하기도 했다.[47] 그 외에도 북한 관련 NGO들은 수많은 북한이탈여성들의 증언을 모아놓았다. 이러한 파편화되어있는 여성들의 증언을 '여성안보적' 시각에서 규합하여 정책에 반영할 필요가 있다.

인식론적 관점에서 '경험'은 주요한 개념이 된다. 티크너에 따르면 페미니스트 연구는 '여성'의 삶이 중요하며, 젠더의 불평등을 유지하는 매일매일의 일상적인 측면이 끄집어내져야 한다는 가정에 기초하고 있다. 이러한 경험적 인식론의 매력은 국가중심적인 안보개념 혹은 다른 집합체에 기초한 안보개념에 의해 소외된 주체를 끌어안는다는 점이다.[48] 페미니즘 IR적 시각으로 조망했을 때, '북한이탈여성들의 경험'은 사회에서 놓인 젠더의 구조와 현황을 파악할 수 있는 좋은 연구적 자료이자 기반이 되어줄 수 있다.

V. 결론

스코트(J. Scott)는 "젠더는 인류 역사상 다양한 영역에서 사회적 불평등을 구조화하는데 중요하고 결정적인 역할을 한다"고 말했다.[49] 구조적으로 자행되는 불평등의 기원을 찾아가는 지점에서, 대북정책의 새로운 패러다임은 시작되어야 한다.

한반도의 경우, 전쟁 후 휴전과 분단의 상황에 놓여 있다는 특수성과 함께, '폐쇄'적인 국가통치제제를 표방하는 북한이 그 내부적으로 국가가부장

....

47 이미경, "탈북여성과의 심층면접을 통해서 본 경제난 이후 북한여성의 지위변화 전망," 『가족과 문화』 제18집 (1)호 (2006).
48 베리 부잔, 레네 한센 저, 신욱희 옮김, 『국제안보론』 (서울: 을유문화사. 2009), p. 320.
49 황영주 (2003), p. 13.

적인 특성을 띠어 여성안보적 위협이 가중되는 이중 특수성을 띠고 있다. 이와 같은 문제의식을 바탕으로, 본 연구에서는 북한 내 여성들의 안보위협을 외면하고 있는 대북정책의 근원적 문제점과 해결책을 강구해보았다.

그 결과, 거시적으로는 정치학과 국제관계학 내에 부재한 '여성'을 발견할 수 있었고, 대북정책의 미시적 특성으로는 '국가 안보' 개념하에 가려진 젠더와 더불어 대북지원정책이 기반하고 있는 접근방식이 여성안보를 전격적으로 보장해줄 수 없는 접근임을 도출해낼 수 있었다.

현재와 같은 남북관계의 경색과 화해모드의 끊임없는 번복 속에서, 보다 구심점을 가지고 다양한 측면으로 북한의 문제에 접근하려는 시도는 필요하다. 무엇보다 외면하면 안 되는 것은 '북한여성의 주변화' 경향이다. 이와 같은 북한 여성의 안보위협을 해소하고 페미니즘적 시각으로 여성안보 문제에 접근하는 것은, 현재 남한 내에 늘어나고 있는 북한 이탈여성들의 원만한 정착과 문화적응을 해결해줄 뿐 아니라, 장기적으로 통일 이후에 한국의 여성정책을 위해서도 필요한 작업이다. 독일의 경우, 급속하게 진행된 통일 과정에서 여성이 주도적으로 참여하지 못한 결과, 통일 이후의 여성정책은 상대적으로 후퇴하는 경향이 나타났다. 동독지역 여성들은 낙태 문제의 처벌조항, 실업 및 탁아 문제, 교육제도의 차이와 같은 다양한 문제점에서 기인한 어려움을 경험하며 사회 변화에 따른 심리적 불안감도 느끼게 된 바 있다. 그리고 통일 후 여성문제는 재정적 문제로 인해 부차적 과제로 나앉아 더 큰 사회적 문제를 야기했다.[50] 현재 북한 여성의 주변화를 고민하고 해결하려는 노력은 추후의 사회적 비용을 절감하는 데에도 큰 실효성이 있을 것이다.

이때에 페미니즘 시각으로 국내외 문제를 조망함에 있어, 가장 유의해야 할 지점 역시 간과해서는 안 된다. 티크너(2004)가 언급한 '집단을 결여

....

50   윤덕희, "통일과정에서 여성의 참여 증진 방안," 『민주평화통일자문회의 59차 여성위원회 자료집』(2005), p. 2.

한 피해자로서의 여성(women as victims who lack agency)'으로서 여성을 바라보는 것은 경계해야 한다는 것이다. 안보 위협을 당한 '피해자로서의 여성'이 아니라, 국가 가부장제 등의 여성억압을 타파하며 '함께 살아가는 여성'으로서 조망할 때, 이 시대의 진정한 여성안보의 보장은 이뤄질 것이다.

참고문헌

강명옥. "북한과 ODA." 전남대학교 세계한상문화연구단 국내학술회의 (2008).

구갑우. 『비판적 평화연구와 한반도』서울: 후마니타스, 2007.

김병남. 『안보란 무엇인가』서울: 한울아카데미, 2011.

김원홍. "북한여성실태 및 향후 대북정책 추진방향." 『한국여성정책연구원 연구보고서』 (2009).

김현경. "탄력성 (resilience) 관점에서 조명한 북한이탈여성의 생애연구." 『젠더와 문화』제4집 2호 (2011).

도경옥 외. 『북한인권백서』서울: 통일연구원, 2016.

박정란, 강동완. "북한의 여성고등교육과 남북한 통합과제." 『국제정치연구』제16집 2호 (2013).

베리 부잔, 레네 한센 저. 신욱희 옮김. 『국제안보론』서울: 을유문화사. 2009.

안정애. "여성. 한반도 정전체제 60년을 말하다." 여성과 정전협정 학술토론회 (2013).

윤덕희. "통일과정에서 여성의 참여 증진 방안." 『민주평화통일자문회의 59차 여성위원회 자료집』 (2005).

이미경. "탈북여성과의 심층면접을 통해서 본 경제난 이후 북한여성의 지위변화 전망." 『가족과 문화』제18집 1호 (2006).

이선미. "여성의 안보와 전지구화된 여성주의 정치학의 관계." 『젠더와 사회』제4집 (2005).

이승윤, 황은주, 김유휘. "북한 공식-비공식 노동시장의 형성과 여성." 『비판사회정책』제48집 (2015).

이재경 외 5인. 『여성학』서울: 미래인, 2007.

전재성. "한반도 안보에 대한 젠더화된 관점에서의 접근." 『아시아여성연구』제41권 (2002).

_____. "인간안보와 여성안보 - 동아시아에서의 여성안보 논의." 『국제관계연구』제11집 2호 (2006).

조영주. "한반도 평화와 남북관계 증진을 위한 여성의 역할." 평화를 만드는 여성회 2010년 12월 포럼 (2010).

티커너, 안 저. 황영주 옮김. 『여성과 국제정치』부산: 부산외국어대학교 출판부, 2001.

모저, 캐롤라인 O. N. 저. 장미경 옮김. 『여성정책의 이론과 실천』서울: 문원출판사, 2000.

이선구 외. "한국 ODA의 효과성 제고를 위한 성인지적 전략." 『한국여성정책연구원 연구보고서』 16호 (2010).

한국청소년상담복지개발원. "성인지 감수성 향상교육." 청소년동반자 보수교육 5차 (2013).

허라금. "여성주의 평등 개념을 통해 본 성주류화." 이재경 편. 『국가와 젠더: 성 주류화의 이론과 실천』파주: 한울 아카데미, 2010.

황영주. "만나기, 뛰어넘기, 새로만들기: 페미니즘 국제정치학에서 안보와 그 과제." 『국제정치논총』제47집 1호 (2007).

_____. "페미니즘 안보연구의 기원. 주장 그리고 분석." 『젠더와 세계정치』제35집 (2013).

_____. "페미니즘 국제정치학." 『한국국제정치학회소식』제105집 (2003).

홍민. "북한여성인권침해." 박선영의원 주최 제26회 정책 세미나 자료집 (2010년 4월 28일).

Ackerly, Brook A. et al. "Faminist methodologies for International Relations." In Brook A. Ackerly, Maria Stern, and Jacqui True. eds. *Feminist Methodologies for International*

Relations. New York: Cambridge University Press, 2006.

Barodia, Shailly. "Gender Sensitization and Education." *International Journal of Interdisciplinary and Multidisciplinary Studies* 2-4 (2015).

Buvinic, Mayra. *Women and Poverty in the Third World*. Baltimore: Johns Hopkins University Press, 1983.

Enloe, Cynthia. "Feminism." In Martin Griffiths. eds. *International Relations Theory for the Twenty-First Century: An Introduction*. UK: Routledge, 2007.

Hooper, Charlotte. *Manly States: Masculinities, International Relations, and Gender Politics*. New York: Columbia University Press, 2001.

Peterson, V. Spike. "Political Identities/nationalism as Heterosexism." *International Feminist Journal of Politics* 1-1 (1999).

Sjoberg, Laura. ed. *Gender and International Security: Feminist*. Perspectives. New York: Routledge, 2010.

Tickner, Jane A. "Hans Morgenthau's Principles of Political Realism: A Feminist Reformulation." *Millennium* 17 (1988).

Weber, Cynthia. "Gender-Is Gender a Variable?" In *International Relations Theory: A Critical Introduction*. UK: Routledge, 2013.

"朴정부 대북 인도적지원 이명박정권보다 훨씬 적어."『연합뉴스』 2016년 09월 25일. http://www. yonhapnews.co.kr/bulletin/2016/09/25/0200000000AKR20160925048900001.HTML (검색일: 2017.01.31)

제2부

동아시아 질서에 대한 사례분석

제6장

이승만의 반공포로 석방에 대한 미국 행정부의 대응: 이승만의 벼랑 끝 전술에 대한 아이젠하워 행정부의 인식을 중심으로

조가은(서울대학교 정치외교학부 석사과정)

I. 서론

이승만이 휴전협정 체결을 사보타주하기 위해 반공포로 27,092명을 석방한 1953년 6월 18일, 백악관에서는 제150차 국가안전보장회의(National Security Council, 이하 NSC)가 예정되어 있었다. 그러나 이날 NSC에서는 원래 예정되어 있던 정기 안건 대신 한국 문제가 안건으로 다루어졌다. 이승만이 왜 반공포로 석방이라는 극단적인 행동을 했는지, 어떻게 대응해야 미국의 안보적 목적을 달성하는 동시에 동맹국들의 요구와 국내 여론을 잠재울 수 있을지에 대한 치열한 논의가 이루어졌지만 쉽게 답은 나오지 않았다. 이 회의는 7월 3일, 휴전협정 체결 이후 한국에 필리핀, 호주, 뉴질랜드의 그것과 비슷한 수준의 상호방위조약을 체결할 것을 지시한 NSC154/1 수정본을 아이젠하워 대통령이 승인한 시점까지 계속된 수많은 논의와 토론의 시작점이었다.

이승만의 반공포로 석방과 한미상호방위조약 체결의 연관성을 다루는 기존의 연구는 미국이 이승만의 반공포로 석방을 벼랑 끝 정책으로서 보았으며, 따라서 이승만과 타협한 것이었다고 정리한다. 차상철은 "미국은 이승만의 발언이 단순히 '허세를 부리는 것(bluff)'에 지나지 않으며, 결국 휴전을 묵인 내지 수용할 수밖에 없을 것이라고 판단하고 있었지만, 동시에 이승만의 강력한 요구를 무조건 무시할 수 없다는 점도 익히 알고 있었다."라고 이승만의 벼랑 끝 전술에 대한 미국의 반응을 요약한다.[1] 그러나 보름간 미국의 정책결정가들은 이승만의 극단적 행동 가능 여부, 타협 가능 여부 등에 따라 이승만의 동의 없이 휴전협정을 체결해버리는 대안, 미국의

....

1   차상철, "아이젠하워, 이승만, 그리고 1950년대의 한미관계," 『미국사연구』 제13집 (2001), p. 134.

위신에 타격을 입더라도 유엔군의 무조건 철군을 시행하는 대안, 유엔군의 철군으로 이승만을 압박해서 휴전협정에 동의하게 하는 대안, 한미 상호방위조약으로 이승만을 회유해 휴전협정에 동의하게 하는 대안 등을 두고 치열하게 논의하고 있었다. 단순히 이승만의 벼랑 끝 전술에 타협했다고 보는 것은 이러한 대안들이 논의된 것을 설명해주지 못한다. 이승만의 동의 없이 휴전협정을 체결한 대안들을 시행하지 않고 이승만과의 대담과 설득, 협박을 통한 회유를 몇 주간 포기하지 않은 것은 결과적으로 미국의 정책 결정 과정에서 이승만과의 타협이 가능하며, 그가 극단적 행동을 하지 않도록 미국이 일방적으로 휴전을 하지 않고 타협을 끌어내야 한다고 인식한 정책결정자들의 역할이 중요했기 때문이라고 볼 수 있다.

이 글은 기존 문헌에서 더 나아가, 외교정책론적 관점에서 한미상호방위조약 체결안의 수립을 설명하고자 한다. 외교정책론을 발전시킨 그래엄 앨리슨은 외교정책의 수립과정에 활용할 수 있는 세 가지 모델을 구분했다.[2] 이는 정부의 행위를 통일된 합리적인 정책으로 이해하는 합리적 행위자 모델, 정부를 구성하는 조직들에 주목하는 조직행태 모델, 그리고 정부 내부의 정치 행위와 과정에 초점을 맞춘 정부 정치 모델이다. 앨리슨은 한 가지 모델에 의존할 것이 아니라, 이 세 모델을 복합적으로 사용해 "설명과 예측을 향상"할 것을 주문한 바 있다. 이승만의 반공포로 석방에 대한 미국의 대응 또한 이러한 외교정책론의 관점을 적용하면 더욱 깊이 있게 살펴볼 수 있다. 이에 본고는 아이젠하워 행정부의 정책 결정 과정에 조직행태 모델을 적용해 외교정책 논의 기구로서 NSC의 중요성에 주목하고, 정부 정치 모델을 적용해 이 구조 내에서 아이젠하워 대통령의 영향력, 그리고 각 행위자가 속한 집단의 입장이 정책에 반영되었음을 확인할 것이다.

이와 같은 통합적 분석을 통해 본 연구는 각 행위자가 문제 인식과 우선 고려요소에 따라 입장을 달리했으며, 이러한 의견 차이는 다시 행정부

....

2   그래엄 앨리슨, 필립 젤리코 저, 김태현 옮김, 『결정의 엣센스』 (서울: 모음북스, 2005).

내 각 행위자의 위치와 의사결정 구조라는 행정부의 구조적 요인에 의해 다른 정도로 반영되었음을 밝힌다. 한미상호방위조약 체결은 이승만의 반공 포로 석방으로 인한 휴전협정의 파훼 위기라는 문제에 대해 정부 정치적 행위자가 비대칭적 정보와 제한된 시간, 불완전한 대안이라는 제약들 속에서 논의와 토론을 거쳐 결정된 것이다. 이러한 정책이 결정된 이유를 파악하기 위해 본 연구는 정책 결정자 수준의 결정요인과 정책 결정 집단 수준의 결정요인을 중심으로 한다.[3] 정책 결정자 수준의 결정요인 분석은 이승만의 벼랑 끝 전술에 대한 아이젠하워 행정부 내의 정책 결정에 중점적인 역할을 한 다섯 명에 대한 주제형 내용분석을 통해 진행되었다.[4] 이로써 각 행위자의 정책적 우선 요소와 이승만의 합리성에 대한 평가를 정리했다. 이어 정책 결정 집단 수준의 결정요인 분석에는 아이젠하워 대통령을 중심으로 한 소규모 정책 결정 집단이 상호 간의 교류를 통해 정책대안을 제시하고 제거하는 과정을 살펴보고 이를 통해 정책 결정자 수준에서의 판단이 각기 달랐음에도 불구하고 행정부 내 논의 끝에 한미상호방위조약 체결이라는 정책이 결정된 이유를 분석했다.[5]

미국 행정부 내에서 이승만의 행위와 의도에 대한 논의는 반공포로 석방 이전에도 계속되고 있었고, NSC 154/1 승인 이후에도 휴전협정이 체결된 7월 27일까지, 또 그 이후에도 행정부 내에서 지속해서 제기되었다. 그러나 본 연구는 미국이 이승만의 반공포로 석방을 '독단적 행위'로서 이전의 '허세'와 질적으로 다른 위협으로 인지했다고 보고 정책 결정 논의의 시작점을 6월 18일로 보았다. 또, NSC 기획위원회 보고서는 대통령의 승인을 걸쳐 각 부처의 집행부로 보내져 정책이 시행된다.[6] 여러 부처가 NSC의 보고

3   남궁곤, "외교정책 결정요인," 김계동 외 저, 『현대외교정책론』 (서울: 명인문화사, 2014).

4   벨러리 허드슨 저, 신욱희 외 옮김, 『외교정책론』 (서울: 을유문화사, 2009).

5   Alexander L. George, *Presidential Decisionmaking in Foreign Policy: The Effective Use of Information and Advice* (Boulder, Colorado: Westview Press, 1980), pp. 81-107.

6   전웅, 『미국의 외교정책은 어떻게 만들어지는가』 (서울: 한올출판사, 2000), p. 220.

서에 자신들의 의견을 반영시키기 위해 신중하게 토론을 하고, 최종 문건을 대통령의 승인한다는 점에서 NSC 154 문건의 수정 및 수정본 승인 시점은 각 정책결정가들의 의견과 인식이 어느 정도 합치되어 아이젠하워 행정부의 한미상호방위조약 체결 결정이 거의 확정된 시점을 보여준다고 판단했다.

본 연구는 다음과 같이 구성된다. 우선 이승만의 벼랑 끝 전술의 본질에 대해 간단히 정리한 후, 미국의 정책 목표가 한국에서의 군사적 연루를 피하는 것이었음을 확인한다. 다음 부분에서는 이 사건의 주요 행위자의 이승만에 대한 인식과 일부의 경우 개인적 우선 요소가 무엇이었는지 파악한다. 본 연구는 반공포로 석방에 대한 대응전략의 결정 과정의 주요 행위자로서 아이젠하워 대통령, 국무부 내에서는 덜레스 국무장관, 극동 담당 차관보 로버트슨, 주한대사 브릭스, 합동참모본부 측에서는 유엔군 사령관 클라크를 중심으로 인식을 살펴볼 것이다. 마지막 부분에서는 미국이 당시 고려한 네 가지의 대안 중에서 결국 한국과 상호방위조약을 체결해 이승만을 회유하는 정책을 시행하게 된 논의과정에 위의 이승만 인식과 우선 요소가 어떻게 영향을 끼쳤는지 살펴볼 것이다.

II. 배경

1. '벼랑 끝 전술'과 이승만의 반공포로 석방

이승만은 한국전쟁 발발 이전부터, 그리고 이후에도 지속해서 북진통일을 주장하며 미국을 긴장시켰다. 6월 18일 0시 반공포로를 석방한 것은 그 연장 선상으로 볼 수 있다. 그러나 이 시점 이승만의 북진통일 정책은 사실 북진을 위한 것이라기보다는 미국의 보호를 약속받기 위한 전략이었다.[7] 이

....

7   이철순, "이승만의 대미외교를 통한 국가생존전략 (1895-1953)," 『한국정치연구』 제21집 (3)호

에 이승만의 반공포로 석방 또한 그의 말처럼 단독 북진의 의도를 가진 것이 아니라 미국으로부터 상호방위조약 체결을 약속받기 위한 것이었다고 볼 수 있다. 데이빗 맥카티에 의하면 벼랑 끝 전술(brinkmanship)이란 "상대를 전쟁의 벼랑 끝까지 밀어붙이지만 실제로 떨어트리지는 않는 것"이다.[8] 즉, 벼랑 끝 전술은 실제로 극단적인 행동을 수행하지는 않을 것이라는 내적인 확신과 상대에게 내가 극단적인 행동을 할 것이라고 믿게 만드는 외적인 확신이라는 두 모순적인 확신이 동시에 충족되어야 하는 복합적인 전술이다. 이승만의 반공포로 석방 또한 실제 의도는 북진이 아니라 미국이 한국과 상호방위조약을 체결하도록 압박하는 것이었다는 점에서 벼랑 끝 전술을 사용한 것이라고 볼 수 있다.

2. 미국의 정책 목표: 군사적 연루 방지

아이젠하워 행정부가 임기 초에 휴전협정 체결에 힘을 쏟은 이유는 미국의 정책적 우선순위가 한국에 더는 군사적으로 연루되지 않는 것이었기 때문이다. 1953년에 취임한 아이젠하워 대통령의 행정부와 직전의 트루먼 행정부를 대조할 때 일반적으로 학자들은 아이젠하워의 정책 기조를 미국 경제 우선 및 핵을 통한 억지 전략이라고 설명한다.[9] 그러나 아이젠하워 대통령이 "한국에 가겠다."라고 선언하며 대통령이 된 것은 한국전쟁으로 인한 비용 때문에 휴전을 강조한 것이 아니라 정전을 요구한 미국 국민을 의식해 더 이상의 미군의 아시아 전쟁 참전을 막고자 한 정책 방향이 우선이었기 때문이라고 볼 수 있다. 이는 의회에서도 어느 정도 공유된 정책 우선

....

(2012).

8   David McCarthy, "H. C. Westermann's "Brinkmanship," *American Art* 10-3 (Autumn, 1996).

9   Ingo Trauschweizer, *The Cold War U.S. Army: Building Deterrence for Limited War* (Lawrence, KS: University Press of Kansas, 2008).

순위였는데, UN 대사인 헨리 로지는 덜레스에게 "해외 군사원조가 [미국의] 인력의 손실을 막지 못한다면, 그러한 원조를 제공할 이유는 없다."고 강조했다.[10] 따라서 적어도 당선 초기 아이젠하워 행정부의 전략적 우선순위는 미국의 경제적 이익이 아니라 휴전협정 체결이라는 공약의 이행과 이후 전쟁이 재발하는 것을 방지하거나, 재발이 불가피하다면 한국에 대한 미국의 책임을 없애 한국문제에 미국이 군사적으로 연루되는 것을 피하는 것이었다고 보아야 한다.

군사적 비용을 우선으로 고려하는 정책은 아이젠하워 대통령이 공화당 후보로 당선되기 이전부터 지속해온 공화당의 주요 기조 중 하나였다. 공화당은 민주당의 트루먼정권이 미국 청년들을 희생해서 얻어낸 경제 특수를 '성과'라고 홍보한다고 비판하며 민중을 자극했고, 이에 "놀라울 정도로 많은 유권자가 당시의 경제적 번영을 '한국에 보낸 우리 아들들의 목숨'과 맞바꾼 것이라고 원망"했다.[11] 이러한 분위기에서 아이젠하워가 '전쟁을 끝낼 수 있는 장군 출신 후보'로서 당선되었기 때문에 군사적 비용, 즉 인명 피해 감소는 경제적 비용지출의 가능성을 고려하더라도 이루어내야 하는 것이었다.

아이젠하워 행정부 초기의 경제후순위 정책은 1953년 7월 2일 진행된 152차 NSC 회의에서 커틀러 비서관이 로지 UN 대사의 편지를 읽으며 "우리는 전 세계 부의 대부분(preponderance)를 가졌지만 전 세계의 6분의 1밖에 되지 않는 인력 밖에" 없으며, "우리가 '목표(cause)'를 위해 싸우는 것이지, 돈을 위해 싸우고 있는 것이 아니다."라는 점을 상기해야 한다고 말한 것에서 확인할 수 있다. 이러한 비서관의 주장에 대해 예산국장인 도지는 법률적인 금전적 문제를 고려해야 한다고 지적했지만, 아이젠하워 대통

....

10 "Henry Cabot Lodge informs Secretary of Defense Charles E. Wilson of the need for foreign troops to serve in Korea," United Nations (23 June, 1953), U.S. Declassified Documents Online, http://tinyurl.galegroup.com/tinyurl/6UmnE8 (검색일: 2018. 5. 7).

11 Ronald J. Caridi, *The Korean War and American Politics: The Republican Party as a Case Study* (Philadelphia: University of Pennsylvania Press, 1968), pp. 205-6.

령은 무기대여법을 비유로 들며 더 중요한 비용은 금전적인 것이 아니라 인력에 대한 것이라고 결론지었다.[12] 자유 진영의 경제력 상승을 냉전 전략의 핵심으로 둔 아이젠하워 행정부의 경제 중심 전략은 한국전쟁 휴전이 확실시되는 시점이었던 1953년 10월 이후에야 정책 논의과정에서 강조되기 시작했다. 이에 10월 30일 논의된 NSC 162 문건에는 소련의 팽창을 방지하는 과정에서 "미국의 경제를 심각하게 악화시키는 것을 막아야 한다"는 언급이 등장하고, 휴전협정 이후인 1954년 미국의 국방예산은 이전보다 27% 긴축되는 것이다.[13] 이러한 경제문제의 등장은 이 시점 이전에는 국제안보에 들어간 금전적 지출에 대한 우려가 정책 결정에서 핵심적인 요소가 아니었음을 반증한다. 이에 금전적 비용을 지출하면서까지 인력의 희생을 막고자 했던 아이젠하워 행정부 초기의 우선순위는 이승만의 벼랑 끝 전술에 대한 대응에도 영향을 끼쳤다고 예상할 수 있다.[14]

III. 아이젠하워 행정부 정책결정자들의 정책 고려 우선 요소와 이승만 인식

다음으로는 반공포로 석방 이후 NSC154/1 수정본이 결정되기까지 논의에 참여한 주요 행정부 행위자의 정책적 우선 요소와 이승만의 행위와 의

....

12 "Discussion at the 152nd meeting of the National Security Council held on 7/2/53," National Security Council (3 July, 1953), U.S. Declassified Documents Online, http://tinyurl.galegroup.com/tinyurl/6Un363 (검색일: 2018. 5. 7).

13 United States National Security Council, *Guidelines Under NSC 162/2 for FY 1956 Political and Military Elements of National Security Policy, DNSA collection: Presidential Directives*, 1954.

14 "U.S. Military Program as of 6/30/53: Chapter IV - Principal effect of Korean Conflict on Military Programs," Department of Defense (30 June, 1953), U.S. Declassified Documents Online, http://tinyurl.galegroup.com/tinyurl/6Umz65 (검색일: 2018. 5. 7).

도에 대한 각 행위자의 인식을 살펴보았다. 정책 결정 과정에 참여한 행위자는 후술한 다섯 명 외에도 많으나, 이 글은 정보수집 또는 정책논의 과정에 주도적으로 참여한 기록이 남아있는 인물들로서 다음 다섯 명에 주목했다. 우선, 반공포로 석방 이후 휴전협정 체결을 위한 상호방위조약 약속에서 아이젠하워 대통령의 역할은 핵심적이었다. 아이젠하워 정권의 위기 대처 과정은 구조적이고 위계적인 구조 아래에서 "다양한 열린 채널과 소통을 통해 자유로운 토론"이 진행되었지만 "결국 대통령이 분명하게 의사결정 구조의 가장 위에" 있었기 때문이다.[15] 다음으로, 아이젠하워 행정부의 정책 결정 과정에서 중요한 역할을 한 것은 국무장관이었다. 아이젠하워 대통령은 임기 초 성명서를 통해 외교 문제에서 국무부가 제1의 위치에 있다고 선언하며 그 중요성을 강조하였다.[16] 국무부의 장관이었던 덜레스는 아이젠하워 대통령의 후보 시절부터 그의 외교정책을 형성하는 데 있어서 핵심적인 역할을 했으며, 반공포로 석방 건에 대해서도 다양한 통로를 통해 의견을 피력했다. 다음으로, 국무부 극동 담당 차관보 로버트슨은 이승만이 휴전협정의 내용에 따르도록 설득하기 위해 미 행정부에서 한국으로 파견한 인물이다. 이후 로버트슨은 이승만과 수차례 면담하며 그를 회유하는 동시에, 이승만의 의도와 행동에 대한 의견을 정부에 지속해서 전달했다.[17] 이와 더불어 정책 결정 과정에 직접 참여하지는 않았지만, 미국 대사로 한국에 있던 브릭스 또한 이승만과 미국 간 연락을 담당하며 이승만에 대한 초기의 인식

....

15 Patrick Haney, *Organizing for Foreign Policy Crises: President, Advisers, and the Management of Decision Making* (Ann Arbor: University of Michigan Press, 2002), pp. 115-6.

16 "Special Message to the Congress on the Organization of the Executive Branch for the Conduct of Foreign Affairs," Dwight D. Eisnehower (1 June, 1953), Online by Gerhard Peters and John T. Woolley, The American Presidency Project, http://www.presidency.ucsb.edu/ws/?pid=9861 (검색일: 2018. 05. 24)

17 "U.S.-ROK relations as it pertains to reaching a truce agreement discussed," Department Of State (23 June, 1953), U.S. Declassified Documents Online, http://tinyurl.galegroup.com/tinyurl/6Umnw0 (검색일: 2018. 5. 7)

형성에 기여했을 가능성이 커 포함했다. 마지막으로 유엔군 사령관 클라크는 한국전쟁 당시 유엔군을 지휘하고 최종적으로 휴전협정에 서명한 인물이다. 이승만은 반공포로 석방 직후 클라크 사령관에게 보내는 편지에서 자신이 명령을 내렸음을 시인하며 이는 아직 자신이 말한 "일방적인 행동"은 아니라고 말했으며,[18] 반공포로 석방 이후에도 아이젠하워 행정부는 클라크의 의견과 보고를 받아 정책을 수립했으므로 중요한 역할을 차지한다고 보았다.

1. 아이젠하워 대통령

아이젠하워는 반공포로 석방 직후 열린 회의에서 "이승만과 그의 지지자들은 계속 싸우고 싶어 한다는 것이 단순한 사실"이라고 강조했다.[19] 즉, 아이젠하워는 이승만의 반공포로 석방의 의도를 다름 아닌 휴전협정 파기를 위함이었다고 인식한 것을 확인할 수 있다. 그는 이 다음날 영국 총리인 처칠이 보낸 서한에 대한 답장을 통해서도 "전쟁이 계속되고 이승만이 여전히 대통령으로 있게 된다면 [우리가] 겪을 곤경에 대한 당신의 분석은 매우 합리적임을 의심할 여지가 없습니다. 사람들이 얼마나 논리, 통계, 심지어 생존에 관심이 없는지 놀라울 지경입니다. 우리는 감정, 편견, 오만으로 살아가는 것입니다."라며 이승만이 이성적이지 않다는 생각을 전했다.[20] 아이젠하워 대통령은 이후 회고록에서도 이승만이 "끔찍한 애국자이기는 하지만 고집불통의 노인"으로 표현하며 이승만에 대한 부정적인 인식을

....

18 *FRUS*, 1952-1954, Vol. XV, Part 2, Korea, 1952-1954, in Edward C. Keefer (ed.), (Washington: Government Printing Office, 1984), Document 607.

19 "Discussion at the 150th meeting of the National Security Council held on 6/18/52," (19 June, 1953), U.S. Declassified Documents Online, http://tinyurl.galegroup.com/tinyurl/6Umi48 (검색일: 2018. 5. 7).

20 Peter G. Boyle (ed.), *The Churchill-Eisenhower Correspondence, 1953-1955* (Chapel Hill & London: University of North Carolina Press, 1990), p. 77.

드러냈다.[21]

아이젠하워는 또한 이승만의 반공포로 석방이 미국과 본인의 국내외적 위신에 끼칠 영향을 우선으로 고려한 것으로 보인다. 그는 6월 18일 회의에서 이승만의 행위에 대해 참석자들에게 설명하며 이와 같은 우려를 가장 먼저 전달했다. 특히 그는 영국 하원에서 반공포로 석방에 대해 매우 격한 반응을 보였고, 석방 직후에 본인은 사실 휴전협정이 완전히 불가능해질 수도 있다는 점에 대해서는 걱정하지 않는다고 말한 것을 통해 그의 우선적인 관심사는 휴전협정 파기가 아니라 대내외적 위신이었다고 짐작할 수 있다.[22] 또, 이승만이 독단적 행동을 하기 전에 클라크 사령관에게 미리 고지하기로 한 이전의 약속을 깬 것은 미국의 국가적 자존심이 걸린 문제라고도 지적했다. 이에 아이젠하워는 '이승만을 비난하는 편지를 보낼 것인지, 그리고 그러한 편지를 공개할 것인지'로 회의 주제를 계속 환기하는 모습을 보였다. 이렇듯 아이젠하워 대통령은 한국에서의 휴전협정 자체보다도 이승만의 독단적 행동으로 인해 영국을 포함한 다른 동맹국들이 미국을 "역사에서 가장 심한 사기꾼"으로 규정할 것을 심각하게 우려하고 있었다. 또한, 아이젠하워 대통령은 국내의 여론에 대해서도 의식했는데, 회고록에서 그는 "미국 국내 여론은 들끓기 시작하였다. 많은 사람들은 진짜 적은 누구냐 하고 반문할 정도였다."라고 강조했다.[23]

2. 미 국무장관 덜레스

6월 18일 반공포로석방 직후 열린 제150차 NSC 회의에서 덜레스는 이

....

21 드와이트 아이젠하워 저, 심상필 옮김, 『아이젠하워 회고록』 (서울: 한림출판사, 1971), p. 129.

22 National Security Council, "Discussion at the 150th meeting of the National Security Council held on 6/18/53," (19 June, 1953), U.S. Declassified Documents Online, http://tinyurl.galegroup.com/tinyurl/6Umi48 (검색일: 2018. 5. 7).

23 아이젠하워 (1971), p. 128.

승만의 행동은 "휴전협정을 그르치려는 최후의 발악인 것이 뻔하며, 그러한 행위가 통하지 않는다는 것을 깨달으면 그만두게 될 것"이라고 제시했다.[24] 이에 덜레스는 이승만에 최대한 강경하게 대응해 "그가 할 수 있는 일은 없다"라는 것을 깨닫게 해야 한다고 주장했다.[25] 이렇듯 덜레스는 이승만의 반공포로 석방을 '허세'라고 분석했다. 그러나 한편으로 그는 한미상호방위조약의 협의 가능성을 파악하기 위해 파견될 로버트슨에게 어떠한 조약이든 "남한 정부가 평화적인 방법으로 통치하는 지역"에 대해서만 해당한다는 것을 강조할 것을 주문한 것을 보아 이승만의 북진정책이 실질적인 것일 것을 대비하고 있었음을 알 수 있다.[26]

정책적 우선순위 면에서 덜레스는 이승만의 행동을 미국의 연루 위협을 증가시킨다는 측면보다는 미국과 UN의 위신을 저해한다는 점에서 비판하고 있다. 덜레스는 국무부 장관으로서 많은 동맹국과 이에 대한 논의를 주고받았는데, 이 과정에서 한국의 행위에 대한 미국의 대응이 동맹들의 안보와 미국 인식에 끼칠 영향을 고려해야 할 수밖에 없었을 것이다.[27] 특히 덜레스는 이승만의 태도를 압박을 통해 바꿀 수 있다고 말하면서도 미국과 UN군 사령부의 "권위"를 인정하지 않았다고 비판하며 이러한 태도를 바로

....

24 "Discussion at the 150th meeting of the National Security Council held on 6/18/52," (19 June, 1953), U.S. Declassified Documents Online, http://tinyurl.galegroup.com/tinyurl/6Umi48 (검색일: 2018. 5. 7).

25 "Special Message to Congress on the Organization of the Executive Branch for the Conduct of Foreign Affairs," (1 June, 1953), Dwight D. Eisnehower (1 June, 1953), Online by Gerhard Peters and John T. Woolley, The American Presidency Project, http://www.presidency.ucsb.edu/ws/?pid=9861 (검색일: 2018. 5. 24)

26 "Discussion at the 150th meeting of the National Security Council held on 6/18/52," (19 June, 1953), U.S. Declassified Documents Online, http://tinyurl.galegroup.com/tinyurl/6Umi48 (검색일: 2018. 5. 7).

27 Department of State, "Dulles reports on conversation with Taiwan Ambassador Dr. Koo regarding the Korean situation," (29 June, 1953), U.S. Declassified Documents Online, http://tinyurl.galegroup.com/tinyurl/6UmsM1 (검색일: 2018. 5. 7).

잡지 않으면 한국과 미국은 "다른 길을 갈 수밖에 없을 것"이라고 말했다.[28] 이후에도 덜레스는 "미국이 한국 때문에 정책을 바꾸게 된다면 미국 내에서 엄청난 비판을 받게 될 것"을 염려하며 이승만의 태도를 바꾸게 하는 것이 중요하다고 지속해서 주장했다.[29] 로버트슨에게 보낸 지침에서도 덜레스는 "[휴전협정 후] 정치회담으로 인해 미국이 UN과 관계가 틀어져 버리게 되는 것은 허용하지 않을 것"이라고 특히 강조하며 UN과 미국의 외교정책 일치의 중요성을 언급했다.[30] 이러한 덜레스의 입장은 이전부터 그의 저서 『전쟁 혹은 평화』 등을 통해서 UN을 활용해 미국의 외교 문제들의 평화로운 해결책을 모색할 가능성에 대해 역설해온 것과 일치한다고 볼 수 있다.[31]

3. 국무부 극동 담당 차관보 로버트슨

한국에 특사로 파견되기 그 이전, 반공포로 석방 직후 로버트슨은 국무부-합동참모본부 회의에서 미국 국회에서 휴전협정 협조를 약속받을 수 있다면 한국과 상호방위조약 체결을 선행할 것을 제안하는 것이 어떻겠냐는 의견이 나왔다는 국무부 차관보의 질문에 대해 "이승만은 이미 아이젠하워 대통령에게 이 제안에 대해서 말했다. 그는 상호방위조약 자체는 환영할 것이지만 휴전에 동의하는 대가로 받지는 못한다고 말했다."라고 전했다. 이어 로버트슨은 방미 중인 백두진 국무총리의 귀국 후에 "휴전협정에 대한 이승만의 태도"를 바꾸게 하는 것이 중요하다고 덧붙였다.[32] 이를 통해 로버트슨은 이승만의 최종 목적은 미국과의 상호방위조약을 체결하는 것이 아

....

28 "Discussion at the 150th meeting of the National Security Council held on 6/18/52," (19 June, 1953), U.S. Declassified Documents Online, http://tinyurl.galegroup.com/tinyurl/6Umi48 (검색일: 2018. 5. 7).

29 FRUS, Document 633.

30 FRUS, Document 626.

31 John Foster Dulles, *War or Peace* (New York: Macmillan Company, 1957), pp. 33-41.

32 FRUS, Document 615.

니라 휴전협정을 저지하는 것이라고 인식했음을 확인할 수 있다. 이후 로버트슨은 24일에 일본을 경유해 한국으로 출발하기 전 이틀간 유엔군 클라크 사령관, 콜린스 육군참모총장, 브릭스 대사 등이 참석한 회의로써 협상을 준비했다. 이 회의록에서 로버트슨과 클라크는 이승만이 태도를 바꾸지 않으면 "UN군을 철수시키겠다고 이승만에게 통보하고, 이를 위해 공산군과 독자적으로 회의를 진행해 철군할 수 있도록 준비해야 한다."라고 의견을 모았다고 보고했다.[33] 그러나 회의의 내용이 구체적으로 작성되지 않아 이 회의를 통해 로버트슨 개인의 이승만에 대한 인식이 변화한 것이라고 보기는 어렵다. 다만 이후 7월 2일에 작성된 보고서에서 로버트슨은 다시 이승만의 행동들은 허세가 아닐 수 있다고 믿으며 "우리가 수행하지 못할 협박은 하지 않는 것이 현명하다."라고 말한 것을 보면 이승만이 휴전협정 저지를 위해 벼랑 끝 전술을 펼치고 있다는 인식이 변화하지 않았다고 볼 수 있다. 특히, 같은 문건에서 로버트슨은 "이승만은 허세를 부리고 있지 않고, 그의 요구는 매우 진지하다는 것"과 "이승만은 감정적이고 비합리적이며 비논리적인 광신도라서 우리의 허세에 맞설 것이다"라고 비난하며 이승만이 극단적 행동을 할 가능성이 있다는 인식을 드러냈다.[34]

　　그러나 한편으로 로버트슨은 이승만의 타협 가능성에 대해서는 긍정적인 견해를 갖고 있었다. 로버트슨은 "이승만의 과격하고 극단적인 발언들은 그가 태도를 바꾸는 것을 어렵게 한다."라고 평가했다. 또, 이승만이 자신에게 "당신은 물에 빠진 사람에게 손을 내미는 사람이오. 우리가 빠져나갈 길을 찾게 도와주시오."라고 말했다고 전하며 "나는 이승만이 체면을 유지하면서 그의 태도를 바꾸어 논리적으로 표명할 방법을 찾고 있다고 확신한다"라고 평가했다.[35] 즉, 이승만과의 면담 이후 로버트슨은 이승만이 실제로 단

....

33　FRUS, Document 635.
34　FRUS, Document 654.
35　FRUS, Document 639.

독 북진을 할 의사는 아니었다고 생각을 바꾸었다. 이 평가를 한 이틀 후 이 승만이 휴전협정에 동의하는 조건으로 90일 이내에 "중공군을 한반도에서 철수시키고, 유일한 합법 정부하에 재통일을 한다는 공동의 목표를 달성"하지 못하면 한미 양국은 군사적 수단으로 통일을 하는 군사작전을 재개한다는 내용을 비망록에 포함했다.[36] 이에 로버트슨은 이승만이 광신자라고 비난하면서도 "그와의 협력은 여전히 가능하며, 다만 그를 미는 것(pushed)뿐만 아니라 길을 지도해줄(led) 필요가 있다"라고 평가한 것을 보면 이승만의 타협 가능성에 대한 로버트슨의 인식은 확고했음을 알 수 있다.[37] 이후에도 로버트슨은 그의 7월 3일 비망록에 이승만이 승인하지 않는다면 협상을 포기하고 귀국을 준비하라는 국무부의 명령을 받은 직후의 면담에서 이승만이 승인을 보류했음에도 불구하고 이를 "지금까지의 대화 중 가장 생산적이고 긍정적이었다"라고 평가하고, 협상을 계속했다.[38] 이에 따라 로버트슨은 이승만이 타협 가능한 인물이라는 인식에 확신이 있었다고 볼 수 있다.

4. 주한미국대사 브릭스

미국 대사로 한국에 있던 브릭스 또한 이승만과 미국 간 연락을 담당하며 정책 결정에서 중요한 역할을 차지했다. 브릭스는 반공포로 석방 직후 이승만을 비난하는 덜레스의 편지를 전하며 이승만의 진위를 파악하고자 했고, 그 결과 이승만의 의도에 대해 이승만이 "반공포로를 석방하기 전에 그 결과를 신중히 예상했다는 인상을" 받았다고 전했다.[39] 브릭스는 이 대담에서 이승만이 자신에게 미국이 휴전한다면 한국은 미국과 "어쩔 수 없이 헤어져야 함을" 분노보다는 슬픔을 담아 누차 강조했다고 표현한다. 또,

....

36 FRUS, Document 644.
37 FRUS, Document 649.
38 FRUS, Document 661.
39 FRUS, Document 616.

이승만은 한국의 그러한 행위가 "자살행위라고 할지라도, 자살하는 것도 우리의 특권이다"라고 말했다. 이러한 이승만의 입장을 확인한 이후 브릭스는 이승만의 반공포로 석방은 미국과의 협상을 겨냥한 허세가 아니라 "중공군의 퇴진을 보장하지 않는 휴전협정을 그르치게 하려는 것"이 목표라는 평가를 하게 된다. 이어 브릭스는 미국이 협정을 강행한다면 UN군에서 한국군을 퇴진시킬 것이라는 이승만의 발언과 서한들을 그의 반공포로 석방 행위와 함께 비추어 판단해야 할 것이라는 우려를 전했다. 이를 통해 브릭스는 이승만의 반공포로 석방의 실제 의도가 휴전협정을 방해하는 것이며, 타협이 어려울 것이라는 입장을 가졌다고 수 있다.

이에 브릭스는 이승만의 목적은 타협 가능하지 않은 것이기 때문에 그를 제어하지 못한다면 제거할 수밖에 없다는 의견을 피력했다. 그는 "이승만의 동기는 진지하고, 애국심에 바탕을 두고 있다고 확신하지만, 이승만이 굴복하지 않는다면 그를 제거할 수 있는 과감한 조처를 해야 할 단계에 왔으며, 그런 조치를 하지 않은 채 다시 휴전협정을 주워 담는 과정에서 이승만이 또 한 번(어제 그가 그럴 것이라고 말한 대로) 막무가내로 나오는 것은 용납할 수 없다"라고 말했다. 즉, 브릭스는 이승만이 논리적인 타협이 불가능한 상대라고 보고 있었던 것이다.[40]

5. 유엔군 사령관 클라크

유엔군 사령관 클라크는 한국전쟁 당시 유엔군을 지휘하고 최종적으로 휴전협정에 서명한 인물이다. 이승만은 반공포로 석방 직후 클라크 사령관에게 보내는 편지에서 자신이 명령을 내렸음을 시인하며 이는 아직 자신이 말한 "일방적인 행동"은 아니라고 말했다.[41] 반공포로 석방 이후에도 아이

....

40   FRUS, Document 619.
41   FRUS, Document 607.

젠하워 행정부는 클라크 장군의 의견과 보고를 받아 정책을 수립했다. 클라크 사령관은 남은 8600여 명의 반공포로를 감시해야 하는 처지였기 때문에 이승만의 반공포로 석방 직후에는 또다시 석방을 시도할 것을 우려하는 태도를 보였다. 석방 다음 날 클라크는 합동 참모 본부에 긴급 서한을 보내 한국군이 오늘 밤 반공포로 석방을 다시 시도할 가능성이 크다며 달리 명령이 하달되지 않는다면 미군이 열세이므로 극심한 유혈사태를 방지하기 위해 이에 무력으로 대응하지 않겠다는 방침을 전했다.[42] 이처럼 클라크는 반공포로 수용소를 지키는 UN군 병력이 국군보다 현저히 적고, 이 사실을 한국측도 알고 있으므로 남은 반공포로 석방 시도가 자행될 가능성이 크고, UN군은 이를 막을 수 없을 것이라고 지적했다.

반공포로 추가 석방에 대한 클라크의 우려가 그의 정책제안에도 영향을 끼쳤을 것은 분명하다. 그러나 이와 같은 우려와 별개로, 클라크 사령관은 이전부터 이승만의 발언들이 '허세'일 뿐이며, 이승만은 마지막 순간까지 허세를 계속 부리겠지만, 결국은 행동하지 않을 것이라고 주장해왔다.[43] 이승만의 태도가 허세이며, 압박을 통해 이성적으로 타협할 수 있다는 클라크 사령관의 인식은 이승만과 면담한 후에도 계속되었다. 6월 22일에 합동 참모 본부에 보낸 보고서에서 클라크는 이승만은 "매우 긴장한 듯 보였고, 밤새 잠들지 못했다고 말했으며, 극심한 스트레스를 받는 것 같았다. 그를 최근에 만났던 테일러 사령관은 어쩌면 그가 자신의 극단적인 행위에 대한 세계의 반응을 이제야 체감하고 있는 것일 수도 있다고 말했다."라고 설명하며 이승만이 반공포로 석방을 후회하고 있는 것 같다는 생각을 내포했다. 또, 그는 "이승만은 한국이 휴전협정에 서명하는 것은 곧 분단을 받아들이는 것을 의미하므로 불가능하지만, 지지하는 것은 가능하다고 말했다. 나

....

42 FRUS, Document 613.

43 James F. Schnabel and Robert J. Watson (eds.), *History of the Joint Chiefs of Staff, The Joint Chiefs of Staff and National Policy, Volume III, 1951-1953, Part 2, The Korean War* (Washington: Office of Joint History, 1998), pp. 221-32.

는 이 마지막 부분이 중요하다고 본다."라고 전하며 이승만의 타협 가능성에 주목했다.[44]

이와 더불어 클라크 사령관은 이승만의 벼랑 끝 전술에 대해서 미국의역 벼랑 끝 전술만이 이승만에게 적절한 압박을 가할 수 있다고 지속해서 주장했다. 이승만의 초안에 로버트슨과 협의한 내용이 포함되지 않자 클라크는 "우리가 한국에서 철수할 것이라고 이승만이 믿지 않는 것이 분명하다. 하지만 우리는 철수할 것이라고 이승만에게 확실하게 협박할 수 없으므로 이승만의 협조를 얻어내는 유일한 방법은 우리의 제안이 최후의 타협안이었으며 이를 받아들이지 않더라도 휴전협정을 속결할 것이라고 말하는 것이다."라고 판단했다. 7월 2일 회의에서 클라크 사령관은 "이승만은 [미국] 정부가 그에게 우리가 제시할 수 있는 최대한의 타협안을 제시했다는 것을 분명하게 하지 않으면 끝까지 허세를 부리고, 시간을 벌고, 우리를 부끄럽게 하고, 휴전협정을 방해할 것이다."라고 비판했다. 이어 그는 이승만이 어디까지 타협을 할지는 확실하지 않지만, 그의 태도는 분명 허세이므로 최대한 빨리 이승만이 아이젠하워 대통령이 최대한의 타협을 제시하고 있다는 것을 깨달아야 한다고 덧붙이며, 최선의 방침은 미군이 실제로 철수할 의도가 없음에도 이승만에게는 철수할 것이라고 믿게 하는 것이라고 결론지었다.[45]

표 1 행위자별 인식 비교

	이승만의 추가적인 극단적 행위 가능성 인식	이승만 타협 가능성 인식	군사적 연루 방지 외 정책 고려 우선 요소
아이젠하워	할 것.	–	미국의 위신
덜레스	하지 않을 것.	가능	미국의 위신
로버트슨	할 것.	가능	–
브릭스	할 것.	불가능	–
클라크	하지 않을 것.	가능	–

....

44   FRUS, Document 623.
45   FRUS, Document 654.

정리하자면 이승만의 반공포로 석방에 대해서 아이젠하워 대통령, 덜레스 국무장관, 로버트슨 차관보, 브릭스 대사, 클라크 사령관 모두 이승만의 행동은 휴전협정을 저해하기 위한 것으로 생각하였다. 그러나 이승만의 추가적인 극단적 행위 가능성에 대해서 아이젠하워와 로버트슨, 브릭스는 이승만이 비이성적이거나 극도로 감정적이기 때문에 미국이 강경하게 대응하더라도 극단적인 행위를 지속할 수 있다고 인식했지만, 덜레스와 클라크는 이승만이 허세를 부리고 있는 것이며, 미국이 단호한 대응을 하면 이승만이 국가적 자살행위를 하지 않을 것이라고 보았다. 또한, 이승만의 타협 가능성에 대해 덜레스, 로버트슨과 클라크는 그 방법에 대한 생각은 달랐지만 공통으로 타협은 가능하다고 본 반면, 브릭스는 불가능하다고 보았다. 이러한 각 행위자의 우선순위 요소와 인식은 정책 결정 과정에서 각 대안에 대한 지지와 반대를 규정하는 중요한 요소로서 작용했다.

IV. 네 가지 대안 중 한미상호방위조약 체결안 결정 과정에서 인식의 발현

이 시기 미국의 정책결정자들은 무엇보다 한국에서 더 이상의 미군 희생을 막고자 했고, 휴전은 그 목적을 명예롭게 달성할 방법으로써 추진되고 있었음을 다시 한번 상기하고자 한다. 따라서 이승만의 주장에 동의해 휴전협정을 포기하고 북진을 지속하는 방침은 논의되기는 하였어도, 이러한 방안에 무게가 실리지 않았다.[46] 한편, 여러 행위자가 다양한 대안을 내놓았지만, 이승만의 의도와 행동, 그리고 공산 진영의 행보를 예측하기 어려운 상황에서 대안들에 대한 논의는 길어질 수밖에 없었다.[47] 이승만이 반공포로

....

46   Dulles (1957), pp. 24-5.

47   일례로 국무부의 초기 논의 중 "최후통첩: 정해진 시일까지 신뢰할만한 남한의 정부가 휴전

를 석방한 직후부터 NSC154/1 수정안이 확정된 7월 3일까지 중점적으로 논의된 대안들은 크게 네 가지로 정리할 수 있다. 첫 번째 방안은 이승만의 동의와 상관없이 공산군과 독자적인 협의를 통해 휴전협정을 체결하는 것이었고, 두 번째 방안은 휴전협정을 포기하고 한국에서 미군을 철수하는 것이었다. 이어 세 번째 방안과 네 번째 방안은 각각 역허세로써 압박과 상호방위조약으로써 회유를 통해 이승만과 타협해 휴전협정을 체결하는 것이었다. 각 정책에 대한 행정부 내 행위자의 찬반은 표 2와 같다.

후술하듯, 이와 같은 평가는 앞에 정리한 각 행위자의 인식으로 규정되었다. 우선, 첫 번째 안의 찬반 의견은 이승만이 추가적인 극단적인 행위를 할 것인지에 대한 행위자의 평가와 일치한다. 이에 이승만이 허세를 부리고 있지 않는다고 판단한 아이젠하워와 로버트슨은 첫 번째 안에 반대하고, 이승만이 허세를 부리고 있다고 본 덜레스와 클라크는 이 안을 찬성했다. 다음으로, 미국의 위신을 중요시한 아이젠하워와 덜레스는 이 목적을 해칠 수 있는 2안에 반대했고, 이에 별다른 의견을 갖고 있지 않은 다른 행위자들은 이들의 의견을 반대 없이 수용하는 집단사고의 발현이 발견된다. 이후 이승만과 타협을 할 수 있다는 인식이 주도적인 상황에서 3안과 4안이 논의되었다. 이때, 두 안에 대한 평가에서 이승만의 추가적인 극단적 행위 가능성에 대한 인식에 따라 이에 동의하지 않는 클라크는 3안을, 동의하는 아이젠하워와 로버트슨은 4안을 지지했다.

....

에 동의하거나, 그렇지 못할 경우 유엔군을 부산 근방까지 후퇴시킨다."라는 결론에 대해 한 회의 참석자는 "끔찍함 (Very bad)"이라고 필기했다. "Major objectives of U.S. regarding Korea," White House (20 June, 1953), U.S. Declassified Documents Online, http://tinyurl.galegroup.com/6UmkR7 (검색일: 2018. 5. 7).

표 2. 각 대안에 대한 행위자의 찬반 평가[48]

	1안 공산군과 독자적 휴전협정 체결	2안 무조건 철수	3안 역허세: 이승만 압박	4안 상호방위조약 체결
아이젠하워	반대	반대	반대	–
덜레스	찬성	반대	*	*
로버트슨	반대	–	반대	찬성
브릭스	–	–	–	–
클라크	찬성	–	찬성	–

1. 공산군과 독자적인 휴전협정 체결안

이승만의 동의 여부와 관계없이 휴전협정을 체결하는 방향은 반공포로 석방 이전에도 미국 정책결정자들 사이에서 추진되고 있었다.[49] 따라서 반공포로 석방 이후에도 일각에서는 이를 무시하고 휴전협정에 체결해야 한다는 안건을 제시했다. 클라크 사령관은 반공포로 석방 직후 휴전협정에 서명해야 한다고 JCS에 제안하며 휴전협정을 체결해 버린다면 이승만에게 휴전협정을 "기정사실(*fait accompli*)로서 받아들이게" 하고 이후 정책 논의해야 한다고 주장했다.[50] 이승만의 반공포로 석방은 허세이며, 미국이 이를 무시하면 이승만도 어쩔 수 없을 것이라는 인식이 바탕이 된 것이었다. 역시 이승만이 허세를 부리고 있다고 생각한 JCS 사령관들은 "휴전협정을 체결해봐야 이승만이 이를 지킬지 안 지킬지 확인할 수 있다"라며 협정을 체결하자고 주장하는 모습을 보인다.[51] 덜레스 국무장관 또한 이승만은 허세를 부리는 것이므로 휴전협정을 추진하면 어쩔 수 없이 받아들일 것이라는

....

48 3, 4안이 논의된 제152차 NSC 회의 당시 덜레스는 휴가로 불참했다.
49 Schnabel and Watson (1998), p. 227
50 Schnabel and Watson (1998), p. 236
51 Schnabel and Watson (1998), p. 236

의견이었다.

그러나 이 안은 받아들여지지 않았다. 독자적 휴전협정 체결안의 가장 큰 문제는 휴전협정을 체결한 이후 이승만이 유엔군 관리 아래에서 국군을 빼내어 다시 전쟁을 일으킬 가능성을 배제할 수 없다는 것이었다. 이승만과 상의 없이 미국이 중국, 북한과 휴전협정을 맺더라도 이승만이 다시 전쟁을 시작하면 미국은 그대로 연루될 것이 뻔하기 때문이다. 따라서 이승만이 독단적인 행동을 할 것으로 예측하는 정책결정자들의 우려로 이 정책은 결국 시행되지 않았다. 정책을 논의하는 와중에 로버트슨은 "이승만이 휴전협정이 체결되면 35만 명에 달하는 한국군을 유엔군 산하에서 빼내고 휴전협정을 준수하지 않겠다고 천명하고 있는데 뭘 믿고 휴전협정을 하려고 하는지 모르겠다"라며 이러한 견해를 대변했다.[52] 이승만이 비이성적이라고 인식한 아이젠하워 대통령의 경우 이승만과 협상을 한 후에 휴전협정을 맺은 후에도 "이 대통령과 공산주의자들 사이에 조성된 불신과 적개심은 너무나 강하였으므로, 나는 설사 휴전이 성립되더라도 평화를 위해 어느 정도의 구실을 하게 될는지 자못 의심스러웠다"라고 평가하며 휴전협정의 실효성을 판단하는 데 있어서 이승만의 태도에 대한 인식이 중요했음을 보여주고 있다.[53] 특히 한국 측의 휴전협정 준수는 반공포로 석방 직후 공산 측 협상자들이 지속해서 제기한 문제였기 때문에 이승만이 극단적인 행동을 할 수 있는 사람이라는 정책 결정가들이 우려를 표하고 있는 이상 이 안은 시행될 수 없었다.[54]

....

52   FRUS, Document 615.

53   아이젠하워 (1971), p. 122

54   Mark W. Clark, *From the Danube to the Yalu* (Rutland, Vermont & Tokyo: Charles E. Tuttle Co., 1954).

2. 무조건 철수안

독자적 휴전협정 체결안과 동시에 논의된 것은 한국에서 미군을 철수하는 안이었다. 이는 1안과 함께 철수하는 것, 즉 이승만 없이 체결된 휴전협정에 이승만이 예고한 대로 독단적인 행동을 할 경우 미군을 철수하는 안, 혹은 따로, 즉 휴전협정을 체결하지 않은 채 한국에서 철수하는 안을 둘 다 포함하고 있었다. 미국은 특히 사령관들을 중심으로 이 안을 진지하게 검토하고 있었다. 군사적 갈등이 시작될 경우 한국에서 철수해버리는 무조건 철수 안은 이승만의 협조 여부가 불확실한 상황에서 최소한의 군사적 희생으로 미국이 한국에서 벗어나는 방안이었다. 제150차 NSC 회의에서 아이젠하워 대통령 또한 "필요하다면 심각한 피해 없이 미군을 철수할 수 있을 것"이라고 설명하고 있다.[55]

그런데도 미국은 이 안을 일찍부터 포기하는 모습을 보인다. 국무부-JCS 회의에서 참가자들은 아이젠하워 대통령이 무조건 철군에 반대하는 뜻이 강하기 때문에 철군은 불가능하다는 점을 언급한다.[56] 아이젠하워는 회고록에서 "공산주의자들에 대해여, 미국이 한국에서 손을 뗄지도 모른다는 인상을 주어서는 안 되는 것이었다. 그러한 결과는 중공에 대한 항복을 의미하며, 그들이 3년 동안이나 싸우며 노력해 온 모든 것을 은접시에 담아서 고스란히 내어 주는 격이 되는 것이었다."라고 표현했다.[57] 대통령국가 안보 특별 보좌관 커틀러 또한 이승만에 대한 확실한 제재 없이 철군하는 것은 미국의 동맹국과 국내 여론에 심각한 영향을 끼칠 것이라는 의견을 내비쳤다. 즉, 협정을 체결하지 않고 군사를 철군해버리는 것은 미국의 국제적

....

55 "Discussion at the 150th meeting of the National Security Council held on 6/18/52," (19 June, 1953), U.S. Declassified Documents Online, http://tinyurl.galegroup.com/tinyurl/6Umi48 (검색일: 2018. 5. 7).

56 FRUS, Document 615.

57 아이젠하워 (1971), p. 128

위신을 중요하게 생각한 아이젠하워 대통령에게 대공산 전략 면에서나, 동맹국 관리 면에서나 시행할 수 없는 전략이었던 것이다.

3. 역허세 전략: 이승만 압박안

반공포로 석방을 둘러싼 미국의 정책 결정 과정이 막바지에 다다랐을 때는 이승만을 압박 혹은 회유를 통해 남한이 독단적 행동을 하지 않을 것이라는 약속을 받아내어 휴전협정을 체결하는 방안이 중심적으로 논의되었다. 그러나 그러한 약속을 어떻게 얻어낼 수 있을지에 대해서는 의견이 갈렸다. 클라크, 협상전문가로 파견된 머피, 국방부를 중심으로는 미군의 철수를 인질로 이승만에게 역으로 허세를 부려야 한다는 전략이 추진되었고, 반대로 특사로 파견된 로버트슨은 그러한 압박은 소용이 없고, 상호방위조약 등의 당근을 활용해 이승만을 설득해야 한다고 보았다. 전자인 역허세 전략은 초반부터 언급은 되었지만, 특히 키이스 국방부 부장관이 7월 2일 클라크에게 "이승만은 우리가 태도를 바꾸거나 더 많은 타협을 얻어낼 수 있다고 생각하는 한, 끝까지 허세를 부리고 미룰 것이다. 현재 가능한 최선의 방안은 이승만과 주변 정책수립자들에게 한국이 휴전협정 체결을 사보타주 한다면 우리가 한국에서 철수할 것이라는 메시지를 전달하는 것"이라고 제안한 것을 전후로 적극적으로 검토되었다.[58] 이에 클라크는 답신을 통해 본인은 이승만이 허세를 부린다고 확신했고, 따라서 키이스의 제안처럼 최대한 이른 시일에 이승만이 더는 자신의 허세가 통하지 않을 것이라고 깨닫게 하는 것, 즉 강경한 태도로 일관하는 것이 중요하다고 보았다.

그러나 이러한 클라크의 판단과 달리 협상에 나선 로버트슨은 이승만이 허세를 부리는 것이 아니므로 강경한 대응만 하는 것은 효과가 없다고 의

....
58   FRUS, Document 658.

문을 제기했다.[59] 이에 이승만의 협상이 신속히 진행되지 않자 국무부는 로버트슨에게 아직까지 이승만이 협조하지 않는다면 협상을 포기하라고 하달했음에도 불구하고 로버트슨은 이승만과의 타협이 가능하다고 보고 협상을 지속했다. 또한, 앞에서 보았듯 미국은 미군을 먼저 철수하는 방안을 시행할 수 없다고 판단하고 있었다. 이러한 정책적 제약은 미국이 역허세 전략을 펼치는 데에 제한을 줄 수밖에 없었다. 다시 벼랑 끝 전술에 대한 설명으로 돌아가자면, 미국의 역허세 전략이 성공하려면 이승만으로 하여금 미국이 정말 철군해버릴 것이라고 설득하는 것이 핵심이었는데, 정책회의 초기부터 "미국이 실제로 철군을 할 수도 있다는 방침을 준비하지 않는 한 우리의 정책적 능력은 심각하게 제한된다"라고 느끼고 있었음을 알 수 있다.[60] 로버트슨 역시 이승만은 미국 측의 협박을 허세로 보고 극단적 행동을 할 수 있다고 평가했다.[61] 이와 같은 정책결정자들 간의 이승만 인식 차이 때문에 역허세 전략이 현저히 제한되었다.

4. 한미상호방위조약 체결 안

6월 18일에 로버트슨 차관보가 정책결정자들에게 휴전협정이 체결되기 이전에 한국에 상호방위조약을 체결해주는 대안에 대해서 어떻게 생각하느냐고 물었을 때 던컨 대령은 군사적 연루 위험성을 이유로 그것은 불가능한 대안이라고 단언했다.[62] 그러나 2주 후 미국은 한국에 상호방위조약을 약속하고, 아이젠하워 대통령과 덜레스 장관이 상원 지도부를 만나 한미상호방위조약이 국회에서 신속히 비준해줄 것을 약속받기에 이르렀다. 미국이 결과에 도달하는 데에는 미국의 정책 결정 과정에서 정책결정자들이 여러 이

....

59   FRUS, Document 654.
60   FRUS, Document 615.
61   FRUS, Document 654.
62   FRUS, Document 615.

유로 다른 안들이 부적합하다고 평가한 것에 더불어, 한국에서 직접 협상에 나선 로버트슨의 이승만을 압박보다 협상해야 하며, 이러한 타협이 가능하다고 한 인식이 핵심적이었다.

7월 2일, NSC 154/1가 확정된 제152차 NSC 회의에서 아이젠하워를 비롯한 정책결정자들은 이승만의 성격과 목적에 대한 로버트슨의 '통찰력 있는(discerning)' 평가를 공유했다. 이에 아이젠하워 대통령은 미군의 철군으로 협박하는 것은 이승만에게 통하지 않을뿐더러 미국은 철군을 실제로 할 수 없다고 한탄했다.[63] 결국, 다른 대안이 삭제된 상황에서, 이승만이 회유를 통해 타협 가능하다는 로버트슨의 입장이 공유되어 미국은 이승만을 회유해 한미상호방위조약을 체결하기에 나선 것이다.

V. 결론

본 연구의 목적은 외교정책론적 관점에서 반공포로 석방이라는 이승만의 벼랑 끝 전술이 미국의 한미상호방위조약 체결 약속이라는 타협안으로 이어진 이유에 대해 살펴보는 것이었다. 미국의 정책 목표는 군사적 희생의 최소화를 위해 한국에서의 연루를 방지하는 것이었음에도, 정책 논의과정에서 제시된 네 가지 대안은 이 목표를 각기 다른 정도로 이룰 수 있는 것들이었고, 실제로 선택된 정책은 즉각적으로 한국에의 지원을 중단할 수 있는 안들이 아닌, 한국 유사시 미국이 개입해야 하는 상호방위조약 체결안이었다. 본 연구는 이 대안이 결정된 과정 중 정책결정자들의 다양한 인식과 대통령을 중심으로 한 수직적 논의구조와 NSC의 구성 등 구조적 요소가 핵심

....

63 "Discussion at the 152nd meeting of the National Security Council held on 7/2/53," National Security Council (3 July, 1953), U.S. Declassified Documents Online, http://tinyurl.galegroup.com/tinyurl/6Un363 (검색일: 2018. 5. 7).

적인 역할을 했다고 본다.

우선 이 논문은 미국의 한국 정책을 형성한 주요 인물들인 아이젠하워 대통령, 유엔군 클라크 사령관, 국무부 극동 담당 로버트슨 차관보, 브릭스 주한대사 등이 이승만의 이후 계획이 허세라고 생각했는지 아니면 실제로 극단적인 행동을 할 여지가 있다고 판단했는지, 나아가 이승만과 타협을 할 수 있다고 생각하였는지, 정책 결정 과정에서 군사적 연루 외에 중요하게 생각한 고려 요소가 있었는지에 대해 1차 사료와 자서전을 중심으로 파악하였다. 아이젠하워와 브릭스, 로버트슨은 이승만이 극단적 행동을 할 수 있다고 판단했지만, 덜레스와 클라크는 이승만이 허세를 부리고 있다고 보았다. 또한, 이승만과의 타협 가능성에 대해서 덜레스와 로버트슨, 클라크는 가능하다고 보았으나, 브릭스는 불가능하다고 인식했다. 추가로 덜레스와 아이젠하워는 미국의 국내외적 위신과 평판을 중요하게 생각하고 있었음을 확인했다. 이를 통해 이승만의 의도 및 합리성 인식이 미국 정책 결정자들 간 통일되지 않았다는 점을 확인할 수 있다.

이어 이 논문은 행정부 내에서 제시된 안건들의 논의과정을 분석함으로써 다음과 같은 정책 결정요소를 밝혔다. 우선, 이승만의 허세 여부에 대한 행위자의 판단에 따라 첫 번째 안인 공산군과 독자적 휴전협상 타결안에 대한 찬반 의견이 갈렸다. 이에 이승만이 추가로 극단적인 행위를 할 수 있다는 우려로 첫 번째 안이 폐기되었다. 다음으로, 무조건 철수안의 논의에서는 아이젠하워 행정부의 수직적 구조는 미국의 연루방지라는 당장 목적보다 미국과 대통령 본인의 위신이라는 아이젠하워의 우선적인 결정요소가 다른 행위자의 의견을 압도하며 두 번째 안이 폐기되는 집단사고가 발현되었다. 마지막으로, 이승만이 타협 가능하다는 인식이 지배적이었으므로 이를 성공시키려는 타협방안에 대한 토론이 진행되었다. 이에 압박, 즉 '역허세'안과 회유, 즉 한미상호방위조약 체결안이 각각 국방부와 국무부 행위자들에 의해서 제시되었으나, 결과적으로는 문제해결을 위해 한국에 파견된 로버트슨이 이승만을 가장 정확하게 판단하고 있다고 인정받음으로써 그가 지지한 한미상호방위조약 체결안이 정책 방향으로 결정되었다.

벼랑 끝 전술은 실제로는 극단적인 행위를 할 의도가 없지만, 상대방은 행위자가 극단적인 행위를 할 수 있다는 인식을 심어주어야 하는 복합적인 전술이다. 미국이 몇 년간 미룬 한미상호방위조약을 두 달 안에 가조인 받았다는 점에서 이승만의 반공포로 석방은 성공적인 벼랑 끝 전술로 평가받는다. 이러한 사실에 기초해서 아이젠하워 행정부 내에서 미국 내에서 이승만이 미국을 껴안고 벼랑 끝으로 떨어질 수 있다고 인식하였다고 정리하기 쉽다. 그러나 미국 내 다양한 정책결정자들이 이승만의 의도와 미국이 취해야 할, 혹은 취할 수 있는 정책에 서로 다른 생각을 품고 있었으며, 이러한 다양한 인식이 논의과정을 거쳐 미국이 다양한 대안 중 최종적으로 벼랑 끝 전술에 타협하게 하였다는 점을 확인한다면 행정부의 의사결정과정에서 구조적, 인식적 요소의 중요성을 조명할 수 있다.

참고문헌

1차 자료

『이승만 대통령: 영문서한 번역집 I』행정안전부 국가기록원 대통령기록관 연구서비스과 편. 성남: 대통령기록관, 2012.

Boyle, Peter G. ed. *The Churchill-Eisenhower Correspondence, 1953-1955*. Chapel Hill & London: University of North Carolina Press, 1990.

Foreign Relations of the United States, 1952-1954, Volume XV, Part 2, Korea, 1952-1954. Edward C. Keefer. ed. Washington: Government Printing Office, 1984.

DNSA collection: China and U.S. Intelligence, 1945-2010. United States Central Intelligence Agency Directorate of Intelligence Office of Current Intelligence. *Prospects for an Effective Truce in the Korean War* 1953. https://search.proquest.com/docview/1679100319?accountid=6802.

DNSA collection: National Security Agency: Organization and Operations, 1945-2009. United States Central Intelligence Agency Directorate of Intelligence Office of, Current Intelligence. 1953. *Latest developments at Panmunjom*. https://search.proquest.com/docview/1679085132?accountid=6802.

DNSA collection: Presidential Directives. United States National Security Council. *Guidelines Under NSC 162/2 for FY1956 Political and Military Elements of National Security Policy* 1954. https://search.proquest.com/docview/1679085307?accountid=6802.

U.S. Declassified Documents Online. http://tinyurl.galegroup.com.

2차 자료

그래엄 앨리슨, 필립 젤리코 저. 김태현 옮김.『결정의 엣센스』서울: 모음북스, 2005.

김계동 외.『현대외교정책론』서울: 명인문화사, 2014.

아이젠하워, 드와이트 저, 심상필 옮김.『아이젠하워 회고록』서울: 한림출판사, 1971.

이완범. "한국 정권교체의 국제정치: 1950년대 전반기 미국의 이승만 제거계획, 후반기 미국의 이승만 후계체제 모색과 1960년 4월 이승만 퇴진."『세계정치』제28집 제2호(2007).

이철순. "이승만의 대미외교를 통한 국가생존전략 (1895-1953)."『한국정치연구』제21집 제3호 (2012).

이혜정. "한미동맹 기원의 재조명: 한미상호방위조약의 발효는 왜 연기되었는가?"『한국정치외교사논총』제26권 제1호 (2004).

전웅.『미국의 외교정책은 어떻게 만들어지는가』서울: 한울출판사, 2000.

차상철. "아이젠하워, 이승만, 그리고 1950년대의 한미관계."『미국사연구』제13집 (2001).

허드슨, 밸러리 저. 신욱희 외 옮김.『외교정책론』서울: 을유문화사, 2009.

Caridi, Ronald J. *The Korean War and American Politics: The Republican Party as a Case Study*. Philadelphia: University of Pennsylvania Press, 1968.

Clark, Mark W. *From the Danube to the Yalu*. Rutland, Vermont & Tokyo: Charles E. Tuttle Co., 1954.

Dulles, John Foster. *War or Peace*. New York: Macmillan Company, 1957.

George, Alexander L. *Presidential Decisionmaking in Foreign Policy: The Effective Use of Information and Advice*. Boulder, Colorado: Westview Press, 1980.

Haney, Patrick. *Organizing for Foreign Policy Crises: President, Advisers, and the Management of Decision Making*. Ann Arbor: University of Michigan Press, 2002.

Schnabel, James F. and Robert J. Watson. eds. *History of the Joint Chiefs of Staff*, The Joint Chiefs of Staff and National Policy, Volume III, 1951-1953, Part 2, The Korean War. Washington: Office of Joint History, 1998.

McCarthy, David. "H. C. Westermann's "Brinkmanship." *American Art*, 10-3 (Autumn, 1996).

Park, Tae Gyun. "What Happened Sixty Years Ago?: ROK-US Deep Distrust between President Rhee and Eisenhower." *Journal of International and Area Studies* 21-1 (June, 2014).

Sears, David O. and Jack S. Levy. eds. *Oxford Handbook of Political Psychology*. New York: Oxford University Press, 2013.

Trauschweizer, Ingo. *The Cold War U.S. Army: Building Deterrence for Limited War*. Lawrence, KS: University Press of Kansas, 2008.

제7장

일본 공산주의의 딜레마: 혁명노선의 보편성과 특수성

윤준일(서울대학교 정치외교학부 석사과정)

I. 서론

전후 초기 일본의 공산주의 운동은 혁명 노선의 보편성과 특수성 간의 갈등 속에서 전개되었다. 보편적인 공산주의 혁명 노선은 익히 알려진 폭력을 수반한 급진 혁명 노선이다. 각국에서의 공산주의 운동은 국제 공산주의 연합의 지도와 지원 하에 이루어졌다. 국제 공산주의 연합은 소련이 주도하는 것으로 소련의 혁명 성공 사례를 공산주의 혁명 노선의 표준으로 삼았다. 전후 각국의 공산주의 운동은 자연스럽게 공산주의 운동의 보편적인 노선을 적용하여 계급투쟁에 나섰다. 동아시아에서는 중국의 모택동과 한반도의 김일성이 보편적인 급진혁명노선을 적극 수용하여 실천하였다. 하지만 전후 일본공산당의 혁명운동은 타국에서의 혁명과는 다른 양상으로 전개되었다. 일본공산당은 폭력이 포함된 급진적 혁명을 추구하는 대신 혁명의 강도와 규모를 줄이는 모습을 보였다. 다소 과격하다고 여길 만한 시위에서도 규모 대비 피해의 정도는 주변국의 공산주의 운동에 비해 현저히 낮은 것으로 가벼운 몸싸움 선에서 끝나는 것이 대부분이었다.

계급투쟁 차원에서도 다른 공산주의 운동과 다른 특징을 보였다. 통상 공산주의는 혁명을 통해 다수의 노동자 계급을 착취하는 소수의 자본가 계급을 소멸시켜 무계급 사회를 구축하는 것을 목표로 한다. 그렇다면 일본에서의 계급투쟁 원칙은 매우 간단명료하다. 봉건적 계급과 부르주아 계급이라는 특권층은 물론 이들의 이익을 대변하는 천황을 타도하는 것이다. 즉 천황과 천황제를 중심으로 형성된 국가기구는 통제 및 착취계급 그 자체였으며 노동자 계급 중심의 무계급 사회 실현을 위해 사라져야만 하는 적폐였다. 하지만 일본공산당은 1946년 5월의 식량 메이데이 때 발표한 결의문에서 천황을 '최고 권력자'와 동일시하여 적절한 조치를 취해 주기를 공손히

부탁한¹ 사례에서 알 수 있듯이 천황을 인정하는 모습을 보이기도 하였다. 전후 각국에서 일어난 공산주의 운동이 일관되게 보편적 혁명노선에 따라 전개된 양상을 봤을 때 체제에 순응하며 점증적 변화를 추구한 일본공산당의 일탈은 주목할 만하다. 그렇다면 왜 일본공산당은 국제 공산주의 연대의 보편적 폭력 혁명노선과 다른 혁명의 양상을 보였는가?

본 연구는 이와 같은 질문에 대한 설명으로 국제 공산주의 연대의 보편적 혁명노선이 통하지 않는 일본만의 특수성을 제시한다. 공산주의의 보편적인 혁명노선이 성공하기에는 극복해야 할 일본의 특수성이 건재했다. 일본만의 특수성은 바로 전쟁에 지쳐 폭력과 급진성을 거부하는 전후 일본의 상황적 특수성과 천황제라는 제도적 특수성이었다. 전전 일본의 공산주의 운동은 보편적 혁명노선을 실천했으나 이 특수성을 극복하지 못한 채 실패하였다. 전후 공산주의의 운동은 실패의 원인인 일본만의 특수성을 무시할 수 없었던 것이다. 그렇다고 국제 공산주의 연대의 지침 또한 의식하지 않을 수 없는 것이었다. 따라서 전후 혁명노선을 두고 당내 논쟁이 불가피하게 일어나게 되었다. 하지만 전후 혁명의 최우선 과제는 일본공산당이 국제공산주의의 보편적 폭력 혁명 노선으로부터 벗어나 폭력에 거부감을 보이며 천황을 버릴 수 없는 일본의 특수성을 인정하고 국민이 납득할 만한 평화 혁명 방안을 모색하는 것이었다. 이러한 노선의 중심에는 노사카 산조(野坂 参三)²와 그가 주장한 비폭력 평화노선, 그리고 '사랑받는 공산당'이 있었다.

전후 일본의 공산주의 혁명 양상은 노사카 산조의 비폭력 평화노선에 의해 폭력요소가 배제된 것이었고 일본 경제 재건에도 위협으로 작용하지 않았으며 천황제 유지에 타협적이었다. 점령군은 이러한 운동을 적극적으로 탄압하지 않았다. 탄압으로부터 상대적으로 자유로웠던 일본공산당은

....

1   존 W. 다우어 저, 최은석 옮김, 『패배를 껴안고 : 제2차 세계 대전 후의 일본과 일본인』 (서울: 민음사, 1999), p. 339.
2   일본 중의원 및 참의원 각각 3선을 지낸 일본의 정치가이자 일본공산당 중앙 위원회 의장.

천황제 폐지를 위해 더욱 강력한 혁명을 추진할 수 있었음에도 불구하고 그러지 않았다. 노사카와 일본공산당은 과거의 실패 원인이 일본인과 일체화되어버린 천황제를 도려내려고 했던 것에 있다는 사실을 정확히 인지하고 있었다. 과거의 실패를 답습하지 않기 위해 '사랑받는 공산당'으로 거듭나 매력을 발산 해야만 했다. 따라서 일본공산당은 노사카 산조의 비폭력 평화주의를 통해 미군정과의 평화적 공존을 이끌어내고 천황제 타도를 유보하여 천황을 지지하는 일본 국민들과의 평화적 공존을 이루어낼 방안을 모색했던 것이다.

하지만 일본공산당과 미군정 그리고 천황 간의 평화는 그리 오래 가지 않았다. 냉전으로 미국과 소련 간의 협조 기조가 깨지자 소련은 국제 공산주의 연대의 혁명에 분발을 촉구하기 시작하였다. 그것의 신호탄으로 소련은 코민포름[3]을 통해 노사카 산조의 비폭력 평화주의에 대해 노골적인 불만을 표시한 것이다. 이에 대해 당내 주류파는 기존의 비폭력 평화노선을 고수하면서 코민포름의 비판을 거부하는 '소감'을 발표하였다. 반면 이에 불만을 가지고 있던 자들은 '소감'을 비판하며 국제 공산주의 연대의 비판을 받아들여 보편적 혁명노선으로 회귀할 것을 촉구하였다. 일본공산당은 주류인 '소감파'와 강경파인 '국제파'로 나뉘어 당내 갈등을 겪었다. '국제파'의 우세로 국제 공산주의 연대의 보편적 혁명 노선을 재개하지만 이 또한 오래가지 못하고 평화노선으로 회귀하게 된다. 결국 국제 공산주의의 보편성이 일본의 특수성을 극복하는 것에 실패한 것이다.

본 연구는 먼저 노사카 산조의 비폭력 평화주의와 '사랑받는 공산당'이 무엇인지 구체적으로 살펴보는 것을 통해 일본의 특수성이 무엇인지 알아보고 노사카가 제안한 노선이 보편적인 국제 공산주의 운동과 어떻게 다른지 알아본다. 그리고 일본공산당의 조직과 행태를 통해 노사카의 이론이 일

....

3   미 제국주의의 팽창에 대항하여 1947년 9월 크렘린의 주도하에 9개국 공산당이 참가하여 창설한 공산주의 국가의 정보국. 1956년 해산 때까지 국제 공산주의 운동을 지도하였다.

본의 공산주의 운동에 어떻게 적용되었는지 살펴본다. 마지막으로 「코민포름의 비판」 사건을 통해 혁명 노선의 보편성과 특수성간의 갈등이 재점화되는 과정을 알아보도록 한다. 이를 통해 폭력과 계급투쟁을 추구하는 보편적 혁명 노선과 비폭력성과 천황을 고려한 일본만의 특수한 혁명 노선간의 갈등 과정을 보다 자세히 알아볼 수 있을 것이다.

II. 노사카 산조의 비폭력 평화주의와 '사랑받는 공산당'

전전 일본 공산주의 운동의 실패를 극복하고자 했던 노사카는 옌안의 중국 공산당 거점에서 중국의 공산당 혁명을 돕고 일본의 전쟁 포로를 교육하면서 귀국 후 일본의 공산주의 운동에 대한 구상에 몰두했다. 기존의 국제 공산주의 운동에서 벗어나 일본에 적용 가능한 공산주의 전략에 대해 숙고한 결과 탄생한 것이 바로 비폭력 평화 노선과 '사랑받는 공산당'이다. 노사카에 의하면 일본인은 규율과 평화를 사랑하기 때문에 혁명이 폭력적이고 무질서를 수반해서는 안 되는 것이었다. 따라서 비폭력 평화 노선에 의해 혁명이 이루어져야만 했다. 기존 32년 테제의 공산주의 운동은 의회를 악으로 규정했지만 노사카는 민주적 의회 제도를 통해 건전하게 정권을 창출해야 한다고 믿었다. 중국 공산주의 운동을 지원하며 공산주의에 잔뼈가 굵은 노사카는 금의환양하여 '사랑받는 공산당'에 대한 구상을 밝히게 되고 이것은 「코민포름의 비판」이 있기까지 일본공산당의 원칙으로 자리 잡게 되었다. 그 기간 동안 당내에 분열이 없었다는 것 또한 노사카의 비폭력 평화노선이 지속되는 것의 원동력으로 작용하였다. 노사카는 레드퍼지 이후에 핵심인사로 존재감을 과시하는 것보다 단순한 상징적 존재로 전락했으나 지속적으로 당권을 잡았으며 그를 이은 강경파 미야모토 겐지(宮本顯治)[4]

....

4   일본공산당 당수를 지낸 일본의 정치가.

의 원칙 또한 노사카의 원칙과 별반 다른 것이 아니어서[5] 역사적 평가에 있어서의 호불호를 떠나 일본공산당에 막대한 영향을 끼친 것만은 부인 할 수 없는 사실이다.

노사카의 이론은 구체적으로 다음과 같다. 노사카는 1932년 테제의 입장을 받아 일본의 메이지 유신이 미완에 그쳤으며 그에 따라 봉건제의 모습에서 못 벗어났다고 보았다. 일본이 사회주의 국가로 거듭나기 위해서는 민주주의 국가의 단계를 건너야만 하는 것이었다. 따라서 궁극적으로 일본이 사회주의 국가가 되기 위해서는 세 가지 단계를 거쳐야만 하고 이것은 폭력보다는 평화적인 수단으로 이루어야하는 것이다. 노사카 이론의 첫 번째 단계는 전쟁을 종결하는 것과 국가를 재편하는 것이다. 국가 재편은 전범을 처벌하는 것에 그치지 않고 민주주의 국가를 세우는 것이다. 여기서 민주주의는 미국 기준에 준하는 것이며 모든 시민이 투표권을 가지고 표현과 사상, 집회의 자유를 누리며 모든 정당이 자율성과 합법성을 보장받으며 선출된 의회가 통치권을 가지는 국가를 말한다. 민주화는 일본 헌법의 전면적인 개편을 요구하며 이러한 신헌법을 통해 일본은 군부의 특권을 없애고 천황과 천황의 자문기관인 추밀원, 귀족원의 권한을 현저히 낮춰야만 한다는 것이다.

노사카의 혁명론의 첫 번째 단계는 정치적인 재편뿐만 아니라 경제 개혁을 포함한다. 경제 개혁은 곧 재벌 개혁을 말한다. 노사카에게 재벌은 자본을 독점하는 물론 정치적인 영향력이 막강하기 때문에 사회주의 혁명을 이루어내는데 가장 큰 장애요소였다. 또 재벌은 제국주의와 군국주의의 가장 강력한 후원자였기 때문에 혁명의 첫 번째 단계에서 척결 대상 1호로 보고 있었다.[6] 노사카 이론의 두 번째 단계는 부르주아 민주화 혁명의 완성이

....

5   Antonia J. Levi, "Peaceful revolution in Japan: The development of the Nosaka Theory and its implementation under the American Occupation," Stanford University, Ph.D Dissertation (1991), p. 228.

6   Levi (1991), pp. 92-4; "Draft Program of the Japanese People's Emancipation League,"

다. 부르주아 민주화 혁명의 완성은 첫 번째 단계인 민주화의 연장선으로 구상이 명확하지 않고 첫 번째 단계의 반복으로 보이지만 이 두 번째가 완료하면 천황제와 추밀원, 귀족원, 귀족과 같은 봉건제의 흔적이 완전히 사라지는 것이며 군부가 민주화되고 부락민에 대한 차별 또한 없어지는 것이다. 세 번째 단계는 노사카의 이론 중에서 가장 급진적인 것으로 사회주의 혁명을 이루는 것이다. 노사카는 이 단계에서 자본주의의 완전 철폐를 주장했지만 의회를 통해 평화적으로 없앨 것을 주장하였다. 세 번째 단계는 첫 번째와 두 번째 단계에서 민주화가 완료되고 재벌의 권한이 약화되었을 때 달성 가능한 것이다. 노사카에게 평화적 혁명은 더디지만 파괴적이지 않으며 건설적인 것이었다.[7]

미국은 종전 전부터 중국에서 활동하고 있는 노사카 산조와 접촉을 하고 있었다. 맥아더의 정치 고문이었던 존 K. 에머슨은 1944년에 일본 전쟁포로를 수사하러 중국에 파견됐을 때 노사카 산조를 중국 옌안에서 만나 노사카 산조가 기존의 공산당에서 추구하던 노선과는 다르게 비폭력 평화노선을 추구하며 미국에 유리한 노선을 구상하고 있다는 것을 확인했다. 옌안 시절 노사카의 활동은 미국이 반길 만한 것이었다. 먼저 노사카는 일본 전쟁포로들을 모아 일본인민해방연맹을 조직하여 반전 선전 운동에 임했으며 동맹군에 반전 선전 전략에 대한 자문을 하였다. 또 일본 국내에 네트워크를 형성하여 동맹군에게 일본 국내 첩보를 제공하였다. 이러한 활동을 하면서 노사카는 미국과 협력을 지속하고 있었고 전후 어떠한 국가가 일본을 점령할 것에 대해 명확하게 인지하고 있었다. 옌안에서 에머슨을 만나 명확하게 자신의 입장을 전달하였다. 노사카의 생각은 영어로 작성되었으며 미군부와 기타 정부부처에 전달되었다.[8]

....

Yenan Report #36 (Yenan, 1944), pp. 1-2; Nosaka, "The Program of the Japanese Communist Party," Yenan Report #7 (Yenan, September 8, 1944) pp. 1-2. 재인용.

7   Levi (1991), p. 96, Nosaka (1944), p. 3 재인용.
8   Levi (1991), p. 61.

노사카의 이론은 일본 점령을 준비하던 미국이 반길 만한 것들로 가득했다. 기존의 코민테른[9] 1932년 테제는 천황제와 의회를 봉건주의와 군국주의의 잔재로 규정하고 타도 대상으로 여겼으나 노사카는 천황제에 관해서는 판단을 유보하고 의회를 통한 평화적인 정권 창출을 희망한다고 주장하였다. 노사카는 애머슨과의 만남에서 먼저 천황제에 대해 "일본인은 아직 천황을 포기할 준비가 되지 않았기 때문에 천황을 끌어내리자는 구호를 부활시켜서는 안 되며 천황제 유지에 대한 판단은 유보해야 한다"고 주장했다.[10] 이와 더불어 노사카는 의회는 기타 헌법 조직에 의해 강제적으로 해산되어서는 안 되며 완전한 통치권이 보장되어야 한다고 주장하였다.[11] 천황제 폐지 여부를 유보한 것은 절대 다수의 일본인이 지지하는 일본의 천황제를 폐지할 경우 국민들로부터 외면 받을 위험을 고려한 것에서 비롯된 것이었으며 의회를 통한 합법적인 정권 창출은 전쟁과 폭력에 지친 일본인이 폭력을 수반하는 급진적 혁명을 외면할 가능성을 의식한 것이었다. 천황제와 의회 모두 일본의 안정과 민주주의를 위해 미군정이 유지하는 것을 염두해 둔 것으로 노사카의 이러한 구상은 미국의 지지를 얻었다.

노사카의 전후 일본의 경제 정책에 대한 구상 또한 미국이 반길 만한 것이었다. 노사카는 장래 일본 경제에 대해 섬유와 간단한 제조업 중심의 경제보다는 정밀 중공업 위주의 경제를 펼쳐나가야 한다고 주장했다. 노사카는 산업국가 일본이 다른 동아시아 국가 발전에 도움이 될 것이며 동맹정책이 일본의 산업기반을 붕괴하는 것이라면 그것은 일본이 농업시대로 후퇴하는 것이라고 주장하였다. 에머슨과 노사카와의 대담에 대하여 보고 받

....

9   전세계 노동자들의 국제적 조직을 말하며 공산주의 인터내셔널(Communist International)의 약칭이다. 레닌의 지도하에 1919년 모스크바에서 창립되었다. 마르크스 · 레닌주의를 추구하며 각국의 혁명운동을 지원했다.
10   John K. Emmerson, "Japenese Communist Party After Fifty Years," *Asian Survey* 12-7 (July, 1972), p. 566.
11   Emmerson (1972), p. 566.

은 미국은 공산주의자의 합리적인 개혁 구상에 감탄했으며 경제 정책 이외의 정부구조와 시민 평등권, 토지 및 노동 개혁, 선거권, 재벌 해체에 대한 노사카의 개혁구상은 미군정의 전후 일본 개혁 계획과 상당부분 일치하는 것이다.[12] 이에 따라 점령군 간부들은 일본공산당 내 경쟁자이자 독선적이고 감정적이며 고집스러운 도쿠다 큐이치(德田球一)나[13] 시가 요시오(志賀 義雄)[14] 보다 지적이고 합리적 대중선동가인 노사카를 높이 평가하였고 노사카가 도쿠다와 시가의 부족한 점을 메워 줄 것을 기대했다.[15]

노사카 산조는 전전 일본 공산주의 운동의 실패 이유로 코민테른에 대한 지나친 의존과 이에 따른 일본에 특화된 혁명 전략의 부재를 지목했다. 노사카는 일본공산당이 외부 공산주의에 의존을 하면 할수록 일본 국민들로 외면당했다고 주장했으며 당이 다수의 일본 국민이 지지하는 천황을 포용하지 못하고 타도를 주장하는 것은 일본의 특수성을 무시한 전술 실패로 규정하였다. 따라서 노사카는 전후 공산주의 운동은 일본의 정치와 경제, 문화의 특수성을 고려하여 자주적인 운동이여야 한다고 주장하였다. 또 노사카는 대부분의 군국주의자들이 숙청당하고 포츠담 선언으로 민주화가 실현되는 만큼 성급한 혁명보다는 의회 민주주의를 통한 점증적인 혁명으로 합법적인 정권을 창출해야 한다고 주장하였다. 이러한 노사카의 맞춤형 공산주의 혁명론은 전후에 진가를 발휘하였다. 일본공산당은 언제나 소수정당에 머물렀지만 전전 시기와 비교했을 때보다 많은 지지를 얻을 수 있었다.

....

12 Emmerson (1972), p. 567.
13 일본공산당의 대표적 활동가. 전쟁 기간 치안유지법 위반 혐의로 체포되어 18년간 투옥 생활 후 일본공산당 중앙위원회 서기장과 중의원 의원을 지냈다. 맥아더 지령의 레드퍼지 이후 중국으로 망명 후 사망하였다.
14 일본의 공산주의 운동가이자 정치가. 일본 중의원과 공산당 중앙위원장을 지냈다.
15 Henry Oinas-Kukkonen, *Tolerance, Suspicion, and Hostility: Changing U.S. Attitudes toward the Japanese Communist Movement, 1944-1947* (Santa Barbara, Calif: ABC-CLIO, 2003), p. 44.

III. 일본공산당의 비폭력 평화주의의 배경

1. 국제 공산주의 연대의 보편적 혁명 노선과의 차이점

노사카 산조의 비폭력 평화주의가 국제 공산주의의 보편적 혁명 노선과 가장 큰 차이점은 폭력과 급진성, 계급투쟁 대상에서 찾을 수 있다. 소련의 혁명으로 대변되는 국제 공산주의 운동은 폭력을 수반하는 급진적 혁명이다. 계급투쟁을 위해 천황제 전면 타도를 주장했다. 반면에 노사카는 전술한 바와 같이 점증적, 평화적, 합법적인 혁명을 추구하며 천황제 폐지를 유보해야 한다고 주장하였다.

국제 공산주의 코민테른의 혁명론은 전투적이고 폭력적인 경향을 띠고 있었다. 국제 공산주의 운동의 방향성과 지침을 담은 코민테른의 1932년 테제는 당시 일어나고 있는 혁명정세를 노동운동, 농민운동, 반전운동으로 나눠 분석을 하였다. 먼저 노동 운동에 대해서는 대중이 거리에서 경찰과 전투적으로 충돌하며 파업을 늘리고 있다고 평가하였다. 테제는 농민 운동에 대해서도 농민과 지주의 충돌이 전국적으로 빈번하게 일어나고 있으며 지주의 집과 재물, 재판소, 경찰서 건물에 대한 반달리즘이 확산되고 있다고 분석하였다. 반전운동에 대해서는 아직은 정도가 약하지만 반전데모에 국민적 참여가 늘어나고 있고 군 내에서 반전 그룹이 생겨나면서 혁명을 위한 유리한 조건이 형성되고 있다고 보았다. 따라서 애국주의와 천황주의의 기초가 붕괴하여 가까운 장래에 위대한 혁명이 일어날 것으로 판단하고 있었다.[16]

코민테른의 1932년 테제는 일본의 천황제에 대해 매우 상세한 분석을 하며 천황제에 대한 투쟁을 주문하였다. 테제는 천황제가 지주라는 봉건적

....

16　정혜선, 『일본공산주의운동과 천황제』 (서울: 국립자료원, 2001), p. 87. 「日本に於ける情勢と日本共産党の任務に関するテーゼ」, 『社会主義運動』(1) pp. 622-24 재인용.

계급과 부르주아 계급의 이익을 대변한다고 보았으며 이렇게 형성된 천황제적 국가기구가 착취계급의 견고한 기반을 형성한다고 보았다. 또, 테제 작성 당시 일어나고 있었던 만주사변에 대해 중국의 자원을 뺏고 태평양 지배를 준비하기 위한 전쟁으로 규정하면서 천황제와 파시즘을 함께 묶어서 이해하였다. 따라서 국제 공산주의 코민테른은 노동자를 착취하는 파시즘적 천황제를 척결 대상으로 바라보았다.[17]

코민테른의 지령에 따라 일본공산당은 천황제 폐지를 위해 전전부터 치열한 싸움을 벌여 왔지만 일본에서 국체인 천황을 모욕하는 것은 있을 수 없는 일이었다. 정부는 치안유지법 개정 후 사회운동을 탄압하여 대다수의 공산당원들을 투옥시켜 당은 소멸 직전까지 가기도 하였다. 이러한 과정에서 전전 일본공산당의 대표적 이론가였던 사노 마나부(佐野学)가 그랬듯 신념을 버리고 전향하는 자들이 속출하였다. 반면 도쿠다 큐이치와 같이 장기간의 투옥 생활을 끝까지 견딘 자들이 있었으며 노사카 산조(野坂參三)[18]와 같이 국외에서 전후 혁명 전략을 구상하며 기회를 노린 자들도 있었다. 이렇게 탄압에 굴하지 않고 끝까지 저항한 자들 중심으로 일본 공산주의 운동은 부활하였고 전후 혁명을 이어갔다. 도쿠다를 비롯한 강경파는 종전과 함께 18년간의 투옥 생활을 견디며 복수의 칼날을 갈았으나 노사카와 같은 온건파는 불필요한 마찰을 피하고 공산주의 이념의 매력을 발산할 방안을 모색하고 있었다. 강경파는 국제공산주의의 보편적 폭력 혁명 노선에 따라 급진적 변화를 추구했으며 부르주아 계급을 대변하는 천황제 타도를 주장하였다. 반면에 온건파는 비폭력 평화 노선을 추구하며 천황제 타도를 유보할 것을 주장하였다. 즉, 국제공산주의의 보편적 혁명노선을 거부하고 비폭력성과 천황제라는 일본만의 특수성을 인정하자는 것이었다.

....

17 The Central Committee of the Communist Party of Japan, *The Fifty Years of the Communist Party of Japan* (Tokyo, 1973), pp. 61-2.

18 일본 중의원 및 참의원 각각 3선을 지낸 일본의 정치가이자 일본공산당 중앙 위원회 의장.

2. 일본공산당의 비폭력성과 천황제

노사카와 일본공산당은 1932년 테제가 질서와 천황제를 중시하는 일본의 특수성을 제대로 파악하지 않았기 때문에 일본의 전전 공산주의 운동이 성공하지 못했다고 판단했다. 먼저 1932년 테제는 천황제가 단순한 국가기구 이상이라는 것을 파악하지 못했다. 천황은 일본 국민에게 있어서 의식과 행동, 생명의 근원으로까지 여겨질 정도로 일본인의 정신에 깊숙이 침투하고 있었기 때문에 천황제는 일반 국민들과 운명공동체를 이루고 있었다. 이렇게 형성된 천황과의 일체감은 절대로 가볍게 무너질 수 있는 것이 아니었다.[19] 전후 노사카가 천황제에 대한 판단을 유보하자고 제안을 하게 된 이유가 바로 이것이다. 하지만 노사카의 제안이 곧바로 당론으로 받아들여진 것은 아니었다. 국가로부터 탄압을 받아 옥살이를 한 공산당원들에게 천황제를 포용하는 것은 쉬운 일이 아니었다. 도쿠다 큐이치는 천황제를 부정하며 천황제 권력과 타협한 자유주의자들과 사회주의자들을 가짜로 규정하며 이들과의 협력을 거부하였다. 전전 공산주의자들이 천황제를 거부한 이유로 18년간 감옥살이를 했기 때문에 천황에 대한 분노와 증오는 이론을 넘어 편집증적인 감정까지 불러일으키기에 충분했다. 하지만 천황제에 익숙하고 친근감을 가지고 있던 대부분의 평범한 일본인의 입장에서 봤을 때 천황제를 타도하자는 외침은 지나친 것이었고 공산당은 대중에게 더욱 다가가기 위해 타협을 할 수밖에 없었다.[20] 결과적으로 일본공산당은 제도로서의 천황제는 타도해야 하지만 상징적인 인물인 천황은 존속되어도 괜찮다며 양보하는 결정을 내렸다. 일본공산당은 이론에 대한 고집을 잠시 미루고 일본 국민들과의 '평화적 공존'을 택한 것이다.

....

19   정혜선 (2001), pp. 88-9.
20   박정진, "미완의 혁명 리더십 : 도쿠다 큐이치 리더십 연구," 손열(편), 『일본 부활의 리더십: 전후 일본의 위기와 재건축』 (서울: 동아시아연구원, 2013), p. 70.

1932년 테제에 있어서 폭력은 사회변화 과정에 필연적인 것이었다. 하지만 전후 일본의 상황은 매우 달랐다. 일본공산당은 합법화되어 법과 미군정으로부터 완전한 보호를 받았고 민주주의 체제가 제공하는 범위 내에서 모든 정치적 행위가 허용되었다. 노사카와 공산당 지도부는 이러한 환경이라면 평화적 수단으로 많은 것을 달성할 수 있을 것을 기대했다.[21] 그렇다고 해서 일본공산당이 공식적으로 평화적 수단만 고집하고 폭력적 수단을 완전히 배제한 것은 아니었다. 일본공산당은 큰 틀에서 노사카에 동의하지만 1932년 테제의 전투적 혁명론에 대한 미련을 못 버린 세력이 존재하였다. 이들의 비난에 대해 노사카 또한 평화적 혁명이 필요할 때가 있지만 전술에 지나지 않으며 상황이 변화하면 접근법 또한 언제든지 변경이 가능하다고 하면서 폭력적 혁명의 가능성 또한 배제하지 않았다.[22] 하지만 노사카는 그의 최초 구상인 비폭력 평화노선을 옹호하면서 만일 제대로 이행되기만 한다면 비폭력 평화노선이 즉각적인 혁명과 정권탈환을 가능하게 하는 여건을 조성할 것이라고 주장하였고[23] 끝까지 비폭력 평화노선을 유지하려는 노력을 하였다.

노사카가 폭력을 수반하는 급진적인 혁명을 선호하지 않은 이유는 그가 가지고 있는 소련에 대한 인식에서 또한 찾을 수 있다. 노사카는 다른 공산주의자들과 다르게 소련의 혁명 성공사례는 선망의 대상이 아니었다. 1921년에 소련에서 혁명이 일어난 이후 소련에 처음 방문하였을 때 노사카의 눈에 비친 소련은 황량함 그 자체였다. 이후에도 소련에 머무르는 것을 즐기지 않았으며 옌안 시절에도 소련 공산당 간부와 교류할 기회가 많지도 않았다. 또 1943년에 코민테른의 해체를 공개적으로 반기기도 하였다. 노사카에

....

21 Rodger Swearingen and Paul Langer, *Red Flag in Japan: International Communism in Action 1919-1951* (Cambridge, Massachusetts: Harvard University Press, 1952), p. 135.
22 Swearingen and Langer (1952), pp. 135-6. Sanzo Nosaka, *Senryaku, Senjutsu no Shomondai (Strategy and Tactics)* (Tokyo, 1949), p. 99 재인용.
23 Swearingen and Langer (1952), p. 136. Nosaka, "Do the Basic Work" 재인용.

있어서 소련 혁명은 급진적이긴 하지만 동시에 폭력적이고 파괴적인 것이었다. 중화인민공화국의 첫 20년이 폭력적인 혁명의 파괴적인 결과가 신속한 변화의 이점을 압도한다는 것을 증명했다. 노사카의 평화에 대한 집착한 것은 단순히 폭력과 속도에 대한 반감 때문만은 아니다. 그는 순수하게 자본주의 민주주의가 결점이 있음에도 불구하고 가치가 있다고 봤으며 의회제도가 인권, 존엄, 자결권을 학습하기에 좋은 제도라고 생각하고 있었다.[24]

결과적으로 노사카는 일본공산당이 실패한 이유에 대해 치안유지법에 의한 탄압도 분명히 있지만 보다 큰 이유는 전전 일본의 공산주의 운동이 일본의 특수성을 무시한 결과 대중의 지지를 얻지 못한 것에 있었다고 보았다. 이것에 대해 노사카는 세 가지를 이유를 들었다. 먼저 전전 일본공산당이 폭력을 수반한 혁명에 집착한 점과 전전 국제 공산주의 연대 즉 코민테른의 지시와 지원에 지나치게 의존한 점, 그리고 천황제를 집요하게 적대했다는 점이다. 폭력을 수반한 혁명은 일본 국민들이 전쟁에 지쳐 폭력을 멀리하려고 한 점을 간과한 것으로 일본에서는 통하지 않는 것이었다. 국제 공산주의의 지원에 의존한 것은 국내 지지 기반이 취약한 상황에서 소련이 이끄는 코민테른이 제공하는 자문과 자금이 절대적이었기 때문이었다. 하지만 이러한 외부세력의 침투는 전쟁을 치르며 애국심과 충성심이 강화되어 독립성을 추구하였던 당시 일본 국민들의 정서에 맞는 않는 것이었다. 마지막으로 천황제에 대한 적대심은 일본공산당이 포섭하려는 일본 노동계층이 천황제를 지지하는 사실을 간과한 것이었다.[25] 물론 노사카는 국제 공산주의의 마르크스주의와 레닌주의를 완전하게 벗어나자는 것이 아니었다. 국제 공산주의의 일반이론은 기본으로 하되 일본의 특수성을 반영하는 마르크스주의와 레닌주의의 '일본화'를 주장한 것이다.[26] 따라서 전후의 공산주

....

24   Levi (1991), pp. 97-8.
25   Levi (1991), p. 11.
26   Levi (1991), p. 4.

의 운동은 대중의 요구를 전폭적으로 수용하여 일본 국민에게 '사랑 받는 공산당'으로 거듭나야만 하는 것이었다. 이러한 '사랑 받는 공산당'의 비폭력 평화노선은 비폭력 평화주의에 대한 「코민포름의 비판」이 있기까지 지속되었다.

IV. 전후 초기 일본공산당의 리더십 구조와 행태

1. 전후 초기 일본공산당의 리더십 구조

일본공산당의 형태는 서양의 일반적인 정당 개념과는 다른 것이었다. 일본공산당의 최종적인 목표는 '완전한 형태의 민주주의 즉 사회주의 국가를 수립하여 궁극적으로 공산주의 사회를 건설하는 것'[27]으로 이것은 기존의 일본 정부구조와 사회 자체를 변화하는데 목적이 있었다. 당 조직의 명칭과 행정구조는 소련 공산당의 것과 매우 유사했으며 소련 공산당과 같이 위계질서에 기반을 둔 당 조직은 공산주의 세포조직을 통해 국가의 정치와 경제, 사회 모든 면을 관리하는 것을 원칙으로 하였다.[28] 당의 핵심은 전국 대표회의, 통제위원회, 중앙위원회, 전국 자문회의의 네 개의 중앙기관으로 이루어져 있으며 조직 내 각 제대는 견고한 위계질서를 통해 유지되었다. 일본공산당은 당내 민주주의 원칙이 존재하여 이론상으로 모든 당원이 목소리를 낼 수 있지만 실질적으로는 중앙의 당 엘리트들에 의해 통제되고 있었다.[29] 따라서 전후 초기 일본공산당의 리더십 구조를 알기 위해서는 당의 핵심 인사에 대해서 파악하는 것이 중요하다.

....

27 *Nippon Kyosanto Kettei Hokoku-shu (Resolutions and Reports of the JCP)* (Fukuoka, 1949), p. 73. Swearingen and Langer (1952), p. 90 재인용.

28 Swearingen and Langer (1952), p. 90.

29 Swearingen and Langer (1952), pp. 216-27.

전후 초기 일본공산당을 이끈 핵심인사는 '열혈 서기장' 도쿠다 큐이치와 '빈틈없는 전략가' 노사카 산조였다. 도쿠다 규이치는 일본공산당 서기장으로 공산당 서열 1위인 인물이었다. 도쿠다는 1928년 제1회 보통선거에서 노동농민당에 출마했으나 낙선하였고 이후 치안유지법으로 체포되어 18년간의 옥살이를 하였다. 옥살이 중에 비합법 공산당원들이 전향하는 상황에서 끝까지 전향하지 않아 비전향자들 중에서 상징적인 존재였고 옥중에서도 영향력을 발휘하였다. 전후에는 합법 공산당 재건의 주역으로 당원들의 비판도 많이 받았지만 서열 1위를 유지하면서 전후 초기 일본 정계에서 가장 영향력 있는 인물 중 하나였다.[30] 노사카 산조 또한 전후 초기 일본 정계에서 가장 영향력 있는 인물로 꼽는데 이견이 없는 인물 중 한명이다. 공산당 내 서열은 서기장인 도쿠다 다음이지만 영향력은 도쿠다를 능가하였다. 노사카가 당내에서 견고한 입지를 구축할 수 있었던 이유는 그가 일본공산주의 운동에 오랫동안 참여한 이유도 있지만 러시아와 중국에서 직접 공산주의 운동에 참여하며 형성한 네트워크와 경험을 꼽을 수 있다. 이와 더불어 다혈질인 도쿠다와는 다르게 차분하고 냉정했으며 이론과 실천을 겸비한 몇 안 되는 인재 중 하나였다.[31] 노사카가 중국 옌안에서 일본으로 귀국하였을 때 3만 명이 운집하여 그를 환영하였고 그가 '사랑받는 공산당'으로 대변되는 비폭력 평화주의에 대해 발표하자 전전 1천 명에 불과했던 당원이 발표 한 달 후에 7천 명으로 늘어나고 1950년에는 15만 명에 육박하는 등 일본공산당의 성장을 이끌었다.[32] 옥중 공백으로 이론과 현실감각이 둔했던 도쿠다와 비전향자들은 노사카의 이론을 비판도 하였지만 중국 옌안에서 중국 공산주의운동에 참여하며 오랜 기간 전후 일본 공산주의 운동에 대해 고민한 노사카의 이론에 많이 의지하였다. 출소 직후에 도쿠다가 기념연설

....

30   박정진 (2013), p. 67.
31   Swearingen and Langer (1952), p. 111.
32   Levi (1991), pp. 12-3.

을 하면서 천황제 타도를 주장한 사례에서 볼 수 있듯이 옥살이를 한 일본 공산당원들에게 천황은 정말로 척결 해야할 대상이었다. 하지만 노사카로 인해 천황제 타도에 대한 강경한 입장이 많이 유해졌고 노사카가 주장한 대로 천황제의 유무는 얼마든지 국민의 뜻에 맡길 수 있는 사안이 되었다.

2. 일본공산당 혁명운동의 행태

전후 점령군은 패전국 일본을 무장해제하고 민주화시키겠다는 계획의 일환으로 사상과 양심, 종교의 자유를 허용하여 정치범을 석방하고, 불법화 되었던 공산당을 합법화했으며 노동조합법을 통과시키는 등 민주화를 위한 개혁을 단행하였다.[33] 이에 따라 전시에는 상상도 못했던 결사의 자유로 좌익 정당이 주목받기 시작하였다. 일본공산당은 전후 재정비를 마치고 언론의 집중 조명을 받으며 도약을 준비하고 있었다. 인플레이션과 식량난은 노동자들의 생활을 어렵게 하였고 이들은 공산당의 급진적인 정책에 공감하고 호응하였다. 공산당에 대한 지지는 자연스럽게 활발한 노동운동으로 이어졌다. 일본의 노동세력이 쉽게 조직화되고 노동운동에 동원될 수 있었던 것은 전시 노동정책의 영향이 컸다. 일본은 국가의 총력전 수행을 위해 민간 및 공공부문에서 노동자들을 조직했고 전후 '애국봉사'의 명분이 사라지자 동일한 조직이 고스란히 좌파 세력의 노동운동으로 동원될 수 있었던 것이다.[34]

총력전을 위한 노동력 착취에 지친 노동자들은 마침내 주어진 단체 교섭과 파업의 권리에 환호했다. 여기에 단체교섭과 파업을 조직화하여 전국

....

33 "Removal of Restrictions on Political, Civil, and Religious Liberties," (Oct 4 1945), p. 463 in *Political reorientation of Japan, September 1945 to September 1948: Report of Supreme Commander for the Allied Powers, Governmental Section v.2* (Washington: US Govt, 1949).

34 다우어 (1999), pp. 329-30.

적 노동운동으로 발전시키고자 하는 공산당은 노동자들에게 큰 매력으로 다가 왔으며 공산당 또한 노동조합에 침투하여 집권을 위한 투쟁에 박차를 가했다.[35] 노동조합과 공산당은 주어진 권리를 최대한으로 행사하였고 그 결과 미군의 점령 기간 내내 노동 쟁의가 끊이질 않았다. 미국은 반공 및 동아시아 정책을 시행하는 데 있어 일본이 핵심이었기 때문에 일본 경제를 다시 부흥시키고 재무장시킬 필요성이 있었다. 빈번히 일어나는 노동쟁의는 미국의 계획에 방해가 될 수 있는 것이었으며 경제적 재도약을 노리는 일본에게 있어서도 쟁의에 의한 노동시간 손실은 경제발전을 저해할 수도 있는 것이었다. 하지만 당시 노동쟁의는 비교적 단기간에 해결되는 것이 태반이었고 절반 이상은 임금인상에 관한 것이었다. 파업은 경제적 손실을 수반하는데, 일본에서의 당시 파업은 경제적 피해 면에서 기업에 별다른 영향을 미치지 않았다. 폭력과 무질서도 당시 주변국의 공산주의 운동에 비하면 거의 없는 것이나 마찬가지였다. 1948년 7월까지 파업으로 인해 손해를 본 1인당 하루 노동량은 SCAP의 통계에 따르면 전체 1퍼센트도 되지 않았다.[36] 태업 또는 기타 전술로 인한 손실이 존재했으나 자본가들이 전략 물자 착복 및 암시장으로의 유출, 고의적인 생산 지연으로 인한 손실과 비교하면 아무것도 아닌 수준이었다.[37] 전후 중국 공산당은 국공 내전을 진행하면서 피의 혁명을 진행하고 있었고 한반도에서도 공산주의 정당 남로당이 개입된 제주 4·3사건과 여순사건에서 사건개입 유무에 관계없이 수만 명이 사살 또는 학살로 희생당하고 있었다. 이러한 사실을 고려하면 일본에서 발생한 노동 쟁의는 단순 몸싸움이 태반으로 폭력성의 정도가 다른 국가의 공산주의 운동에 비해 현저히 낮았다.

전후 공산주의 운동의 정도를 가늠하기 위해 당시 일본을 점령하던 점

....

35 다우어 (1999), p. 328.

36 다우어 (1999), p. 332. Miriam Farley, *Aspects of Japan's Labor Problems* (New York: John Day, 1950), pp. 82~5, 97 재인용.

37 다우어 (1999), p. 332.

령군 미군의 일본공산당에 대한 위협인식을 살펴볼 수 있다. 미국은 점령군에 위협이 되는 집회에 대비하기 위해 '항복 후 일본에 대한 초기 방침' 문서에서 "봉건적이고 권위주의적인 경향을 없애기 위해 일본인들이 들고 일어나 '실력을 행사'할 경우 최고 사령관은 휘하 부대의 안전과 다른 기본적인 점령 목적이 위협에 처했을 때에 한해서 개입해도 된다"고 명시하였다.[38] 하지만 수백 만 명이 시위에 참가했지만 몸싸움 정도의 해프닝만 있었던 1946년의 식량 메이데이와 이후에 이어진 '낮은 수위'의 시위들은 미국의 '항복 후 일본에 대한 초기 방침' 문서에 명시되어 있는 미국의 시위 개입 기준에 한참 못 미치는 것이었던 것으로 점령군 입장에서 위협이 되는 것이 아니었으며 충분히 관리 가능한 것이었다. 이렇게 전후 공산당 주도의 노동쟁의가 규모와 빈도 면에서 무시하지 못할 수준임에도 불구하고 미국은 이러한 행태를 큰 위협으로 인지하지 않았다. 공산주의 운동으로 인한 피해의 정도 또한 주변국의 공산주의 운동에 비해 현저히 낮았다. 이렇게 일본의 공산주의 운동이 다른 국가의 공산주의 운동과 다른 양상으로 전개된 이유는 결국 일본공산당이 노사카 산조의 비폭력 평화주의를 당의 공식입장으로 수용하고 실천했기 때문이었다. 전전 일본의 공산주의 운동은 질서와 평화 그리고 점증적 변화를 중요시하는 일본인들에게 폭력혁명과 무질서를 강요하여 실패한 것이었다. 노사카는 이러한 실패를 반복하지 않으려고 했다. 노사카의 비폭력 평화주의로 일본의 공산주의 운동은 파괴성과 혼동의 양상이 타국의 공산주의 운동보다 훨씬 덜하였다. 폭력이 배제된 계급투쟁은 많은 대중에게 매력으로 다가갔고 일본공산당은 전전 시대와는 다르게 지지기반을 넓힐 수 있었다.

....

38 Basic Directive For Post-Surrender Military Government in Japan Proper J.C.S. 1380/15 Nov 3rd 1945. 다우어 (1999), p. 340 재인용.

V. 공산주의 혁명노선의 보편성과 특수성의 갈등

일본공산당은 전전 공산주의 운동의 오류를 답습하지 않기 위해 혁명에 폭력을 배제하고 평화적인 수단을 통해 혁명을 완성하기로 결정하였다. 사실 노사카의 비폭력 평화노선이 가능했던 이유는 당시의 국제정세와 매우 깊숙한 관련이 있다. 물론 노사카의 비폭력 평화노선은 평화와 천황을 존중하는 특수한 일본사회에서 되도록이면 밉보이지 않고 매력을 발산하는 것을 목표로 하고 있었고 이를 위해 국제 공산주의 연대를 주도하는 소련과의 연관성을 최대한 부인하고 있었던 것이 사실이다.[39] 그렇다고 해서 일본공산당이 소련으로부터 완전하게 자유로웠던 것은 아니었다. 비폭력 평화노선을 추구한 '사랑받는 공산당'은 그 자체의 매력으로 당과 전후 일본에 다가 갈 수 있었다. 하지만 전후 직후 당면한 국제정세 속에서 소련의승인 없이는 적용될 수 없었다. 이것은 일본의 패전이 기정사실화된 이후의 노사카의 행보를 통해서 알 수 있다.

노사카는 패전을 확인하고 모스크바에 가 소련당국과 비밀리에 회담을 가진 적이 있으며[40] 이때 전후 직후 소련의 동아시아 정책이었던 얄타협정에 의한 대미협력 정책을 확인하였다.[41] 소련이 미소협조의 기조를 가지고 있는 한 일본에서 노사카 산조의 비폭력 평화노선은 전혀 문제될 것이 없었다. 일본공산당 내, 그리고 소련의 승인으로 당내 노선갈등은 일단락되었고 비폭력 평화주의는 탄력을 받아 일본 내 공산주의 운동의 중심으로 자리 잡게 되었다. 하지만 노사카의 비폭력 평화주의를 중심으로 한 당내 평화는

....

39 Roger Swearingen, "Japanese Communism and Moscow-Peking Axis," *The Annals of the American Academy of Political and Social Science* 308 (November, 1956), p. 63.

40 남기정, 『기지국가의 탄생: 일본이 치른 한국전쟁』(서울: 서울대학교 출판문화원, 2016), p. 298; 『諸君!』, 1993年 3月号. 小林峻一, 加藤昭, 『闇の男―野坂参三の百年』(文藝春秋, 1993), 198頁 재인용.

41 남기정 (2016), p. 298; 和田春樹, 『歴史としての野坂参三』(平凡社, 1996), 144-157頁.

소련의 동아시아 정책이 변화하면서 깨지기 시작하였다. 소련이 중국공산당과 중화인민민주주의 공화국을 지지하는 과정에서 미소협조 기조가 파기된 것이다. 소련은 지속적으로 각국의 공산주의 운동에 분발을 촉구하고 있던 참이었다. 일본공산당은 노사카의 비폭력 평화노선으로 지지기반을 확대하여 당원수가 역대 최고치를 기록했으나 소련은 공산주의 혁명의 '본질(보편성)'이 결여된 일본공산당의 혁명을 탐탁지 않게 생각하며 인정하지 않았다.[42] 이러한 일본 공산주의 운동에 대한 부정적인 인식은 일본공산당에 대한 직접적인 비판으로 이어졌다. 바로 「코민포름의 비판」이다.

1950년 1월 6일 코민포름의 기관지 『영구평화와 인민민주주의를 위하여(For Lasting Peace, For People's Democracy!)』는 옵저버라는 필명으로 「일본의 정세에 대하여」라는 논문을 게재하였다.[43] 논문은 일본공산당이 공식노선으로 삼고있는 노사카의 비폭력 평화노선에 대해 제국주의 점령자를 미화하는 이론이자 미국의 제국주의를 찬양하는 이론인 동시에 일본 인민대중을 기만하는 이론이라고 비난하였다. 이와 더불어 논문은 일본의 노동자들이 명확한 행동강령을 가지고 실천할 필요가 있으며 강경한 투쟁에 나서지 않으면 안 된다고 질타하며 분발을 촉구하였다. 「코민포름의 비판」이후 혁명노선을 두고 일본공산당에 균열이 일어나기 시작하였다. 주류파를 대표하던 노사카와 도쿠다는 기존의 비폭력 평화노선을 고수하며 비판을 받아들이지 않겠다는 '소감'을 발표하였다. 이러한 노선에 불만을 가지던 시가와 미야모토는 국제 공산주의 연대의 비판을 수용하라고 주장하였다. 이렇게 일본공산당은 국제 공산주의로 부터의 비판을 거절한 '소감파(주류파)'와 비판을 수용하려는 '국제파(강경파)'로 나뉘게 되어 충돌하였다. 노사카를 비롯한 '소감파'는 이러한 비판을 음모론으로 취급하였

....

42　Swearingen and Langer (1952), p. 200.

43　고야마 히로타케 저, 최종길 옮김, 『전후 일본의 공산당사: 당내 투쟁의 역사』 (서울: 어문학사, 2017), p. 51.

고 기존에 일본의 특수성을 고려한 비폭력 평화노선을 굽히지 않았다. 국제파는 국제 공산주의 운동의 보편적인 혁명 노선으로의 전환을 촉구하며 팽팽하게 맞섰다.[44] 공산주의 혁명노선의 보편성과 특수성 간의 갈등이 재점화된 순간이다. 「코민포름의 비판」은 사실로 판명되었고 노사카가 당에 사과를 하는 것으로 마무리 되어 국제 공산주의 연대의 보편적 폭력 혁명노선이 당에서 힘을 얻게 되었다. 결국 '소감파'와 '국제파'는 갈등을 거듭하다가 1951년에 발표한 신강령을 통해 일본공산당이 보다 국제 공산주의 운동에 부합한 전투적 혁명노선을 공식적으로 도입하는 것으로 당내 갈등을 수습하였다.[45]

하지만 노사카의 비폭력 평화노선을 대체한 국제 공산주의 연대의 보편적 혁명노선은 지속되지 않았다. 1956년 2월 소련에서 열린 제20회 공산당 전당 대회에서 니키타 흐루쇼프가 스탈린의 개인숭배를 비판하고 숙청과정에서 무고한 사람들을 희생시킨 스탈린의 행위를 신랄하게 비판한 이른바 「스탈린 비판」이후 공산주의 운동의 형태에 대한 의문이 싹트고 확산되기 시작했기 때문이다. 국제 공산주의 연대의 보편적 폭력 혁명 노선에 대한 회의감은 구시대를 대체하는 새로운 강령을 요구하게 되었다. 폭력 혁명노선은 시대착오적인 것으로 치부되었고 일본공산당은 1951년의 강령과는 완전히 다른 평화혁명을 지향하기 시작하였다.[46] 이렇게 평화혁명으로의 회귀가 요구되는 시기에 당권을 이어받은 미야모토 겐지가 채택한 일본공산당의 노선은 결국 노사카의 이론에서 조금 변형된 복제판이나 다름없었다.[47]

이후 일본공산당은 대중 친화적 정당으로 거듭나기 위한 노력을 아끼지 않았다. 1970년 7월에 열린 11차 당 대회에서는 모든 회의를 공개하는 등 폭력 혁명노선 도입 시절의 폐쇄성에서 벗어나고자 하였다. 또, 일본공산당

....

44 남기정 (2016), pp. 299-300.
45 Swearingen and Langer (1952), p. 111.
46 고야마 히로타케 (2017), p. 121.
47 Levi (1991), p. vi.

은 일반 대중의 거부감을 일으킬 수 있는 공산주의 특유의 전투적인 용어를 덜 쓰기 시작했으며 의회민주주의와 다당제를 지지한다는 입장을 명확히 하는 등 공산주의의 보편적 혁명 투쟁이론으로부터의 탈각을 시도하였다. 그 결과 일본공산당은 1976년 당 대회에서 국제 공산주의 연대의 보편적인 폭력 혁명노선을 공식적으로 포기하였고 의회민주주의 중심 사회주의 온건 개혁론을 채택하게 되었다.[48] '국제파'의 대표적인 인물이었던 미야모토마저 전술의 실패를 인정하고 노사카의 비폭력 평화노선을 다시 도입한 것을 보면 결국 일본공산당에게 있어서 국제 공산주의 연대의 보편적 폭력 혁명 노선은 처음부터 맞지 않는 옷이었던 것이다.

VI. 결론

전후 일본 공산주의 운동은 폭력과 계급투쟁을 추구하는 국제 공산주의 연대의 보편적 혁명 노선과 미군 그리고 천황과의 평화적 공존을 추구하며 점증적이고 폭력이 배제된 혁명을 추구했던 일본만의 특수한 혁명 노선 간의 갈등의 과정이었다. 국제 공산주의 연대는 전후에도 일본에게 국제 공산주의의 보편적 폭력 혁명 노선을 요구하였다. 하지만 이러한 보편적 혁명 노선이 적용되기에는 일본만의 특수성이라는 큰 장벽이 존재했다. 수많은 희생을 초래한 전쟁을 치르며 일본의 인민은 폭력과 급진성에 염증을 느끼고 있었다. 더불어 계급투쟁 차원에서 제거해야 할 천황제도 일본인들에게는 절대적인 존재이다. 이러한 일본의 특수성을 무시한 전전 일본 내에서의 공산주의 운동은 처절하게 실패하였다. 실패를 반복하지 않기 위해서는 일본의 특수성을 포용하는 맞춤형 혁명노선이 요구되었다. 이러한 일본만의 특수한 혁명노선의 중심에는 노사카 산조가 있었다. 노사카 산조는 기존 소

....

48 김학준, 『동아시아 공산주의자들의 삶과 이상』 (서울: 동아일보사, 1998), pp. 334-5.

런의 공산당 혁명 성공사례를 다른 나라에 일괄적으로 이식하는 것에 반감을 가지고 있었고 이를 극복하기 위해서는 각 나라의 특수성을 고려하지 않으면 안 된다고 인식했다. 노사카 산조의 비폭력 평화노선과 '사랑받는 공산당'은 일본의 특수성을 고려한 맞춤형 혁명노선이었고 이를 바탕으로 전개된 일본의 공산주의 운동은 국제 공산주의 운동과는 다른 양상으로 진행되었다.

먼저, 일본은 전쟁과 폭력에 지쳐 있었기 때문에 소련식의 파괴성을 수반하는 혁명은 통하지 않는 것이었다. 그래서 노사카는 소련을 멀리하고 폭력을 요하는 급격한 혁명 대신에 의회를 통한 평화적이고 합법적인 정권 창출을 주장하였다. 이를 통해 미국과의 '평화적 공존'을 이루려는 노력을 하였다. 소련이 배제된 일본내 공산주의 운동은 미국에게 있어서 전혀 위협이 되지 않는 것이었다. 이에 미국은 전전 일본 정부가 공산당을 탄압한 것처럼 일본공산당을 탄압하지 않았고 민주화를 추진하는 차원에 인정까지 해줬다. 이러한 국내 정치 조건은 일본공산당이 미국의 눈치를 보지 않고 자신이 관철시키고자하는 정치적 의제, 특히 천황제 타도를 위한 혁명을 더욱 적극적으로 전개할 수 있는 조건이었음에도 불구하고 자발적으로 노동 쟁의의 빈도와 횟수를 줄여 나갔다. 혁명은 점증적이어야 하는 것이기 때문이다. 천황제는 일본공산당이 탐탁치 않아 해도 일본의 특수성상 안고 가야만 하는 것이었다. 노사카와 일본공산당은 지지기반 확대를 위해 천황제 타도 유보를 주장하면서 천황과 운명공동체를 형성하는 일본 국민들과의 '평화적 공존'을 이루려고 노력하였다. 「코민포름의 비판」이후 '소감파'와 '국제파'의 갈등 결과 노사카의 비폭력 평화노선은 후퇴하게 되나 「스탈린 비판」이후 대중은 국제 공산주의 연대의 보편적 폭력 혁명에 염증을 느끼게 되고 다시 일본의 특수성을 고려한 비폭력 평화노선으로 돌아갔다. 국제 공산주의 연대의 보편적 폭력 혁명은 처음부터 일본에게 맞지 않는 옷이었던 것이다. 노사카는 일본의 특수성을 고려한 비폭력 평화주의와 '사랑받는 공산당'을 통해 일본인들에게 친근하게 다가가 지지기반을 확대할 수 있었다. 결국 국제 공산주의 연대는 일본공산당에게 보편적 혁명노선을 추구 할 것을 강요했으나 평화와 천황을 사랑하는 일본의 특수성을 고려하지 않는 이상 혁명은 성공할 수 없는 것이었다.

참고문헌

고야마 히로타케.『전후 일본의 공산당사: 당내 투쟁의 역사』서울: 어문학사, 2017.

김학준,『동아시아 공산주의자들의 삶과 이상』서울: 동아일보사, 1998.

남기정.『기지국가의 탄생: 일본이 치른 한국전쟁』서울: 서울대학교 출판문화원, 2016.

다우어, 존 W. 최은석 옮김.『패배를 껴안고 : 제2차 세계 대전 후의 일본과 일본인』서울: 민음사, 1999.

박정진. "미완의 혁명 리더십 : 도쿠다 큐이치 리더십 연구." 손열 편.『일본 부활의 리더십: 전후 일본의 위기와 재건축』서울: 동아시아연구원, 2013.

정혜선.『일본 공산주의 운동과 천황제』서울: 국학자료원, 2001.

Emmerson, John K. "Japenese Communist Party After Fifty Years." *Asian Survey* 12-7 (July 1972).

Levi, Antonia J. "Peaceful revolution in Japan: The development of the Nosaka Theory and its implementation under the American Occupation." Stanford University. Ph.D Dissertation (1991).

Oinas-Kukkonen, Henry. *Tolerance, Suspicion, and Hostility: Changing U.S. Attitudes toward the Japanese Communist Movement, 1944-1947.* Santa Barbara, Calif: ABC-CLIO, 2003.

"Removal of Restrictions on Political, Civil, and Religious Liberties." Oct 4, 1945. In *Political reorientation of Japan, September 1945 to September 1948: Report of Supreme Commander for the Allied Powers, Governmental Section v.2.* Washington: US Govt, 1949.

Swearingen, Rodger and Paul Langer. *Red Flag in Japan: International Communism in Action 1919-1951.* Cambridge, Massachusetts: Harvard University Press, 1952.

Swearingen, Rodger. "Japanese Communism and Moscow-Peking Axis," *The Annals of the American Academy of Political and Social Science* 308 (November 1956).

The Central Committee of the Communist Party of Japan. *The Fifty Years of the Communist Party of Japan.* Tokyo, 1973.

小林峻一, 加藤昭.『闇の男 — 野坂参三の百年』文藝春秋, 1993.

和田春樹.『歴史としての野坂参三』平凡社, 1996.

제8장

가토 고이치의 '중국': 일본의 대중(對中)친화담론의 부침

오해연(서울대학교 정치외교학부 석사과정)

I. 서론

1990년대 탈냉전의 도래와 더불어 일본은 종래의 미일동맹 중심의 외교에서 벗어나 아시아, 특히 중국에 대한 독자적인 관여의 시도를 보였다. 대표적으로, 1989년 천안문 사태 이후 서방국가를 중심으로 중국에 대한 강경한 제재가 이루어지던 와중에, 일본은 1991년 하시모토 당시 대장상의 방중, 나아가 1992년에는 천황 방중을 실현시켰다. 이는 천안문 사태 이후 서방국가로서는 처음 실현된 국가 요인의 방중으로서, 중국에 대한 국제사회의 제재를 완화시키는 하나의 계기로서 작용하였다.[1] 이러한 일본의 움직임에 미국 역시 '도쿄와 베이징이 양국 관계를 개선시키기 위해 노력하고 있으며, 일본이 탈냉전 이후 전반적으로 새로운 동아시아 정책을 모색하고 있다'며 주목하는 모습을 보였다.[2] 이는 미국의 동아시아 구상 내에서만 운용되던 기존 일본 외교의 기조에서 벗어난 것으로, 일본에서 나타난 일종의 자율성 모색이었다. 이처럼 1990년대는 기존의 미일관계에서 벗어난 일본의 변칙적 외교행위가 목격된다는 점, 그리고 동아시아 내에서 새로운 국가간 역학관계의 형성이 모색되었다는 점에서 국제정치적으로 매우 중요한 시기이다. 그러나 일본의 대중 관여정책은 1990년대 후반부터 점차적으로 쇠퇴하는 모습을 보이다가, 2000년대에 접어들면 중국의 부상에 대한 균형정책으로 온전히 전환되고 일중간의 갈등도 심화되는 모습을 보인다.

그렇다면 이와 같은 1990년대 일본의 부분적인 대중 관여가 가능했던

....

1 당시 중국 외교부장이었던 첸지첸(钱其琛) 역시 자신의 회고록에서 천안문 사건 후의 국제적 고립에서 벗어나고자 하는 의도에서 천황 방중을 추진하였다는 사실을 인정하고 있다. 谷野作太郎 編, 『外交証言録 アジア外交: 回顧と考察』(東京: 岩波書店, 2015), p. 238에서 재인용.

2 미국 외교문서, NARA, RG 59, Entry ZZ 1005, Box 1, Folder4, Item 26.

이유는 무엇이며, 왜 2000년대에 접어들어 쇠퇴하였는가? 이에 대해 기존의 연구들은 다양한 요인을 들고 있으나, 주로 국제구조의 변화를 핵심 요인으로 들고 있다. 먼저, 1990년대 탈냉전이라는 국제구조의 변화에 따라 냉전적 대립구도가 약화되면서 일본에게 중국 관여의 기회가 주어진 측면이 존재한다. 그러나 1990년대 후반부터는 중국의 부상이 본격화됨에 따라 중국의 부상을 일본이 위협으로 인식하게 되면서 대중 관여정책보다는 다시 미일동맹 중심의 대중 균형정책으로 복귀하였다는 것이다. 이러한 설명은 국제구조의 변화에 따른 국가의 인식과 정책 변화를 설명하고 있다는 점에서 설명력이 높다. 그러나 기존 연구들은 국제구조의 변화에 더해 일본 대중정책의 전환을 가능하게 했던 국내의 대중정책 담론과 대중 인식의 구체적인 내용에 대해서는 비교적 집중하고 있지 않다는 한계가 있다. 또한, 단순히 국제구조의 변화만으로는 점차 구조화되고 있는 중일 간의 역사 갈등 문제를 온전히 설명할 수 없다는 한계 역시 존재한다. 본문에서는 일본의 국내적 요인으로서 대중친화담론의 부침이 일본의 대중 외교정책으로도 이어졌다는 주장을 통해 국내정치적 요인에 대한 논의를 보완하고자 한다.

실제적으로 대중친화담론의 일본 정계 내에서의 수용도가 높았던 시기에는 중국 관여적 정책이 주로 수행되어 왔으며, 대중친화담론의 저변이 협소해져감에 따라 대중 정책 역시 균형정책으로 전환되고 일중 갈등이 부각되기 시작한 측면이 있다. 즉, 1990년대 일본 내에서 수용되었던 친중적 정책담론은 일본 정부에게 있어 대중 관여라는 정책적 선택지를 형성하였다는 측면에서 중요한 역할을 하였다. 일본의 외교정책 담론 내에서 비주류를 점해오던 중국 중시 노선은 1990년대 초 대중정책 담론을 장악해가며, '중국 기회론'이 주목받는 모습을 보였다. 이와 같은 긍정적인 대중 인식은 일본이 미국의 동아시아 구상에서는 다소 벗어난 대중 관여 정책을 수행하는 것을 가능케 하였다. 그러나 중국 중시 노선은 중국의 부상이 두드러지기 시작한 1990년대 후반부터는 다시 쇠퇴하면서, 전반적인 대중 정책담론 역시 '중국 위기론'과 '역사 수정주의'로 수렴되어가는 모습을 보였다. 이와 동시에 일본의 대중 정책을 비롯한 아시아외교는 전반적으로 외교정책 우선 순위에서 배제되어 가는 과정을 겪었다. 친중 정책담론의 부침은 일본의 대중 자율성 모색의 등장 및 소멸과 그 시기적 맥락을 같이 하였으며, 일본의 대중정책의 근간에 중국담론 및 대중인식이 있었음을 알 수 있다.

일본의 대중정책의 근간이 되는 대중인식 및 중국담론의 구체적인 내용과 그 변화를 살펴보는 것은, 미일동맹 위주의 일본 외교에 대한 이해를 벗어나 일본의 아시아 외교 구상에 대한 보다 다면적인 이해를 심화하는 데 기여할 것이다. 그 중에서도 본문에서 살펴볼 1990년대부터 2000년대까지의 일본 내 친중적 정책담론의 부침의 이유와 담론 내 실제적 대중 인식은, 탈냉전 이후의 일본 외교에 대한 이해를 심화하는 데에도 기여할 수 있을 것이다. 본문은 이러한 목적을 가지고 1990년대를 전후로 일본의 친중적 정책담론을 주도했던 가토 고이치(加藤紘一)라는 정치인 개인의 인식과 1990년대부터 2000년대까지의 행보에 주로 주목하여 논지를 전개해보고자 한다. 해당 시기에 걸친 일본 내 대중정책 담론을 살피는 데 있어 가토 고이치라는 정치인 개인에 주목해보는 것은 다음과 같은 연구의 정당성과 의의를 지닌다.

먼저, 1990년대부터 2000년대까지의 일본 내 정책담론을 분석하는 데 있어 가토 고이치가 지니고 있는 대표성에 주목할 필요가 있다. 가토 고이치는 일본 정계 내에서의 위상과 영향력의 측면에서 당시 자민당 보수본류를 대표하는 정치인으로서 분석의 의의를 지닌다. 그는 1990년대 후반 자민당 내 요시다 파벌을 대표하는 고치카이(宏池会)의 회장을 역임하면서, 전성기에 '고치카이의 프린스',[3] '차기 수상에 가장 가까운 남자'[4]라는 미디어의 평가를 받을 정도로 일본 정계 내에서 막대한 영향력을 행사하였다. 또한 그는 외무관료 출신의 정치인으로서 1990년대 연이어 방위대신 및 관방장관 등을 역임하면서 당시 외교정책의 결정과정에도 영향력을 행사하였

....

3   "['90政局 自民·人模樣/3] 宮沢と加藤、河野,"『毎日新聞-東京朝刊』(1990년 1월 14일).
4   "加藤紘一氏·衆院委招致, 疑惑残し、突然の退場,"『毎日新聞-東京朝刊』(2002년 4월 9일).

다. 한편, 그는 일본 내 친중적 정책담론을 주도했던 인물로서 그 대표성을 지니고 있다. 가토 고이치는 외무관료 시절부터 차이나 스쿨에 속해 있었으며,[5] 정계 입문 후에도 지속적으로 일중우호의원연맹 회원, 일본중국우호협회 회장 등으로 활동한 자민당 내 대표적인 친중파에 속한다. 마지막으로, 그의 부상 및 몰락의 과정과 일본 내 친중 정책담론의 부침과의 시기적 일치성이다. 한때 수상 후보로도 거론되던 가토 고이치는 YKK 정치동맹의 결렬, 가토의 난 등을 계기로 실각하였다. 그러나 가토 고이치가 2000년대부터 일본 정계 주류에서 밀려나가는 과정은 단순히 개인의 정치적 역량 실패를 넘어서, 일본의 대중 담론이 '중국 기회론'과 실용주의적인 '역사 화해주의'에서 '중국 위기론'과 '역사 수정주의'로 수렴해가는 과정과도 일치한다. 그의 몰락과정을 일본 내 정책담론 변화와 연관해 분석해보는 것은 당시 일본 내부 동학을 이해하는 데에도 기여할 수 있을 것이다.

본문은 다음과 같이 전개될 예정이다. 먼저, 전후 일본의 대중정책과 대중담론에 대해 개괄해보고자 한다. 전후 일본의 대중정책은 크게 관여와 균형이라는 두 노선 사이에서 이루어져오는 모습을 보였다. 그 중에서도 1990년대 초는 관여정책이 두드러지는 시기였으나, 그 후 대중정책은 균형정책으로의 전환을 넘어서 역사문제에 있어서 점차 전략적 대응을 상실하는 모습을 보인다. 한편, 일본 내 대중정책 담론은 경제·안보·역사인식의 세 이슈 영역 별로 나뉘어 전개되어 왔는데, 이를 크게 중국 기회론과 중국 위기론, 그리고 역사 화해주의와 역사 수정주의로 유형화해보고자 한다. 그 후, 1990년대 '중국 기회론'과 '역사 화해주의'가 결부된 대중친화담론을 주도했던 가토 고이치가 구체적으로 어떠한 대중 인식을 가지고 있었으며, 그러한 인식이 어떻게 드러났는가를 확인하고자 한다. 가토 고이치의 대중 인식

....

5   외무성 입성 초기부터 차이나스쿨에 자원했으며, 관료 재직 도중 국립대만대학 대학원에 유학, 홍콩 부영사로도 재임하였다. 1970년에는 외무성 아시아국 중국과 차석사무관으로 근무하였다. 加藤紘一, 『テロルの真犯人』(東京: 講談社, 2006), pp. 93-124.

을 확인하는 데 있어서는 그의 저서 및 발언 등을 살펴보았으며, 가토 고이치가 대중 관여적 정책을 주장한 이유는 무엇이었는가에 대해 주목해보고자 한다. 그 후, 2000년대 중국의 부상과 역사 갈등에 따라 대중인식이 '중국 위기론'과 '역사 수정주의' 위주로 수렴되어가고 가토 고이치로 대표되던 중국 중시 노선이 도태되어가는 과정을 다루어보고자 한다. 이러한 과정을 통해 일본의 주류 담론이 다시 대미기축노선으로 복귀하는 양상과 원인을 확인하는 데 더해, 역사 수정주의의 담론 장악으로 인해 일중 관계의 수복이 어려워짐을 보고자 한다. 마지막으로는 본문의 내용을 정리하고 그 의의를 제시하면서 글을 마무리 짓고자 한다.

II. 전후 일본의 대중정책과 대중정책 담론

1. 전후 일본의 대중정책의 성격과 역사: '관여'와 '균형'

일본의 외교는 전후시기에 접어들어 대미 일변도로 전개되었다는 평가가 주를 이루어 왔다. 이는 전후 동아시아의 지역질서가 샌프란시스코 강화조약을 기점으로 서구의 강대국을 중심으로 재편되어, 전전의 제국주의 · 식민주의 질서에서 온전히 벗어나기도 전에 냉전의 구도로 돌입하게 된 사실에서 기인하고 있다. 일본은 전후 동아시아의 지역질서 하에서 미국의 가장 전통적이고도 공고한 동맹국으로서 자리매김하였으며, 냉전과 함께 형성된 미일 동맹관계는 전후에 걸쳐 동아시아 국제관계의 한 축을 담당하였다. 그러나 미일 동맹관계는 그 형성의 단계부터 비대칭적인 관계였으며, 구체적으로는, 일본은 전후 헌법 개정에 따라 군사력의 행사가 제한된 상황에서 자국의 안전보장을 동맹국 미국에 상당 부분 전가하였다.[6] 반면, 미국은

....
6   좀 더 정확히 말하자면, 종전 이후 1951년 미일동맹 결성 이전에는 피점령국으로서 점령국 미국

일본에게 안보 이익을 제공하는 대가로서 일본 내의 기지 사용을 통해 동아시아로의 군사력 투사를 용이케 함에 더해, 일본의 대외정책 결정과정에 있어서도 직·간접적인 영향력을 지속적으로 행사하였다. 이와 같은 비대칭적 동맹 관계 하에서, 전후 일본 외교 역시 미국의 영향력 하에서 이루어질 수밖에 없었던 측면이 존재한다.

결과적으로 전후 일본의 아시아 외교 역시 큰 틀로서 미일 안보협력체제와 미국의 동아시아 구상의 범위(scope) 내에서 이루어져 왔으며, 냉전 시기 독자적인 아시아 외교에 대한 주장은 일본 내에서 경시되고 배척받았다. 그러나 일본이 대외정책에 있어 행위자로서의 주체성을 온전히 상실한 것은 아니었으며, 그 하나의 예로 일본은 데탕트라는 국제구조의 변화의 시기에 미국보다도 앞서 1972년 중국과의 국교정상화를 성사시켰다. 중일국교정상화 이후 일본의 대중정책은 단순한 냉전의 논리에서 벗어나, 미일동맹관계를 근본적으로 벗어나지 않는 선에서 자율적인 대중정책으로의 전환의 모습을 보였다. 일본의 대중정책은 크게 '관여'와 '균형'이라는 두 정책노선 사이에서 시기에 따라 전략적으로 변화하는 모습을 보였는데, 본문에서는 Mochizuki(2007)가 분류한 세 시기에 따라 중일 국교정상화 이후의 일본 대중정책의 역사를 개괄해보고자 한다.[7] 여기서 관여정책이란, 단순히 경제영역에 국한되는 것이 아닌 외교·안보·문화를 포괄하는 다양한 영역에서 상대국과 상호의존의 증진을 통해 우호적 관계를 형성하려는 대외정책의 성격을 의미한다. 이와 반대로 균형정책이란, 전통적인 현실주의 세력균형의 관점에서 상대국과의 국력 균형을 추구하고자 하는 외교정책의 성격을 의미한다.

먼저, 중일국교정상화 직후인 1972년부터 1989년에 이르기까지는 중

....

에게 자국의 안전보장을 위임하였다.

7   Mike M. Mochizuki, "Japan's shifting strategy toward the rise of China," Journal of Strategic Studies 30-4, 5 (2007), pp. 739-76.

일 간의 '우호적 외교'의 시대로, 전반적으로 관여정책을 통한 우호적 관계 형성이 이루어졌다. 이 시기 일본은 크게 세 가지 측면에서 중국에 대한 협력적 관여 정책을 추구하였다. 첫 번째로, 일본은 중국과의 통상교역 확대를 통해 경제적 이익을 얻고자 하였다. 그러나 통상교역 확대 추구의 배경에는 단순한 경제적 이익에 더해, 당시 일본 내의 중국에 대한 우호적 시각 역시 작용하였다.[8] 두 번째로, 일본은 역사문제에 있어서도 협조적인 태세를 보이고자 하였다. 대표적으로 중일국교정상화 공동성명에서 일본은 '과거 일본국이 전쟁을 통해 중국 국민에게 크나큰 피해를 입힌 점에 대해 책임을 통감하며, 깊이 반성한다.'라는 표현을 삽입하였다.[9] 1980년대에는 교과서 기준의 재채택, 야스쿠니 신사참배 중단 등 역사 갈등 문제를 완화하려는 시도가 엿보였다.[10] 세 번째로, 일본은 중국과의 안보 경쟁을 피하고자 하였으며, 일정 부분 중국과 협조하는 모습을 보였다. 이러한 예시로써, 일본은 국교정상화 당시의 공동성명 3항에서 하나의 중국을 주장하는 중국에 대해 '일본국 정부는 이러한 중화인민공화국 정부의 입장을 충분히 이해하고 존중'한다는 문구를 삽입하여 유보적인 태도를 보였다.[11] 1980년대 초 일본이 미국과의 합동 군사 훈련을 시작하고 방위 상호운용을 추진하는 등 종래의 미일관계를 우선시하는 모습이 보였으나, 이는 중일 관계의 전면적 수정으로까지 이어지지 않았다.

두 번째 시기는 1989년부터 1995년까지 이르는 천안문 사건 이후의 전환기로, 본문이 주목하고자 하는 시기이다. 1989년의 천안문 사건으로 인해 중국에 대한 국제사회의 반응이 냉각된 이후에도 일본은 천황방중 등을 시

....

8   즉, 일본 정책결정자 및 외교 관료들은 중국의 안정적인 경제 발전이 중일우호관계로도 이어질 것으로 보고, 1978년 엔 차관 정책 등의 경제 협력 정책을 수행하였다. 田中明彦, 『日中関係 1945–1990』(東京: 東京大学出版会, 1991), pp. 112-5.
9   服部龍二, 『日中国交正常化-田中角栄、大平正芳、官僚たちの挑戦』(東京: 中央公論新社, 2011), p. 188.
10   Mochizuki (2007), p. 747에서 재인용.
11   服部龍二 (2011), p. 188.

작으로 중국에 대한 관여 정책을 지속하였다. 미국을 포함한 서방국가들이 천안문 사건 이후 중국에 대한 강경한 제재 정책을 취한 것에 일본 역시 초기에는 동참하였으나, 미국의 입장과는 별개로 일본은 중국에 대해 전략적으로 관여해야한다는 입장을 유지하고 있었기 때문이다. 천황 방중은 나아가 중국에 대한 국제사회의 제재를 무너뜨리는 하나의 계기로서도 작용하며, 중일국교정상화와 유사하게 일본이 미국의 동아시아 구상에서 어느 정도 벗어나는 모습이 엿보였다. 특히 성공적인 천황 방중 이후 일본의 대중 관여적 입장은 강화되어, 하타 내각의 카키자와 외상은 서구 유럽의 프랑스-독일 관계와 유사하게 일중 우호관계가 동아시아 안정성의 기반이 되는 새로운 양자관계의 단계로 진입했음을 역설하는 데도 이르렀다.[12] 대중 관여 정책의 일환으로서 해당 시기에 걸쳐 경제적 협력 역시 지속적으로 증대되었다. 단적으로 일본의 중국에 대한 직접 투자는 1989년의 4,38억 달러에서 1995년에 이르면 45억 달러로까지 증가된 모습을 보였다. 이에 더해 일본은 1995년에는 일본 수출입은행을 통해 중국에게 37억 달러 차관을 제공하고. 중국의 자원 개발 및 환경 보호에 대해서도 재원을 지원하는 등 적극적인 관여정책을 수행하였다.[13]

그러나 마지막으로 시기로서 1996년을 기점으로는 일본이 대중정책을 균형정책의 방향으로 재검토하기 시작하였으며, 이러한 정책 전환은 주로 미일동맹 강화의 형태로 이루어졌다. 1996년 하시모토-클린턴 안보 공동선언, 1997년 '신 미일 방위 협력 지침(가이드라인)'의 승인, 1999년 일본 내 주변 사태 관련법 성립 등이 그 대표적인 예이다. 그 결과 일본은 일본 본토를 넘어서 '일본의 평화에 중대한 영향을 주는 일본 주변 지역'도 미일 안보협력의 대상 지역으로 포함되게 되었다. 일본은 또한 미사일 방어(BMD)

....

12   Mochizuki (2007), p. 749에서 재인용.
13   Christopher B. Johnstone, "Japan's China Policy: Implications for US-Japan Relations," *Asian Survey* 38-11 (November, 1998), pp. 1071 – 8.

에 있어 미국과의 공동 기술연구를 시작하는데 더해, 2003년에는 미국으로부터 미사일 방어시스템 도입을 결정해 2007년에 첫 도입이 완료되었다.[14] 이는 초기에 표면적으로는 북한의 위협에 대응하기 위한 것이었으나, 1990년대 후반부터 시작된 일본의 중국의 군사적 근대화에 대한 우려를 고려했을 때 중국의 부상에 대한 균형정책으로도 결정되었음을 부정할 수 없을 것이다. 국교정상화 이후 지속적으로 이어져 온 경제적 측면의 관여정책 역시 대중 차관 종료 등 중단되는 모습을 보였다. 그러나 문제는 2000년대 이후부터 관여와 균형을 넘어서 역사문제가 대중정책에 본격적으로 개입되기 시작하였다는 점이다. 2000년대 정권을 잡은 고이즈미 일본 수상은 지속적인 야스쿠니 신사 참배를 통해 역사 문제를 중일 관계의 현안으로 자리매김하게 만들었으며, 중국 측의 지속적 항의는 오히려 일본 국내적 반발을 심화시키며 양국 관계의 개선의 장애로 작용하게 되었다.

정리하자면, 1972년 중일 국교정상화 이후 1990년대에 이르기까지 일본은 관여와 균형 정책 사이에서 전략적으로 대중정책을 수행하는 모습을 보였다. 경제적 협력을 중심으로 한 대중 관여정책은 2000년대 이전까지 지속적으로 목격되었으며, 흥미로운 점은 이러한 경제적 관여정책의 배경에 안보적 협력에 대한 인식도 일부 존재했다는 사실이다. 1990년대 초반부터 중반에 이르는 시기에는 대중 관여정책의 의미가 두드러지는데, 천안문 사건을 계기로 미국을 중심으로 한 서방 국가가 중국에 대한 강경한 제재를 취하는데도 불구하고 일본이 경제적 차원을 넘어 먼저 중국에 대해 관여를 재개하고자 하는 모습을 보이기 때문이다. 그러나 일본이 미일 안보협력 강화의 모습을 보여 온 것도 사실이며, 1990년대 후반부터는 중국의 부상에 따른 우려로 대중정책이 전반적으로 관여정책에서 균형정책으로 전환되는 모습을 보인다. 그러나 2000년대 이후로는 대중 균형정책에 더해 일본이 역사문제에 있어서 강경한 태세를 지속하면서, 대중정책이 관여와 균형정책

....
14   Mochizuki (2007), p. 751.

사이의 전략적 입장을 넘어 중일 역사 갈등으로 구조화되는 모습을 보이기 시작하였다.

2. 전후 일본의 대중정책 담론: 네 가지 유형화

한편 전후 일본의 대중정책 담론은 이슈 영역별로 상호 영향을 미치거나 혼합된 모습을 보이기는 하였으나, 크게 경제·안보·역사인식의 세 가지 이슈 영역으로 나뉘어 전개되어 왔다.[15] 본문은 그중에서도 경제·안보를 하나의 축으로, 역사인식을 다른 한 축으로 하여 전후 일본의 대중정책 담론을 유형화해보고자 한다.

먼저 경제·안보 이슈에 있어서는, 부상하는 중국이 과연 일본에게 있어 기회(이익)인지 위협인지 여부를 놓고 전후 시점부터 각각 '중국 기회론'과 '중국 위기론'으로 담론이 나뉘어 전개되는 양상을 보였다. '중국 기회론'은, 주로 중국의 경제적 발전과 중일 간의 교역 확대가 일본의 국익으로 이어지며, 이러한 관점에 주목하여 일본이 중국을 바라봐야 한다는 주장이다.[16] 중국 기회론은 주로 중국과의 통상이익이라는 경제적 기회에 주목하여 왔으나, 일부는 중국과의 경제적 상호의존에 따라 중국과의 관계가 전반적으로 개선될 것이라는 안보적 측면의 기회에 대한 인식도 존재했다.[17] 대중 관여

....

15 그 외에 2000년대 이후 일본의 중국담론 내에서 중국 자체에 대한 '혐오감'이 형성된 측면이 있으나. 그 시기가 짧고 주로 국민 차원에서 논의가 이루어지고 있다는 점에서 본문에서는 다루지 않기로 한다. Paul O'Shea, "Dodgy dumplings and lethal liver: risk, food terrorism, and Sino-Japanese relations," *The Pacific Review* 28-2 (January, 2015), pp. 303-21.

16 특히 경제 이슈에 있어서는, 전후의 시작 시기부터 일본 정치엘리트 내에서 중국과의 교역이 통상이익을 증대한다는 인식이 널리 공유되어 왔다. 따라서 일본 내에서는 냉전 구조 하에서의 중국과의 이념적 대립과 중국과의 경제관계를 분리해서 생각하는 '정경 분리'를 추구하였다. Akira Iriye, "Chinese-Japanese Relations, 1945-1990," in Christopher Howe (ed.), *China and Japan: History, Trends, and Prospects* (Oxford: Clarendon Press, 1996), pp. 51-5.

17 田中明彦 (1991), pp. 112-5. 다만, 미일 동맹관계 하에서 중국을 경제적 관계를 떠나 온전한 안보 협력·기회의 대상으로 바라보는 인식은 드물었다.

정책의 근간에는 중국 기회론의 인식이 자리잡고 있었다고 볼 수 있다. 이와는 반대로 '중국 위협론'의 경우는 중국을 잠재적 혹은 실질적 위협의 대상으로 인식하는 대중인식으로, 냉전 시기에는 이념적 대립의 대상인 공산주의 진영 국가로 바라보거나, 탈냉전 이후 가시화되는 중국의 부상을 안보위협으로 인식한 경우가 이에 해당한다. 중국 위협론은 주로 안보적 측면에서 제기되어왔으나, 2000년대부터는 경제적으로도 중국을 경쟁자 및 위협으로 일본이 인식하기 시작하였다. 따라서 중국 위협론의 입장에서는 중국에 대한 관여보다는 기존의 미일동맹을 중심으로 대중 균형정책을 통해 중국을 견제할 필요성을 역설하였다. 이러한 상반된 담론 양상은 전후시기에 걸쳐 동시에 진행되어 왔으며, 각각 관여정책과 균형정책을 추진되는 배경이 되었다.

한편, 역사인식 문제에 있어서는 크게 '역사 화해주의' 노선과 '역사 수정주의' 노선이 대립하는 모습을 보였다. 대중담론에 있어 '역사 화해주의' 노선의 경우, 실리주의적 입장에서 과거 전쟁경험 등의 역사문제에 있어 일정 부분 중국의 입장에서 문제를 이해할 필요가 있다는 입장을 전개한 반면, '역사 수정주의' 노선의 경우 신념·가치관에 입각하여 과거사에 대한 정당성 제고, 반성의 불필요성 등을 역설하였다. 중일 국교정상화 이후 중일 간의 주된 갈등의 요인이 야스쿠니 신사참배, 역사교과서 문제 등 역사인식과 밀접한 관련이 있는 문제들이었다는 점을 고려했을 때, 역사인식 역시 경제·안보와는 별개의 차원에서 중일관계에 영향을 미치는 요인으로 작용하였다는 사실을 알 수 있다.[18] 역사인식에 대한 일본 내의 담론은 실리주의적 화해주의 노선과 신념 위주의 수정주의 노선으로 분열되어 전개되었으나, 관여와 균형정책 사이에서 대중정책이 진행되어온 1990년대까지는 대중정책의 전면으로 부상하지는 못하였다. 두 노선 사이의 대립은 1990년대

....

18 센카쿠/댜오위다오 열도를 둘러싼 영토분쟁 문제가 현재 중일 간의 주요 안보 현안으로 존재하기는 하나, 역사인식 문제에 비해 비교적 최근에 대두되기 시작한 문제이다.

후반부터 가시화되었으며, 2000년대 이후에는 역사 수정주의 노선이 일본 국내의 주류 담론으로 자리매김하고 있는 모습을 보이고 있다.

이와 같은 두 축을 기준으로 대중정책 담론의 양상을 유형화한 결과, 다음의 〈표 1〉과 같다. 탈냉전 이후 네 유형의 담론 간 분열이 더욱 뚜렷해졌으며, 이해를 돕기 위해 탈냉전 이후 현재에 이르기까지의 해당 담론의 대표적 인물을 예로 함께 들었다. 유형화에 있어 한 가지 주목할 만한 점은 통념적으로 생각되는 바와 같이 중국 기회론과 역사 화해주의, 중국 위협론과 역사 수정주의가 반드시 일치하는 것은 아니라는 사실이다.

표 1 전후 일본 대중정책 담론의 유형

	역사 화해주의	역사 수정주의
중국 기회론	대중 관여-역사 화해 대표인물: 가토 고이치	대중 관여-역사 수정 대표인물: 고가 마코토[19]
중국 위협론	대중 균형-역사 화해 대표인물: 이시바 시게루[20]	대중 균형-역사 수정 대표인물: 아베 신조[21]

이러한 대중정책 담론의 유형을 중심으로 대중정책의 전개과정을 다시 살펴볼 수 있다. 즉, 중일 국교정상화 이후 1990년대에 이르기까지는 주

....

19 고가 마코토는 가토 고이치와 유사하게 근린국과의 관계개선을 우선시하였으나, 야스쿠니 신사 참배에 대해서는 긍정적인 입장을 보였다. 이정환, "2000년대 자민당 온건보수의 향방- 新YKK 정치연대의 아시아 중시 외교노선의 성격과 몰락," 국민대학교 일본학연구소(편), 『일본 파워엘리트의 대한정책』(서울: 도서출판 선인, 2016), pp. 259-83.

20 이시바 시게루는 방위상을 역임하는 등 일본 정계 내 안보전문가로서 대중 균형의 필요성을 주장하지만, 중국 및 한국과의 역사인식 문제에 있어서는 리버럴한 입장을 띠고 있다. 若宮 啓文, 『戰後70年 保守のアジア觀』(東京: 朝日新聞出版, 2014), p. 104. 한편, 대한인식에 있어서의 이시바 시게루에 대해서는, 이기태, "이시바 시게루의 대한국인식-보수우파적 안보관과 보수리버럴적 역사관의 혼재," 국민대학교 일본학연구소(편) (2016), pp. 201-32를 참고.

21 아베 신조 수상의 안보개혁의 배경에는 중국 위협론 인식이 작용했으며, 야스쿠니 신사 참배의 문제 등에 있어서는 역사 수정주의 입장에 서 있다. 정구종, 『일본의 국가전략과 동아시아 안보』(서울: 논형, 2016), pp. 305-07, 314; 若宮 啓文 (2014), pp. 50-4.

로 중국 기회론과 중국 위협론의 관점 사이에서 대중정책이 수행되어왔으며, 역사문제에 있어서는 실리주의적인 역사 화해주의 노선이 주로 취해졌음을 알 수 있다. 특히 1990년대 중반까지는 가토 고이치와 같은 중국 기회론과 역사 화해주의 입장의 대중인식이 국내적으로 수용됨에 따라 대중 관여정책이 두드러지게 나타날 수 있었다. 그러나 1990년대 후반부터 중국의 부상에 따라 중국 기회론에서 중국 위협론으로, 2000년대 역사 갈등의 부각과 보수 세력의 득세에 따라 역사 화해주의에서 수정주의로 담론이 수렴되어 갔다. 대중 균형-역사 수정의 담론이 현재의 아베 정권까지 주류로 이어져왔으며, 중일 갈등의 구조화에 기여하였다는 사실을 부정할 수 없다. 이러한 담론의 변화는 중국의 부상만으로는 온전히 설명할 수 없으며, 1990년대 초반에서 2000년대까지 이르는 사이에 정반대의 담론이 주류를 이루었다는 사실은 주목할 만하다. 이후에는 담론의 전환기에 한 때 주류적 담론을 주도했던 가토 고이치가 어떠한 인식을 가지고 있었으며, 이후 대중정책 담론의 국내정치적 수용과 장악의 과정에서 대중 정책의 전환이 어떻게 이루어졌는지 알아볼 것이다.

III. 가토 고이치의 대중인식과 그 수용

1. 가토 고이치의 대중인식: 경제·안보·지역 파트너로서의 중국

가토 고이치는 앞서 기술한 대중정책 담론의 세 이슈 영역, 경제·안보·역사인식에 있어 경제 협력·평화·역사 화해라고 하는 일관된 대중 친화적 인식을 보여 온 인물로, 중국 기회론과 역사 화해주의 노선의 대표적인 인물이라고 할 수 있다. 가토가 대중 친화적 입장을 견지했던 이유에는 다양한 측면이 존재하겠지만, 가장 크게는 일본과 중국을 국가정체성의 차원에서 우호적 국가이자 다방면의 잠재적 파트너로서 인식하고 있었기 때문으로 보인다. 중국을 경제적 협력의 대상으로 바라본 것은 일본의 정치 엘리트 사이에서 널리 공유되어 온 인식이기에 놀라운 사실이 아니지만, 특기할 만 한 사실은 중국을 잠재적인 안보·지역 협력의 대상으로도 고려하고 있었다는 점이다. 가토 고이치 역시 일본 자민당의 정통 보수본류의 입장에서 안보를 제공해주고 있는 동맹국 미국과의 관계를 가장 중시하였다는 사실을 미루어보아, 미일동맹의 기조에서 벗어나려는 것은 아니었다.[22] 그러나 종래 안전보장의 관점에서는 중국이 동맹국 미국의 경쟁국이자 지역 내의 강대국으로서 잠재적 안보 위협으로 인식되고 있었다는 사실을 고려했을 때, 가토의 중국 인식은 중국의 정체성에 대한 미국의 인식에서는 벗어난 것이었다.

가토 고이치가 지속적으로 주장해왔던 '미중일 정삼각형'의 논의는 그가 미일관계의 입장에서 중국을 어떻게 인식하고 있었는지를 구체적으로 보여주고 있다.[23] '미중일 정삼각형'은 1998년 가토가 자민당 간사장으로서 방미한 시기에 워싱턴 내셔널 프레스클럽에서의 강연에서 처음 발언한 것으로, 그 요지는 미중일 삼국이 상호간의 거리가 동일한 정삼각형의 관계를 형성해야 한다는 것이었다. 이러한 가토의 주장은 기존의 대중친화담론에서도 나오지 않은 생소한 주장으로, 미일안보관계를 경시한다는 이유 및 중일 간의 정치체제의 차이 등을 무시하고 있다는 이유로 당시에도 일본 국내적으로 많은 비판을 받았다.[24] 그러나 가토는, 스스로가 안전보장관계에 있어 미일동맹의 중요성을 충분히 이해하고 있음에도 불구하고 '미-중-일 정삼각형'을 형성해야 한다고 반박했다. 그 이유는 중일 간의 역사적 관계, 동아시아 내의 강대국이라고 하는 지리적 관계, 한자를 포함해 다양한 문화를

....

22   加藤紘一, 『テロルの真犯人』(東京: 講談社, 2006), pp. 43-8.
23   加藤紘一, 『いま政治は何をすべきか : 新世紀日本の設計図』(東京: 講談社, 1999) pp. 229-34; 加藤紘一, 『新しき日本のかたち』(東京: ダイヤモンド社, 2005), pp. 129-54; 加藤紘一 (2006), pp. 47-52; 加藤紘一, 『強いリベラル』(東京: 文藝春秋, 2007), pp. 112-5.
24   가토 고이치가 방위대신을 역임한 정치인이었다는 점에서 이러한 주장은 더욱 비난을 받았다.

공유하고 있다는 문화적 관계, 대중 무역이 일본의 대외무역에서 차지하는 비중이 차츰 증대되고 있다는 경제적 관계를 모두 중층적으로 고려했을 때 일본에게 있어 미일관계와 중일관계가 가지는 중요성이 점차적으로 동일해 질 것이라는 논리였다.

나아가 가토는 이러한 정삼각 관계의 형성을 통해 결과적으로 미중일이 상호 견제·협력하는 형태로서 아시아의 평화를 조성할 수 있다고 주장하였다. 그러한 과정의 구체적인 내용은, 중국의 부상에 따른 패권 추구에 대해서는 미일이 함께 견제하는 기존의 미일 안보협력에 더해, 미국의 독단적 행동에 대해서는 중일이 함께 견제하고, 일본이 돌발행동을 할 경우에는 미중이 일본에 제지를 가하는 형태로 상호 협력 및 견제가 가능해진다는 것이다. 나아가 가토는 2000년대에 접어들어서 중일관계는 악화 일로에 있는 반면, 미중관계는 점차 개선되면서 미국만이 이득을 얻는 비대칭적 형태의 삼각 구조가 형성되었다고 주장하며, 그 결과 이라크전과 같은 미국의 독선적이고 독단적인 일방주의 행태를 불러일으켰다고 비판하였다. 즉, 중일 간의 긴밀한 대화가 가능했다면 일본이 미국의 일방주의적 정책 결정 및 수행에 대해 충고하는 것이 가능했을 것이며, 당시 현안으로 제기되던 북한 문제에 있어서도 중일이 협력해서 북미 대화를 추진토록 할 수 있었다는 것이다.

이러한 가토의 주장은 중국의 정체성을 미일동맹의 적국 내지 경쟁국으로서 바라보기 보다는 다양한 측면에서 유사성을 지니고 있는 협력의 대상으로 인식하고 있었기에 가능했던 것으로 판단된다. 그의 대중 인식은 중국에 대한 관여가 필요하다는 '중국 기회론'의 논의와 함께, 역사인식 문제에 있어서도 자연스럽게 '역사 화해주의' 입장으로 이어졌다. 가토는 중일 간의 갈등은 단순히 양국 관계에 국한되는 문제가 아니라 일본 외교의 전반적 자유도를 떨어뜨리는 문제이며, 따라서 역사 문제에 대해 실용주의적으로 신중히 접근하는 자세를 통해 중국과의 관계 개선을 도모해야한다고 주장하였다. 구체적으로는 역사인식 문제에 있어, '전쟁의 피해자인 중국의 입장을 듣고,' '국내 정책결정과정에서 90%는 국내정치를 고려하되, 외교적 입장에서 10% 정도는 상대국의 입장에 서서 일본을 바라볼 필요성'을 강조하였다.[25] 이러한 관점에서 가토는 야스쿠니 신사 참배에 대해 일관적으로 반대의 입장을 표명하였으며 중일전쟁 경험 등 중국과의 역사문제에 있어서도 전향적인 자세를 취했다. 유사한 맥락에서 가토가 일본 내 민족주의의 대두를 '좋은 민족주의(긍지의 민족주의)'와 '나쁜 민족주의(싸우는 민족주의)'로 구분하여 강조하고 있는 사실도, 가토가 생각한 일본이 추구해야 할 국가정체성과 그 결과로서의 '중국 기회론' 및 '역사 수정주의' 입장을 보여주고 있다.[26] 가토는 야스쿠니 신사참배 등 일본의 역사 수정주의적 입장을 상대국과의 갈등을 통해 애국심을 고취하려는 '나쁜 민족주의'로 규정하고, 국가는 공동체에 대한 자긍심과 같은 '착한 민족주의'를 추구해야 함을 주장하였다. 이는 중국을 비롯한 동아시아와 일본은 상호 협력적인 관계로서 자리매김해야 한다는 가토의 인식을 보여준다.

2. 대중친화담론의 국내적 수용

가토의 대중인식은 앞에서 살펴보았듯이 '대중관여-역사화해'의 대중정책 담론 가운데서도 가장 리버럴한 입장을 나타내고 있다. 이처럼 전향적인 대중인식은 현재의 일본 정계에서는 자취를 감춰버렸지만, 한때는 국내정치적으로 대중친화담론이 수용되었음을 가토를 통해 알 수 있다. 가토 고이치는 닉슨 방중으로 동아시아 내 데탕트가 시작된 직후인 1972년 초 요시다·오히라 파벌로 정계에 입문하였다.[27] 그 후 그는 자민당 보수본류의 주류 정치인으로서 단계적으로 당내 영향력을 확보하면서 정치적 기반을 마련하였다. 가토는 1984년 나카소네 내각에서 방위대신으로서 처음 입각하

....

25 加藤紘一 (2006), pp. 40-3.
26 加藤紘一 (2005), pp. 87-92; 加藤紘一 (2006), pp. 219-34; 加藤紘一, "これからの日本が目指すべき社会像," シンクタンク2005・日本(編), 『自民黨の智惠』(東京: 成甲書房, 2008), pp. 103-8.
27 加藤紘一 (2006), pp. 85-130.

여, 1991년 미야자와 내각에서는 관방장관, 1994년 자민당 정조회장, 1995년 자민당 간사장이라는 '고치카이의 프린스', '차기 수상에 가장 가까운 남자'라는 별명에 걸맞은 행보를 1990년대에 걸쳐 보여 왔다.[28] 자민당의 유력 정치인으로서 이어졌던 그의 정치적 행보 중에서도 그의 대중인식이 실제 대중정책 결정 및 외교적 시도로서 구체적으로 드러났던 경우는 다음과 같다.

먼저, 천안문 사건 이후 서방국가의 중국 제재를 완화시키는 하나의 계기가 되었던 1992년 천황 방중에 있어서의 역할이다. 당시 가토는 미야자와 내각의 관방장관으로서 천황 방중을 추진하면서, 방중에 대한 국내정치적 반발 세력을 설득하는 작업을 수행하였다. 당시 천황 방중 결정에 앞서, '중국과의 관계 개선 차원에서 방중을 추진해야 한다'는 방중 찬성파 의견과 '현재 중국이 천안문 사태 직후 국제적 제재 하에 있으며, 천안문 사태에 책임이 있는 등소평 역시 아직 정권을 잡고 있다'는 방중 반대파 간의 치열한 대립이 이루어지고 있었다. 가토는 이러한 국내적 대립의 상황에서 찬성파와 반대파의 대표자들을 관저로 불러 이삼일에 걸쳐 천황 방중의 취지를 설득하였고, 그 결과로서 천황 방중 결정으로 이어지게 되었다.[29] 천황 방중은 1992년 8월 25일 각의 결정되어 같은 해 10월 23일부터 28일까지의 기간 동안 실현되었다. 방중 당일인 10월 23일 천황은 "우리나라가 중국 국민에게 다대한 고난을 안겨준 불행한 시기가 있었습니다. 이것은 저의 깊은 슬픔입니다. 전쟁이 끝났을 때, 우리 국민은 이러한 전쟁을 다시는 반복하지 않겠다고 깊이 반성하고, 평화국가로서의 길을 걸어갈 것을 굳게 결심하며 국가의 재건에 몰두하였습니다."라고 발언하며 과거 전쟁경험에 대한 반성의 뜻을 보였고, 이는 중일 간의 우호적 기류를 형성하며 성공적인 방중으

....

28 奧島貞雄, 『自民党幹事長室の30年』(東京: 中央公論新社, 2002), pp. 334-44.
29 당시 내각관방 내각외정심의실장으로 가토의 부하 직원이었던 타니노 사쿠타로는 추후 진행된 인터뷰에서, 가토가 당시 방중 반대세력을 설득하는 데 있어 노력했음을 구체적으로 밝히고 있다. 谷野作太郎 (2015), pp. 232-5.

로 평가받았다.[30] 이처럼 대중관여에 있어 성공적으로 마무리된 천황 방중의 배경에는, 가토와 같은 '대중관여-역사화해' 입장의 국내적 설득과 수용의 과정이 있었던 것이다.

한편, 가토의 '친중파' 정치인으로서의 행보는 1994년 8월 자민당 정조회장 재임 시기에 행해진 방중에서도 드러나고 있다. 당시 가토는 일중우호의원연맹 회원으로서 자민당 간부들과 함께 방중하였으며, 이러한 방중은 자민당 재집권 후 중국과의 기존 인맥을 강화하고 새로운 파이프를 형성하려는 시도로 해석되었다.[31] 또한 방중 시에 가토는 종전 기념일인 15일에 행해진 주량 중국 외무차관과의 회담에서 일본의 전쟁책임에 대한 생각을 설명하는 데 있어, "과거 (아시아 제국에) 다대한 폐를 끼친 사실에 대해 깊이 반성하고, 부전(不戰)의 맹세를 기반으로 외교를 추진"할 것이라고 발언하였다.[32] 17일에는 중국인민 항일 전쟁기념관을 방문하였으며, 가토의 방문 이후 같은 달 일본 정치인들의 전쟁기념관 방문이 전례 없이 이어지기도 하였다.[33] 이러한 가토 및 친중파 의원의 방중에 대해 중국 역시 우호적인 반응을 보였다. 17일 장쩌민 중국 국가주석과의 회견에서 가토는 무라야마 수상의 방중 의사를 전했는데, 이에 대해 장쩌민도 "무라야마 수상과 꼭 의견 교환을 해보고 싶다"며 환영의 뜻을 전했다.[34] 이러한 사실이 보여주는 것은 1990년대 중반까지 '대중관여-역사화해' 입장의 가토가 자민당 간부로서 중국과의 관계 개선을 적극적으로 추진하고자 했으며, 가토의 중국인식의

....

30 원문을 임의로 해석하였다. 원문은 "我が国が中国国民に対し多大の苦難を与えた不幸な一時期がありました。これは私の深く悲しみとするところであります。戦争が終わったとき、我が国民は、このような戦争を再び繰り返してはならないとの深い反省にたち、平和国家としての道を歩むことを固く決意して、国の再建に取り組みました。" 谷野作太郎 (2015), pp. 236-7에서 재인용.

31 "人脈強化狙い訪中ラッシュ 政局小康状態 与党首脳・幹部続々," 『毎日新聞-東京朝刊』 (1994년 8월 18일).

32 "反省と不戦強調 訪中の加藤紘一自民党政調会長," 『毎日新聞-大阪朝刊』 (1994년 8월 16일).

33 "抗日記念館は視察ラッシュ 自民幹部ら北京に続々," 『朝日新聞-夕刊』 (1994년 8월 25일).

34 "村山政権を重視の姿勢 中国・江沢民国家主席," 『朝日新聞-朝刊』 (1994년 8월 18일).

저변이 국내 사회에서 확산·수용되고 있었다는 것이다.

가토와 같은 '대중관여-역사화해' 입장이 주류 정치인으로 활동하는 상황에서 1990년대 일본은 대중 관여적인 자세를 강하게 형성하였다. 천안문 사태 이후 이루어진 1992년 천황 방중에서도 드러나듯이 중국에 대해 인권 문제를 가장 적게 제기한 나라가 일본이며, 일본은 1990년대에 걸쳐 중국에게 막대한 규모의 ODA를 제공하는 등 경제적 차원의 관여정책을 지속·확대하였다. 또한 1995년 종전 50주년을 기념하여 과거 침략행위에 대한 반성의 뜻을 담아 발표한 무라야마 담화는 중국을 비롯한 아시아 국가와의 역사 문제에 있어 관계 개선을 우선시하려는 역사 화해주의의 모습을 보였다. 그러나 1990년대 후반부터는 앞서 살펴보았듯이 북한 위협 및 중국의 부상에 따라 미일안보협력이 강화되는 등 균형정책으로 대중정책이 전환되기 시작하였다. 가토는 대중정책이 전환되는 상황 속에서도 대중관여의 외교적 시도를 지속하고자 하였다. 1997년 미일 가이드라인 제정 시에는 방중하여 가이드라인이 중국을 염두에 둔 것이 아님을 해명하였으며, 1999년에도 방중하여 가이드라인 관련법에 경계심을 지니고 있는 중국 측에게 "문자만으로는 사태를 모르고 오해가 생길 수 있다. 일중우호를 위해서는 직접 교섭이 필요"하다며 우호 관계를 지속하려는 모습을 보였다.[35] 그러나 이후 가토는 정권을 장악하려는 과정에서 국민적 지지에도 불구하고 자민당 내 지지 세력을 얻는데 실패하여 2000년 11월 '가토의 난'을 계기로 실각하며, 차기 수상 루보에서 자민당의 비주류로 전락하는 모습을 보인다.[36] 가토의 실각은 주로 가토의 개인적 정치역량의 문제로 이해되어 왔지만, 가토가 주류 정치인으로서 입지를 다져놓았던 점을 고려했을 때 단순한 개인역량의 문제뿐만 아니라 국제적·국내적 요인도 살펴볼 필요가 있다.

....

35 「中国念頭にない」ガイドライン見直しで言明 訪中の加藤紘一氏," 『朝日新聞-朝刊』 (1997년 7월 16일); "自民·加藤紘一元幹事長, 中国副主席と会談," 『朝日新聞-朝刊』 (1999년 10월 29일).

36 浅川博忠, 『自民党·ナンバー2の研究』 (東京: 講談社, 2002), pp. 283-92.

IV. 대중친화담론과 대중정책 전략성의 쇠퇴

1. 중국의 부상

먼저, 중국의 부상이라는 요인이 일본 내 대중정책 담론에 어떠한 영향을 미쳤는지를 살펴보아야 한다. 1990년대 후반부터 일본은 중국의 부상을 본격적으로 주목하기 시작했는데, 이는 중국이 경제적 성장에 더해 무기의 현대화 등 군사적 부상을 꾀하고 있다고 판단했기 때문이다.[37] 중국의 경제적·군사적 부상에 따라 일본 내에서는 점차 '중국 기회론'이 쇠퇴하고 '중국 위협론'이 대두하기 시작하였다. 이는 근본적으로 다수의 일본 정치엘리트들이 인식하는 중국의 국가정체성이 변화하였기 때문이다. 가토 고이치와 같이 중국을 우호적 대상으로 인식하는 것까지는 이르지 않더라도, 1990년대에는 대다수가 중국을 경우에 따라 협력이 가능한 대상으로 바라보았다. 그러나 중국의 부상에 따라 점차 중국을 경쟁이 불가피한 대상 내지는 반목의 대상으로 인식하게 된 것이다. 특히 군사·안보적 차원에서는 중국을 일본의 안보를 위협할 가능성이 가장 높은 '외적 세력'으로 일본 정부가 인식하는 데까지 나아갔다.[38] 이러한 과정에서 중국을 협력의 대상으로서 대중관여를 주장하던 '중국 기회론'은 국내정치적으로 설득력을 상실하고, 중국 위협론이 주류적 담론으로 부상하게 되었다.

'중국 위협론'이 주류를 이루게 됨에 따라 대중정책 역시 전반적으로 균형정책으로 전환되었다. 우선 중일 국교정상화 이후 줄곧 이어져오던 경제적 차원의 관여정책 다수가 중단되고, 2000년대 후반부터는 경제적 차원에서도 본격적 중일 경쟁에 접어들게 되었다.[39] 점차 두드러지게 나타난 것은

....

37 김남은, "일본의 국제질서관과 중국: 탈아시아의 인지적 관성 중심으로," 서승원(편), 『중국은 우리에게 무엇인가』(서울: 트리펍, 2017), p. 180.

38 防衛省防衛研究所, 『中国安全保障レポート 2013』(東京: 防衛省, 2014), p. 7.

39 김규판, "중국의 부상과 일본의 대외경제 전략: TPP와 동아시아 금융협력을 중심으로," 박철희

군사·안보적 차원의 균형정책인데, 특히 고이즈미 정권에 이르면 "미일동맹을 통해 부상하는 중국에 대응"한다는 정책기조가 "절대화"되며, 미일동맹을 강화하여 중국에 대한 외적 균형정책을 수행하고자 하는 모습이 보였다.[40] 2004년의 방위계획대강에서는 처음으로 중국의 군비 증강에 대해 '특별한 주의'를 유지할 필요성을 제기하고 있으며, 기동성과 긴급전개 능력을 갖춘 '다기능의 유연하고 효과적인' 군사 능력의 개별을 강조하며 이러한 방안으로서 동맹국 미국과의 군사적 연계를 강화하고자 하였다.[41] 이처럼 중국의 부상은 대중정책 담론의 변화를 거쳐 일본의 대중정책의 전환으로 이어지게 되었다. 이 과정에서 중국 및 근린국과의 관계 개선을 꾀해야 한다는 자민당 정치인들은 모두 비주류로 전락하였으며 그 정책관이 파벌 내에서 더 이상 이어지지 못 했다.[42]

2. 역사 수정주의의 대중담론 장악

그러나 무엇보다 2000년대부터 대중정책 담론을 장악하기 시작한 것은 역사 수정주의로, 이는 고이즈미 수상의 연이은 야스쿠니 신사참배로부터 촉발되었다고 볼 수 있다. 2001년 정권을 잡은 고이즈미 수상은 야스쿠니 신사 참배를 재개하여 퇴임 시까지 매년 참배를 강행한다는 전례 없는 행보를 보였다.[43] 고이즈미 수상의 연이은 야스쿠니 신사참배는 역사문제에

....

(편), 『동아시아 세력전이와 일본 대외전략의 변화』 (서울: 동아시아재단, 2014), pp. 101-36.

40   서승원, "일본의 대중국 전략, 2006~2013," 박철희(편), 『동아시아 세력전이와 일본 대외전략의 변화』 (서울: 동아시아재단, 2014), pp. 175-224.

41   임재환, "일본의 위험 인식의 변화와 방위체제의 재정비- 중국의 군사적 부상과 일본의 대응," 박철희(편), 『일본의 집단적 자위권 도입과 한반도』 (서울: 서울대학교출판문화원, 2016), pp. 48-71.

42   이정환 (2016), pp. 279-83.

43   고이즈미 수상의 야스쿠니 신사참배일은 다음과 같다. 2001년 8월 13일, 2002년 4월 21일, 2003년 1월 14일, 2004년 1월 1일, 2005년 10월 17일, 2006년 8월 15일.

있어 '근린제국에 일정한 배려를 행한다는 종전까지의 일본정치의 '상식'을 깨는' 행동이었다.[44] 참배 강행에 있어서의 고이즈미의 정확한 의중에 대해서는 의견이 엇갈리고 있으나, 흥미로운 사실은 고이즈미가 당시 부상하던 '중국 위협론'과 미일안보협력 강화와는 별개로 "중국의 성장은 일본에게 있어 위협이 아니라 기회"라는 발언을 지속하였다는 점에서 야스쿠니 신사참배와 중일관계를 연관 짓지 않고 있었다는 점이다. 그러나 결과적으로 야스쿠니 신사참배를 계기로 2002년 4월 이후 정상 간 상호방문의 두절, 2005년 4월 제3국 정상회담의 중단 등 중일 관계는 악화 일로에 빠지게 된다. 문제는 이를 옹호하는 역사 수정주의 입장의 우파 민족주의 정치인들이 대거 정권의 주요 요직으로 발탁되면서, 이러한 입장의 정권의 주류 담론으로 자리 잡게 되었다는 것이다.

결국 지속적인 야스쿠니 신사참배 및 우파 민족주의 정치인의 기용을 통해 국내적으로 역사 수정주의 담론의 부상 및 담론 장악을 촉진한 고이즈미는 대중정책의 역사문제로의 획일화를 야기하였다. 역사 수정주의가 대중정책 담론을 장악하게 된 이후부터는, 대중정책이 관여와 균형이라는 전략적 정책결정이 아닌 강경한 역사인식 문제로 획일화되어가며 역사문제가 불거질 때마다 중일 관계가 정체되는 양상을 보이게 된 것이다. 역사인식 문제로 갈등이 형성될 때마다 중국 측의 부정적 대응만이 문제가 아니라 국내적으로 역사 수정주의 정책 및 인식을 옹호하는 목소리가 높아지면서 전략적 대응이 불가능해졌기 때문이다. 그러나 중일의 모든 외교문제가 역사문제로 수렴하는 패턴을 보이게 된 것도 큰 문제이지만, 관계 개선의 실마리를 지니고 있는 '대중관여-역사화해'의 대중정책 담론이 자취를 감추게 된 것이 가장 큰 문제라고 할 수 있다.

'대중관여-역사화해'의 대중친화담론이 자취를 감추게 된 이유는 역

....

44   宮城大藏, "二一世紀のアジアと日本一二〇〇〇年代~," 宮城大藏(編), 『戰後日本のアジア外交』(東京: ミネルヴァ書房, 2015), p. 250.

사 수정주의의 국가적 담론 장악에 따라 국내적 여론이 대중친화담론에 대한 혐오감으로까지 이어졌기 때문이다. 가토 고이치는 정계에서 실각한 이후에도 고이즈미의 야스쿠니 신사참배에 대한 비판, 중국의 반일데모에 대한 국내적 이해의 도모, 미일동맹 일변도 정책에 대한 비판 등 대중친화적인 발언을 2000년대 지속하여 왔다.[45] 그러나 이러한 가토의 발언은 더 이상 국내적 지지를 받지 못하고, 오히려 일본 내부에서 친중파를 넘어 미중파(媚中派)라는 평가를 받기에 이르렀다.[46] 가토 고이치와 같은 대중관여-역사화해 노선에 대한 반발감이 극에 달했던 시기의 대표적인 사건이 2006년 8월 15일 발생한 가토 고이치 저택 방화사건이었다.[47] 일본보수단체의 회원이었던 당시 방화사건의 용의자는 가토 고이치가 고이즈미 수상의 야스쿠니 신사참배와 대중·대한정책에 대한 비판을 했던 사실을 범행의 동기로 꼽았다. 그러나 가토 고이치가 했던 발언의 수위는 "중국 및 한국과의 관계의 입장에서도 야스쿠니 신사참배에 대해 생각해보아야 한다," "일중관계에 있어 피해자로서의 중국의 입장도 고려해야 한다," "'일본의 매파적 움직임'에 대해 중국정부가 그 대응으로서 구별책임론에 대해 재고가 필요하다는 언급을 시작해 우려된다"는 정도의 수준으로 이는 1990년대에는 국내적으로 수용되던 수준이었다. 이처럼 약간의 대중관여-역사 화해주의적 의견에 대해서도 반발감을 표현하는 사회의 분위기는 일본 정계 내에서 대중친화담론의 점차적 축소와 대중정책 전략성의 쇠퇴를 야기했다고 할 수 있을 것이다.

....

45   加藤紘一, "こじれた日中関係をどう立てなおすか," 神保哲生, 宮台眞司(編), 『中國─隣りの大國とのつきあいかた』(東京: 春秋社, 2007), pp. 4-40.

46   加藤紘一 (2006), p. 43.

47   若宮 啓文 (2014), pp. 83-4.

V. 결론

이상과 같이 탈냉전 이후 일본의 대중정책 변화 과정의 근간에 국제구조의 변화뿐만 아니라 국내적 대중정책 담론 및 인식의 변화가 있었음을 살펴보았다. 특히, 가토 고이치로 대표되던 '대중관여-역사화해' 노선의 대중친화담론이 1990년대까지는 국내정치적으로 수용되고 있었으며, 대중정책에 있어서도 관여정책이 주를 이루었음을 확인할 수 있었다. 그러나 1990년대 후반부터 중국의 부상이 가시화됨에 따라 중국 위협론이 중국 기회론을 압도하게 되었으며, 2000년대부터 역사인식 문제가 본격적으로 개입되면서 역사인식에 있어서도 역사 수정주의 노선이 담론을 장악하게 되었다. 그 과정에서 종래의 가토 고이치와 같은 대중친화담론은 일본 정계에서 점차 종적을 감추게 되었다. 한편 역사 수정주의 노선의 담론 장악에 따라 기존의 중국 기회론과 중국 위협론 차원의 논의를 넘어 일본의 대중정책이 전략성을 상실하고 양국관계가 역사 갈등문제로 구조화되고 있는 측면이 존재한다.

탈냉전기 일본 대중정책에 대한 이해 외에도 본문은 다음과 같은 의의를 지닌다. 먼저, 일본정치에 대한 이해의 측면이다. 1990년대 YKK 정치동맹과 고치카이를 중심으로 활발하게 활동하며 차기 수상 후보로 각광받던 가토 고이치가 2000년대에 접어들어 점차적으로 일본 정계에서 설 자리를 잃어가는 모습은, 그의 개인적 정치역량 부족을 떠나, 국내적 변화, 특히 대중정책 담론의 변화와 일치하는 모습을 보인다. 2000년대 중국 위협론에 더해 역사 수정주의로 국내의 대중정책 담론이 수렴되어가는 과정에서도 대중관여-역사화해 입장의 발언을 지속한 가토 고이치는, 미중파(媚中派)라는 평판 속에서 주류 정계에서 아예 도태되었다. 이와 같은 가토 고이치의 몰락 과정은 일본 정계의 역사 수정주의 및 보수화로의 진행 양상을 보여주는 것이기도 하며, 일본 대중정책 변용의 배경을 나타내기도 한다. 한편, 가토 고이치라는 인물의 중요성에 비해 그에 대한 연구가 아직 많이 이루어지지 않았으며 일본의 대중정책 담론이 본문과 같이 유형화되는 것이 드물었다는 점에서도 본문은 의의를 지닌다.

마지막으로, 향후 일본의 대중·대아시아 정책과 동아시아 지역질서의 향방에 대해 생각해볼 수 있다. 최근 일본의 보수화 행보는 가토 고이치의 전향적인 아시아 외교 노선과는 정반대의 담론 속에서 이루어지고 있다. 특히, 2010년대부터 장기 집권하고 있는 아베 정권은 중국을 넘어 아시아 전체에 대한 군사적 균형·역사 수정주의 외교정책 노선으로 나아가고 있다. 나아가 이는 헌법 개정을 통한 국방군 창설, 국가안전보장회의의 창설, 방위계획대강의 개정, 집단적 자위권의 용인, 미일 가이드라인의 개정 등 기존 미일동맹 중심의 안보정책을 넘어서 보다 적극적인 아시아 균형정책을 펼치려고 한다는 점에서 위협적이다. 그러나 이보다 더한 문제는 동아시아 역사문제에 대한 역사 수정주의가 국내정치적으로 득세하면서, 대아시아 정책 자체가 균형-역사수정 정책으로 획일화되어가고 있다는 점이다. 이처럼 일본 정계 내에서 실리주의적 역사인식이 사라져가고 있다는 사실은 향후 일본과 동아시아 국가 간의 갈등의 장기화 가능성을 시사하기도 한다. 이러한 상황에서 한때 관여-역사화해의 입장에서 근린국과의 관계 개선을 추구했던 가토 고이치에 대해 알아보는 것은 의미가 있을 것이다.

참고문헌

국민대학교 일본학연구소 편.『일본 파워엘리트의 대한정책』서울: 도서출판 선인, 2016.

박철희.『자민당 정권과 전후 체제의 변용』서울: 서울대학교출판부, 2011.

박철희 편.『동아시아 세력전이와 일본 대외전략의 변화』서울: 동아시아재단, 2014.

박___.『일본의 집단적 자위권 도입과 한반도』서울: 서울대학교출판문화원, 2016.

서승원 편.『중국은 우리에게 무엇인가』서울: 트리펍, 2017.

정구종.『일본의 국가전략과 동아시아 안보』서울: 논형, 2016.

Howe, Christopher. ed. *China and Japan: History, Trends, and Prospects*. Oxford: Clarendon Press, 1996.

Johnstone, Christopher B. "Japan's China Policy: Implications for US-Japan Relations." *Asian Survey* 38-11 (November, 1998).

Mochizuki, Mike M. "Japan's shifting strategy toward the rise of China." *Journal of Strategic Studies* 30-4,5 (August, 2007).

O'Shea, Paul. "Dodgy dumplings and lethal liver: risk, food terrorism, and Sino - Japanese relations." *The Pacific Review* 28-2 (January, 2015).

US NARA, 'Interagency Working Group(IWG)', RG59, Entry ZZ 1005(A1 5697)

RG 59, Entry ZZ 1005, Box 1, Folder4, Item 26 Emperor's visit points.

浅川博忠.『自民党・ナンバー_2の研究』東京: 講談社, 2002.

奥島貞雄.『自民党幹事長室の30年』東京: 中央公論新社, 2002.

加藤紘一.『いま政治は何をすべきか : 新世紀日本の設計図』東京: 講談社, 1999.

_____.『新しき日本のかたち』東京: ダイヤモンド社, 2005.

_____.『テロルの真犯人』東京: 講談社, 2006.

_____.『強いリベラル』東京: 文藝春秋, 2007.

シンクタンク2005・日本 編.『自民黨の智惠』東京: 成甲書房, 2008.

神保哲生, 宮台眞司 編.『中國―隣りの大國とのつきあいかた』東京: 春秋社, 2007.

田中明彦.『日中関係 1945-1990』東京: 東京大学出版会, 1991.

谷野作太郎, 服部龍二, 若月秀和, 昇亜美子 編.『外交証言録 アジア外交: 回顧と考察』東京: 岩波書店, 2015.

服部龍二.『日中国交正常化 - 田中角栄、大平正芳, 官僚たちの挑戦』東京: 中央公論新社, 2011.

防衛省防衛研究所.『中国安全保障レポート 2013』東京: 防衛省, 2014.

宮城大藏 編.『戦後日本のアジア外交』東京: ミネルヴァ書房, 2015.

山崎拓.『YKK秘録』東京: 講談社, 2016.

若宮 啓文.『戰後70年 保守のアジア觀』東京: 朝日新聞出版, 2014.

"['90政局 自民・人模樣/3] 宮沢と加藤、河野." 『毎日新聞-東京朝刊』1990년 1월 14일.

"反省と不戦強調 訪中の加藤紘一自民党政調会長." 『毎日新聞-大阪朝刊』1994년 8월 16일.

"人脈強化狙い訪中ラッシュ 政局小康状態 与党首脳・幹部続々." 『毎日新聞-東京朝刊』1994년 8월 18일.

"村山政権を重視の姿勢 中国・江沢民国家主席." 『朝日新聞-朝刊』 1994년 8월 18일.

"抗日記念館は視察ラッシュ 自民幹部ら北京に続々." 『朝日新聞-夕刊』 1994년 8월 25일.

"「中国念頭にない」ガイドライン見直しで言明 訪中の加藤紘一氏." 『朝日新聞-朝刊』 1997년 7월 16일.

"自民・加藤紘一元幹事長、中国副主席と会談." 『朝日新聞-朝刊』 1999년 10월 29일.

"加藤紘一氏・衆院委招致, 疑惑残し、突然の退場." 『毎日新聞-東京朝刊』 2002년 4월 9일.

제9장

'보편'의 환영과 쟁투: 나가사키 구라바엔(Glover Park)의 문명사적 장소성 고찰

I. 들어가며

일본의 남단 큐슈(九州) 나가사키(長崎)시에 위치한 구라바엔(グラバー園, Glover Park)은 메이지 시대의 상징적 장소로서 일본의 국가 문화유산지구로 지정되어 있다. 나가사키시는1970년부터 지역 일대에서 메이지시대의 흔적(traces)과 연루되어 있는 장소들[1]을 발굴하여 '나가사키 메이지마을'의 조성사업을 기획하였으며, 1974년 시민 공모전에서 명칭이 선정되면서 현재의 '구라바엔'이 탄생하게 되었다.[2] 여기에서 '구라바'는 19세기 말 나가사키에서 활동하였던 스코틀랜드 출신의 영국 무역상 토마스 글로버(T.B. Glover, 1838-1911)에게서 유래된 것으로, 그는 일본 근대화 과정에서 정치, 경제, 사회 전반에 상당한 영향을 미친 것으로 평가된다. 한편, 2015년에는 구라바엔이 '메이지일본의 산업혁명유산 제철·철강, 조선, 석탄 산업(이하 메이지 산업유산)'의 일부로서 유네스코 세계유산으로 등록되어 다시금 이목을 끌기도 하였는데, 이는 일제 식민시기 조선인에 대한 강제동원이 이루어졌던 산업지대를 대거 포함하여 등록 과정에서 한국 및 국제사회의 비판을 받기도 하였다.

본고는 구라바엔이 위치한 복합적인 시공간성에 주목하여, 19세기 구라바엔의 장소성이 근대적 '보편'성의 표방에 있다고 주장한다. 특히 구라바엔을 무대로 이루어진 무역상 글로버의 행보를 중심으로 이후 메이지유신의 주역이 되었던 젊은 사무라이들과 교류하며 막말기 정치 상황에 개입하게

....

1 John Anderson, *Understanding Cultural Geography : Places and Traces*, 이영민, 이종희 옮김, 『문화·장소·흔적: 문화지리로 세상 읽기』 (파주: 한울 아카데미, 2013).
2 구라바엔 공식 홈페이지, "History in Glover Garden," http://www.glover-garden.jp (검색일: 2018. 03. 15).

되었던 장면에 주목하고자 한다. 막부(幕府) 말기(이하 막말기) 그는 무역상으로서 막부 토벌 세력(이하 토막 세력)이 서구의 근대적 무기를 입수할 수 있도록 중개하여, 일본의 대내외적인 세력 구도가 질적으로 변화하게 되는 계기가 마련되었다.[3] 이로부터 서세동점 이후 구라바엔을 무대로 이루어진 이해관계의 분열과 갈등의 양상, 그리고 조정의 과정을 살펴보고 서구문명 표준이 일본사회의 새로운 '보편'으로서 스며들게 되는 경위를 추적해볼 수 있을 것이다. 이를 통해 본고는 당대 구라바엔의 국제관계사적 장소성을 밝히고 막말기 국제관계사의 의미 있는 한 장소에 대한 보다 입체적인 재해석을 제시하는 것을 목표로 한다.

이러한 문제의식에서 본고는 다음과 같이 진행된다. 2장에서는 당대 일본의 대내외적 배경에 주목하여 문명사적 격변기에 나타나는 이해관계의 분열과 충돌이 어떻게 전개되었는지 살펴볼 것이다. 3장에서는 이러한 이해관계 간의 갈등이 조정되는 장소로서 구라바엔에 주목하고, 그 대표적인 사건으로서 글로버와 일본의 국민적 영웅으로 기억되는 사카모토 료마(坂本龍馬, 1835-1867)의 무기거래 협상 과정을 조명해보고자 한다. 4장에서는 앞에서의 작업을 토대로 구라바엔에서 이루어진 정치적 역동의 과정이 메이지유신으로 이르는 주요한 길목을 만들었으며, 한편 구라바엔은 코스모폴리탄적인 서구 문명의 '보편'관념의 단편들이 집약되는 장소로서 들여다보고자 한다. 5장에서는 이제까지의 소견을 정리하고 나아가 현대 일본정치의 맥락에서 구라바엔이 어떠한 정치적 의미구조가 부여되고 있는지 그 현주소를 검토해보고자 한다.

한편, 본고에서 주목하고 있는 '장소성'의 개념은 우선 일찍이 이에 관

....

3　'메이지일본의 산업혁명유산 제철·철강, 조선, 석탄 산업(明治日本の産業革命遺産 製鉄·鉄鋼、造船、石炭産業)의 유네스코 등재 사업의 구체적인 추진 과정과 이를 둘러싼 비판적 논의는 다음의 글들을 참조. 박수경, "세계유산등록을 둘러싼 한일 재현의 정치," 『일본문화학보』 제72집 (2017); 강동진 외, "일본 큐슈-야마구치 일원 근대화 산업유산군의 세계문화유산 등재에 대한 비판적 고찰," 『대한·도시계획학회지』 제49집 (2)호 (2014).

한 지적 축적 작업이 이루어진 인문지리학에서의 정의를 빌려오면, '맥락과 문화 간 상호교차의 산물'이라고 할 수 있다. 즉 구체적인 위치에서 이루어지는 문화와 맥락의 복잡한 교차로에서 독특한 정체성과 의미, 장소성이 발생하게 된다는 것이다. 한편, 정치학에서도 장소의 관점에서 정치관념 및 정치 현상의 특수성을 포착해야 한다는 주장이 제기되어 왔다.[4] 나아가 비교문명권적 분석으로서 공시적이고 통시적인 분석과 장소에 대한 고찰이 필요하며,[5] 이에 대한 실천적 방법으로서 시간의 축을 확장하여 동아시아의 전통적인 국제관계사 연구의 축적이 필요하다는 주장이 제기되기도 하였다.[6] 본고는 이러한 이론적 배경에서 서세동점에서 팽창하는 세력의 입장이었던 구미 중심의 국제관계에 대한 설명방식에서 틈새를 밝히고자 하는 시도로서, 지배적인 시각에서 비가시화 되어온 문명사의 서사를 재구성하는 작업이 될 것이다. 이는 시론적이나마 장소성이라는 개념을 중점에 두어 일본, 나아가 동아시아 국제관계사의 역사적 참고문헌을 풍부하게 확장하는 데 있어서 기여할 수 있을 것이라 기대된다.

II. 서세동점의 충격과 새로운 갈등의 분출

19세기는 1840년 중국의 아편전쟁을 기점으로 서구 열강의 제국주의적 쓰나미가 동아시아 지역에 밀려들었던 시기였다. 서구 열강은 함포외교를 통해 개항을 압박하였고 이러한 과정에서 서양국가들과의 불평등 조약이 맺어졌으며 이에 따라 동아시아의 대외 질서는 유럽의 만국공법질서체계 즉 근대국제질서의 주변부로 편입되어 들어가게 되었다. 그 이전까지 한자

....

4   이용희, 『일반국제정치학(상)』(서울: 박영사, 1974), pp. 61-99.
5   김용구, 『외교사란 무엇인가』(서울: 원, 2002), pp. 29-40.
6   전재성, 박건영, "국제관계이론의 한국적 수용과 대안적 접근,"『국제정치논총』제42집 (4)호 (2002).

문명권 세계는 주지하는 바와 같이, 오랜 기간 고유한 중화(中華)질서 패러다임 하에 운영되고 있었다. 그러나 서양제국의 등장은 새로운 문명표준을 강압적인 방식으로 밀어붙이고 들어왔으며, 중화문명권에 위치한 국가들은 운명의 갈림길에서 국가의 방향성을 선택해야 했다. 이 시기 일본은 중국을 문명의 표준으로 삼고, 중화문명권 외부의 타자를 오랑캐로 간주하는 전통적인 화이(華夷)관념을 견지하고 있었다. 그러나 일본은 상대적으로 중화문명권의 주변부에 위치해 있다는 지정학적 특성 및 정치 엘리트가 사대부가 아닌 무사계급이라는 특수한 정치적 요건에서 독특한 일본의 화이관념이 작동하고 있었다. 즉 중화질서의 명분론으로부터 상대적으로 자유로웠으며 자국에서 발생하는 대내외적인 상황을 우선적으로 고려하는 현실주의적 경향이 짙었던 것이다.[7]

1854년 미일화친조약으로 인해 나가사키는 일본 최초의 근대적 개항장이 되었다. 이처럼 일본이 근대적 조약체계에 편입되기 이전에는 나가사키 해안에 위치한 데지마(出島) 섬에서 대외교역 및 교류가 유일하게 이루어졌다. 일찍이 도쿠가와(德川) 막부는 양이의 시선에서 서구문물과 학문의 유입을 경계하는 한편 인공섬 데지마를 설계하여 이에 대한 최소한의 창구를 마련해 놓았던 것이다. 그러나 조약 체결 이후 나가사키에서의 대외교역은 화이관념 하에서 운영된 데지마의 경우와는 상당한 차이가 있는 것이었다. 무엇보다도 대외교역에서의 막부의 통제권이 크게 축소되었다. 일례로 기존의 데지마의 네덜란드 무역상은 화이관념에 따라 중화문명권의 외부에서 온 '타자'로서 막부의 질서체계를 수용하고 막부관료에게 스스로를 낮추는 관행을 보였던 반면, 19세기 영국 영사는 역으로 관료에 대한 임의의 소집명령권을 행사할 수 있었다.[8] 이처럼 이 시기에 일본의 대외관계 양상이

....

7   植手通有, "対外観の転回", 『近代日本政治思想史』 (東京: 有斐閣, 1971), pp. 39-41.
8   Sidney Devere Brown, *Nagasaki in the Meiji Restoration: Choshu Loyalists and British Arms Merchants* (1993), http://www.uwosh.edu/home_pages/faculty_staff/earns/meiji.html (검색일: 2018. 04. 02).

전면적으로 변환하게 되었으며, 나가사키는 조약체계에 근거하여 외교관 및 영사제도 등을 수용하고 근대 국제정치의 본격적인 무대로 재구성되어갔다.

한편 서세동점의 충격은 일본의 대내적 상황에도 큰 영향을 미쳤다. 1853년 페리제독의 등장 및 개항 요구 이후 각 지역, 즉 번(藩)의 다이묘(大名)들 사이에서는 '개국과 쇄국'을 둘러싼 격렬한 논쟁이 일어났으며 이를 둘러싸고 정치세력 간의 이해관계가 분열되었다. 그러나 막부는 이 사안에 있어서 정황을 분명하게 파악하거나 이들의 요구에 적극적으로 대응하는 등의 효과적인 리더십을 발휘하지 못하였고, 잇따라 막부에 대한 번의 신뢰도가 떨어지게 되었다. 한편 막번(幕藩) 체제의 바깥에서는 외세에 대항하여 일본 전통의 가치를 모색하고 중앙의 힘을 강화하고자 하는 시도가 이루어지면서 지난 수세기 동안 상징권력에 머물러 있었던 천황에 대한 정치적 관심이 높아졌다.

1864년의 금문의 변(禁門の変)은 이러한 대내외적인 혼란 및 이해관계의 분열이 극적으로 표출된 사건이었다. 이는 '천황을 중심으로 오랑캐를 배격해야 한다'는 '존황양이론(尊皇攘夷論)'을 주장하는 조슈(長州)번이 교토(京都) 시내에서 시가전을 벌인 것으로 개항 이후 막부에 대한 불신과 반발이 나타난 것이다.[9] 변란은 사쓰마(薩摩)번의 군대가 막부 측의 선봉에 서면서 조슈 군의 퇴각으로 막을 내렸다. 조슈번과 사쓰마번은 막번체제에서 매우 유력한 세력들이었고 막부는 양자의 힘을 조정하는 전략으로 패권을 유지해 왔다. 금문의 변의 경우에서도 막부가 천황의 안위를 명분으로 사쓰마번을 제 편으로 끌어들이는 한편, 조슈번의 도발을 경계한 것이다. 한편, 사쓰마번의 관점에서 막부–사쓰마번의 연정을 본다면 이는 당시 사쓰마번의 정치적 입장이 조슈가 주창하는 '양이론'이 아니라 조정과 막부, 그리고 번의 통치력을 합해야 한다는 '공무합체론(公武合体論)'에 기울어 있었으며 그

....

9   Albert Craig, "The Restoration Movement in Choshu," *Journal of Asian Studies* 18-2 (February, 1959), pp. 187-97.

이해관계의 연장선에서 막부와의 연정이 이루어졌던 것으로 볼 수 있다.

금문의 변은 그 자체로서도 교토 시내에서 20,000호 이상이 피해가 발생하였던 파국적 분쟁이었으나, 막부가 이에 대한 보복 조치로서 즉시 1차 조슈정벌에 나서게 되면서 이는 막말기 최대 규모의 내전으로 비화하였다. 막부군은 조슈군이 교토에서 퇴각한 즉시 변란의 책임을 묻는다는 명분으로 35개의 번에서 약 15만명 군대를 동원하였다. 이러한 과정에서 조슈번은 조정(朝廷)의 적, 조적(朝敵)으로 낙인되었으며 이는 번 외부의 교역 및 교류 또한 금지된다는 것을 의미하는 것이었다. 다른 한편, 당시 교토 내에서 조슈 떡(長州おはぎ)이 폭발적으로 팔리면서 '조적'인 조슈 군에게 힘을 보태고자 하는 기이한 동향이 나타나기도 하였다.[10] 이는 당대가 개국과 쇄국의 논쟁 앞에서 다양한 정치적 입장이 분열되어 대두되었으며 일본 내부에서 경쟁적으로 병존하고 있었음을 암시한다.

그리고 이듬해인 1865년, 이러한 갈등은 근대적 군제개혁의 경쟁[11]으로 번져갔으며 그 과정에서 무기거래에 대한 수요가 급격하게 상승하였다. 조슈군은 교토에서 후퇴한 직후 시모노세키(下關) 항구에서 영국, 프랑스, 네덜란드, 미국이라는 4개국의 함대와 맞부딪치는 시모노세키전쟁 일명 바칸전쟁(馬關戰爭)을 겪으면서 양이(攘夷)론 시행의 비현실성을 몸소 경험하게 되었다. 이로부터 이들은 진전된 기술력 앞에서 외세를 배척할 것이 아니라 현실적으로 근대적인 군제개혁을 통해 막부에 대한 군사적 대항력을 키우는 것이 전략적이라고 판단하게 된 것이다. 그러나 당시 조슈는 조적으로 낙인되어 대외교역을 자유롭게 추진할 수 없었기 때문에 근대적 무기를 입수하는 방법을 모색해야 했다.

한편, 막부 또한 조슈정벌과 바칸전쟁 이후 대내적 분열의 위험성 및 서

....

10   石永雅子, "残念さんと隊中さま-『物語』に見る文化コード-,"『山口県史研究』18号 (2010); 石永雅子, "長州おはぎ-山口県立萩高等学校における歴史教育と地域共生教育の実践,"『山口県地方史研究』109号 (2013).

11   Brown (1993).

구 무기체제의 선진성을 분명히 인지하게 되었다. 특히 바칸전쟁 이후 서구 열강은 막부에게 배상금을 지불하거나 시모노세키를 개항하도록 요구하였는데, 막부로서는 양자 모두 부담스러운 것이었다. 배상금은 지나치게 과도하게 측정된 한편 시모노세키는 조슈번 인근에 위치하여 조슈번의 무기거래 창구가 될 수 있기 때문이다.[12] 결국 막부는 프랑스의 권유에 따라 배상금을 지불하고 조슈번에 대한 경계태세를 더욱 기울이기로 한다. 그러나 이는 막부 내에서 프랑스의 영향력이 확장되는 것이기도 하였다. 프랑스는 전통적인 막부의 권력을 보호한다는 명분에서 막부와의 교역을 독점하고 이로부터 상당한 경제적 이득을 취하게 된 것이다. 또한, 이는 일본의 대외교역을 둘러싼 영국과의 경쟁에서 프랑스가 우위를 점하게 되는 것이기도 하였다.

이처럼 19세기 일본은 문명사적 격변기를 맞이하고 있었으며 대내적으로 서구의 유입과 압박을 어떻게 인식하고 대처할 것인가에 관한 치열한 논쟁이 전개되었다. 그 과정에서 막부와 번, 번과 번, 혹은 번을 초월하는 이해관계의 분열이 나타나는 한편, 이제까지 '화이'로 간주하여 온 서구세력이 일본 문명사에서 주요 행위자로 부상하게 되었다. 한편, 선진 서구문물의 유입으로 이를 둘러싼 새로운 갈등 구조가 나타나게 되었다. 막말기 일본은 이러한 대내외적 질서의 질적 변화에 어떻게 대응하며, 또한 새롭게 대두되고 있는 이해관계의 충돌을 어떻게 조정하고 해결해 갈 것인가로 해 갈 것인가의 과제에 당면하게 된 것이다.

III. 구라바엔, 이해관계 조정의 장(場)

현 구라바엔에 위치한 토머스 글로버의 저택에는 서세동점의 혼란 속에

----

12 杉浦裕子, "幕末期における英仏の対日外交とトマス·グラバー," 『鳴門教育大学研究紀要第』 27号 (2012).

서 서구에 대한 호기심과 경계심, 혹은 서구 선진문물에 대한 실제적인 필요성 등에 의하여 다양한 정치세력이 모여들었고, 이는 막말기의 새로운 이해관계의 충돌이 분출되고 조정되는 장으로서 주목해볼 필요가 있다. 이로써 문명사적 변환기 일본에서 구라바엔을 무대로 어떻게 서구의 문명표준이 새로운 '보편'으로서 확산되었으며 왜 구라바엔은 그 무대로서 적합하였는지 고찰해볼 수 있을 것이다. 특히 1865년에 이루어진 사카모토 료마와의 무기거래 협상에 초점을 두고 격변기의 다양한 정치적 이해관계의 충돌이 기회주의적인 합의점에서 조정되는 사건으로서 볼 수 있다. 우선은 글로버라는 인물의 행적을 간략히 추적하여 그가 놓인 시공간적 특수성 및 정치적 동기를 드러내고, 이로부터 구라바엔에서 이루어진 료마와의 무기거래 협상을 살펴보고자 한다.

1. 토마스 글로버의 정치적 동기의 복합성

토마스 글로버의 삶의 경로는 19세기 서구의 제국주의적 팽창의 흐름을 대변이라도 하는 듯이 스코틀랜드, 상해, 그리고 나가사키로 이르며, 이로부터 그의 복합적인 정치적 동기가 드러난다. 1838년 스코틀랜드의 해안도시에서 태어난 그는 유년기에는 빅토리아 시대의 고급 교육을 받았으며 가족사업인 항해기술에 어려서부터 큰 관심을 보였다.[13] 1857년에는 빅토리아 시대의 기상 높은 바다 청년으로서, 혹은 대영제국의 팽창을 꿈꾸는 제국주의자로서 그는 중국 상해로 건너가 극동지역 무역으로 명성 높은 자르딘 마티슨 상회(Jardin & Matheson co.)의 일원으로 합류하였다. 당시 상해의 대외교역은 1840년 아편전쟁 이후 체결된 난징조약에 의해 개방된 이래로 영국이 독점하고 있었으며 그중에서도 그가 속한 자르딘 마티슨 상회는

....

13   Alexander McKay, *Scottish Samurai: Thomas Blake Glover 1838-1911* (Edinburgh: Canongate, 1993), pp. 2-3.

3대 상품인 비단, 차, 아편 무역에서 상당한 수익을 거두고 있었다.[14] 그러나 청년 글로버는 이곳의 안정적 생활에서 금세 권태를 느꼈고 1859년 상대적으로 미개척지인 일본으로 건너가게 되었다.[15]

서구의 시선에서 당시 일본은 대외교역의 잠재성이 높은 만큼 외국 무역상에게는 위험한 국가였다. 1853년 흑선의 출몰 이래로 일본 국내에서 개항에 대한 반발심이 고조되었으며 외국인을 대상으로 하는 테러범죄가 발생하기도 하였다. 그러나 글로버는 반외세의 움직임을 주도하던 젊은 사무라이 세력과 막부에 대한 불만을 공유하면서 이들과 정서적 유대를 형성하였다. 당시 사무라이 세력 사이에서는 서세동점의 혼란기에 막부가 적극적으로 이에 대처하지 못하고 있다는 비판이 확산되고 있었고, 글로버 또한 막부의 교역 규제책에 부딪치고 있었던 것이다.[16] 이들과의 정서적 유대는 정치적 결속으로 나아가, 이후 글로버가 일본의 내부 정세를 파악하고 직간접적으로 막말기 정치 상황에 개입하게 되는 주요한 기반이 형성되었다.

1862년 글로버는 자신의 이름을 내걸고 자르딘 마티스사의 대리 지점으로서 글로버 상회(Glover co.)를 설립하였다. 그는 차와 비단 무역을 시작으로 상회의 규모를 확장하였고 1863년에는 미나미야마테 지역에 글로버 저택을 세워 나가사키 중심부로 거점을 이전하였다. 본격적으로 그의 활동 본거지가 나가사키 시내로 옮겨 온 것이다. 이처럼 스코틀랜드 해안 도시로부터 나가사키에 이르기까지의 그는 제국과 비제국, 막부 권력과 토막 세력, 경제적 실리와 명분이라는 서로 다른 층위의 대립축이 복잡하게 얽혀있다. 따라서 글로버를 중심으로 19세기 구라바엔의 장소성을 이해하는 데 있어서 그가 대영제국의 국민으로서 제국주의적 시선에서 일본 정국에 개입하고자 한 것인지, 'Scottishi Samurai'로서 막부정권을 타도하고 일본 근대화

....

14   신윤길, "영국의 대외무역과 동인도회사 연구," 『서양 역사와 문화 연구』 제10집 (2004).

15   McKay (1993), pp. 8-13.

16   McKay (1993), p. 17.

에 이바지하고자 한 것인지, 혹은 무역상으로서 거래 이윤을 극대화하고자 한 것인지 다층적으로 접근할 필요성을 확인할 수 있다.[17]

2. 기회주의적 합의점, 1865년 무기거래 협상

이러한 글로버의 복합적인 정치적 동기를 충분히 고려한다는 전제에서, 사카모토 료마와의 무기거래 협상을 본격적으로 조명해볼 수 있겠다. 료마는 도사(土佐)번 출신의 하급 사무라이로서 메이지유신의 산파이자 현재 일본에서 막말기의 대표적인 영웅으로 간주되는 인물이다. 1865년 구라바엔에서 글로버와 료마는 글로버상회와 조선업을 기반으로 한 무역회사인 카메야마샤츄(龜山社中)의 경영자로서 대면하여 무기거래 협상을 타결한다. 그 결과 조적으로 낙인된 조슈번이 사쓰마번의 명의로 근대적 무기를 입수하게 되었고, 1864년의 금문의 변과 1차 조슈정벌에서 극대화되어 나타났던 조슈번과 사쓰마번의 이해관계 분열 및 갈등 양상은 새로운 국면을 맞이하게 되었다. 두 상회의 공조에서 양번은 서로 다른 정치적 이해가 상호 충족될 수 있는 합의점에 도달할 수 있었던 것이다. 이는 상이한 정치적 이해관계가 질적으로 공유되었다기보다 갈등 구조가 일시적인 균형을 이룬 것이었다. 그리고 이는 유력한 세력들을 결집시켜 세력 구도에 변화가 나타나게 되었다.

글로버와 료마는 외국인, 하급 사무라이로서 전통적 의미에서 정치의 주변부에 위치해 있었으나 시대에 대한 독자적인 통찰력을 바탕으로 기존의 막번체제나 신분제도를 넘어서 정치 지형에 변화의 계기를 만들어내고 선진적인 서구의 무기체제라고 하는 근대의 물리적 조건을 일본사회에 끌어들였다. 료마는 글로버와는 또다른 자신의 삶의 경로에서 격변기를 경험

....

17   Brown (1993). 토머스 글로버는 토막 세력과 교류하며 스스로를 "도쿠가와 막부의 반역자 중에서도 나는 최대의 반역자이다"라고 표현하는 한편, 막부와의 교역에서 오랜 기간 경제적 이득을 취했으며, 영국 공사와 유력 번 세력 간의 회담을 중개하여 영일관계에 깊이 관여하기도 하였다.

하였다. 그는 반동적 존황양이의 정서가 풍미하였던 도사번에서 태어나 서양체험이 있는 선구자와 교류하였던 에도(江戸)를 거쳐 독자적인 이상의 실천의 장으로서 나가사키에 이르렀다. 이처럼 도사번, 에도, 나가사키, 곧 구라바엔으로 이르는 그의 행적을 쫓는 작업으로부터 글로버와 료마의 시대 인식 및 정치적 동기를 이해하고 이드르이 무기거래 협상 과정을 추적해볼 수 있겠다.

1850년대부터 일본에서는 서양세력의 위협에 대항하는 재무장의 필요성 논의가 제기 되었고 그 실천의 장으로서 전통무술 및 검술 도장이 대거 운영되었으며 이 공간은 사무라이 정신의 전통을 강조하는 반(反)개화의 중심지로서도 활용되었다.[18] 도사번의 사카모토 료마 또한 유년기에 이러한 급진적 분위기에 노출되어 있었고 청년기에는 1853년 페리제독의 흑선 출현 이래로 젊은 사무라이 계층에서 확산된 존황양이론의 정서를 흡수하게 되었다.[19] 구미 오랑캐의 유입과 막부 고위층의 타락에 대한 분노, 그리고 천황에 대한 뜨거운 충성심이라는 명료하고도 단순한 '사무라이 정신'의 감정적 동요가 청년 사카모토 료마를 추동하였던 것이다. 1862년 료마는 국가 무대에서 제 역할을 모색하고자 협소한 도사번을 이탈하여 이른바 '탈번'을 감행한다.[20] 그는 존황양이론의 대의(大義) 앞에서 자신의 신분과 막번체제의 제약이 결정적인 한계가 된다고 판단하고, 막부를 전면에서 거역하는 결단을 내리게 되는 것이다.

탈번 이후 그는 에도에서 반막부·반외세 성격을 보이는 고위층 인사에

....

18 Marius B Jansen, *Sakamoto Ryoma and the Meiji Restoration*, 손일, 이동민 옮김, 『사카모토 료마와 메이지유신』(서울: 푸른길, 2014), pp. 129-30.

19 당대 도사번 근왕주의자 사상에 대해서는 다음 문헌을 참조. 日本史籍協会 編, 『武士瑞山関係文書 I』(東京: 東京大学出版会, 1929), pp. 36-53; Herschel F. Webb, "The Mito Theory of the State," in Jone E. Lane (ed.), *Research in the Social Science on Japan* (New York: Columbia University John East Asian Institute Studies, 1957), pp. 33-52.

20 료마의 탈번과 이동경로에 대한 구체적인 연대기는 다음 문헌을 참조. 平尾道雄, 『海援隊始末記』(東京: 東京大学出版会, 1941).

대한 테러 대열에 합류하여 네덜란드 학문[蘭學]의 전문가이자 미국 사절단이었던 가쓰 카이슈(勝海舟, 1823-1899)의 암살을 시도한다. 그러나 료마가 그와의 대면에서 오히려 개국론으로 선회하게 된 극적 일화는 이른바 '료마 영웅담'의 가장 인상적인 장면으로 손꼽히고 있다. 가쓰는 개국이 옳고 그름의 문제가 아니며 인근의 아시아 국가들과 연합하여 구미 세력에 대항해야 한다는 논의를 펼친다. 개국 논의는 막부가 아니라 국가 전체의 이해와 연관되며 이는 불가역적인 시대적 변환의 과정이라고 강조하는 것이다. 한편 그는 막부가 번 세력과 적극적으로 교섭하고 신분제의 경직성을 탈피하여 인재가 발굴되어야 한다는 급진적 주장을 펴기도 하였다. 료마는 그와의 만남에서 높은 이상의 급진적 행동가로부터 시대적 복합성을 보다 중층적으로 인식하는 인물로 거듭나게 된다.[21]

1863년 료마는 가쓰의 측근으로서 자체적인 해군력을 통해 국력을 강화하기 위한 효고(兵庫) 해군조련소 및 조선소 신설 계획에 착수하였다. 그러나 1864년 금문의 변과 바칸전쟁 이후 체제 강화를 주장하는 강경 보수파의 목소리가 높아지면서 막부는 가쓰를 해임한다. 이로써 가쓰의 해군력 강화 계획이 중단되었으며 료마는 사쓰마번으로 피신하였다. 그러나 여기에서 그는 막번체제의 유력 세력인 사쓰마번의 대내외적 정세 변화를 파악하면서 가쓰의 문하를 떠나 독자적으로 자신의 이상을 구체화하는 길을 모색하게 되었다. 특히 그는 사이고 다카모리(西鄕隆盛, 1828-1877)와의 교류에서 조슈정벌 이후 공무합체론의 구상이 지연되고 있으며 사쓰마번이 지정학적으로 수도에서 멀리 떨어져 있는 탓에 번의 재정이 악화되고 막부에 대한 신뢰도가 급감하고 있다는 점을 파악하였다.[22] 이는 근래의 전쟁에서 막

....

21   勝海舟, 『海舟全集X』(東京: 東京大学出版会, 1941). Jansen (1961)에서 재인용.
       "료마는 내게 이렇게 이야기했다. '솔직히 말씀드리면 오늘 밤 저는 선생님이 무슨 말씀을 하시든 선생님을 해하려 했습니다. 하지만 선생님의 말씀을 듣고는 저의 편협하고 옹졸했던 생각을 반성하게 되었습니다. 선생님, 부디 저를 제자로 받아주십시오.'"
22   Mark Ravina, *The Last Samurai: The Life and Battles of Saigo Takamori* (New Jersey:

부 측에 섰던 사쓰마번에서조차 막번체제에 대한 의구심과 동요가 나타나고 있으며 대외적 격변기에 번의 이해관계가 재구성된다는 것을 재확인한 것이었다. 1865년 료마는 나가사키에서 효고 해군조련소의 수련생 일행과 함께 조선사업을 기반으로 물자 운반을 수행하는 무역회사이자 막부를 타도하는 해군력을 비축하는 정치단체로서 카메야마샤츄를 설립하였다. 그는 특히 사쓰마번과 조슈번을 주주로 끌어들여 양번의 경제적 연결고리를 만들어 유력한 번들의 세력을 확장하여 막부를 견제하고자 했다.

한편 1865년 3월 막부는 2차 조슈정벌을 계획하고 있었다. 1864년 바칸전쟁 이후 가쓰 카이슈와 같은 진보적 인사를 밀어내고 강경 보수파가 권력을 쥐게 되면서 기존의 막부의 권위를 강화하고자 한 움직임이 나타난 것이다. 그리고 그 배후에는 바칸전쟁 이래로 막부에서 영향력을 독점하였던 프랑스가 있었다. 이에 번들은 개별 이해관계에 따라 참전 여부를 결정하였다.[23] 조슈번의 경우 서구식 무기를 입수하여 막부에 대항하는 군사력을 강화하고자 교역 창구를 탐색하고 있었다. 1차 조슈정벌에서 선두에 섰던 사쓰마번의 경우 재정난이 악화 되고 공무합체론의 이상이 지연되자 막부에 대해 유보적인 태도를 견보였다. 대외적으로는 1865년 7월 영국 공사 해리 파크스(Harry Parkes, 1828-1885)가 부임하게 되는데, 그는 글로버의 중개로 사이고 다카모리와의 회담에서 막부를 견제하는 편에 서게 된다.[24] 영국의 야욕은 프랑스를 견제하고 자유무역을 확장하고자 하는 데 있었고 번 세력은 영국과의 연정을 이루어 막부-프랑스에 대항할 수 있게 된 것이다.

이처럼 정치 지형이 급격히 변화하고 있는 시점에서 토머스 글로버와 사카모토 료마의 대면이 구라바엔을 무대로 이루어진다. 서구의 시선과 하급 사무라이의 시선을 대변하는 두 인물의 경로가 비로소 구라바엔에서 교

....

Quesia school, 2003), pp. 112-5.

23 Eijiro Honjo, "The Views of Various hans on the Opening of the Country," *Kyoto University Economic Review* 11-2 (1936), pp. 16-31.

24 杉浦裕子 (2012).

차하게 된 것이다. 이들의 협상 타결이 이루어지는 데 있어서 구라바엔에서는 수많은 밀회가 이루어졌는데, 이는 다양한 정치적 입장이 균형을 이룰 수 있는 틈새를 탐색하는 과정이었다. 중간의 역할을 한 글로버와 료마는 격변의 시대를 다층적으로 이해하는 인물들이었고 저마다의 정치적 동기에서 이러한 적업에 몰두한 것이다.

1865년 5월 조슈번이 번군의 근대적 군제개혁이 선포하였을 당시 메이지3걸 중 한 명으로 거명되는 조슈의 기도 다카요시(木戸孝允, 1833-1877)는 글로버에게 도움을 요청하였다. 기도가 판단하기에 당시 글로버상회는 차와 비단뿐 아니라 선박과 무기거래 분야에서 선구적인 상회로 손꼽혔으며, 글로버 본인이 나가사키 일대를 중심으로 막번체제와 신분을 초월하여 광범위한 인적 연결망을 확보하고 있었기 때문이다. 따라서 그에게서 조슈군 군제개혁의 돌파구를 찾을 수 있을 것이라 기대한 것이다. 글로버는 요청에 부응하여 사쓰마번 출신 사무라이이자 기업가인 고다이 도모아츠(五代友厚, 1834-1885)와 기도의 밀회를 주선하였다.[25] 그는 나가사키와 영국에서 수학했으며 상하이로부터의 서양식 선박 구매에 있어서 결정적인 역할을 하는 인물이다. 그와 기도의 만남은 개인적인 층위에서 구축된 것이나, 이는 향후 번 간의 협조가 이루어지는 주요한 연결망이 되었다.

한편 료마는 기도의 요청에 따라 조슈번과 사쓰마번의 밀회 장소를 마련한다. 료마는 조슈번이 근대적 무기체제를 필요로 하는 한편 사쓰마번은 대외교역에서 지정학적으로 배제되어 재정난 및 식량난에 처한 정황을 파악하고 있었다. 그의 중개로 곡식지대인 조슈번이 사쓰마번에게 다량의 식량을 보내는 비용으로 사쓰마번은 그 명의를 조슈번의 대외적 무기거래에 사용하도록 하는 1865년 구라바엔에서의 무기거래 협상 타결이 성사될 수 있었다. 당시 료마는 이미 조슈번과 사쓰마번의 정치적, 경제적 결탁을 통해 막부를 타도하는 새로운 세력 간의 균형이 이루어질 수 있을 것이라 구상을

....

25 Jansen (2014), p. 132.

그리고 있었던 것이다. 또한 번의 입장에서도 료마의 카메야마샤츄가 조슈와 사쓰마를 양대주주로 하는 만큼 이들의 이해를 정치하게 반영하여 거래를 성사시키는 중개자로서 료마는 최적의 인물이었다. 또한, 그가 탈번한 사무라이로서 막부 혹은 특정 번의 당파에 속하지 않기 때문에 비교적 그 공정성을 신뢰할 수 있으리라 판단하였을 것이다.

이와 같은 이들의 사전 작업을 거친 무기거래 협상의 결과 조슈번은 약 7300대의 최신 소총을 필두로 서구식 무기체제를 확보하게 되었으며[26] 카메야마샤츄의 인력이 이들의 해상기동훈련을 전담하도록 투입되면서 근대적 해군력이 갖추어져 갔다.[27] 한편 1866년 3월 7일 사카모토의 중개로 사쓰마와 조슈의 삿조동맹이 맺어져 막번체제를 개혁할 수 있는 연정이 공식적으로 구성되었다. 이는 1867년 대정봉환(大政奉還), 그리고 1868년 메이지유신에 이르는 본격적인 계기로서, 일본은 비서구권 국가로서 최초로 서구식 근대화를 맞이하게 되었다.

살펴본 바와 같이 1865년의 무기거래 협상은 서세동점 시기 새로운 이해관계의 갈등 구조가 전개되는 가운데 이들의 정치적 동기가 충족되는 균형 지점에서 이루어진 합의라고 할 수 있다. 토머스 글로버와 사카모토 료마는 당대의 혼란의 장소들을 경유하며 각각 자신의 경로에서 대내외적 질서의 변환 국면을 이해하는 인물들이었다. 이들은 기존의 막번체제나 신분질서의 제약을 넘어서 새롭게 대두되는 세력 간의 갈등이 가시화되고 조정될 수 있는 장을 마련하였으며, 특히 이들의 협상 타결이 이루어진 구라바엔은 문명사적 혼란기의 문법에서 이해관계의 조정이 이루어졌던 최적의 장소였다. 외국인과 하급 사무라이가 중심이 되는 이곳은 구질서에서 비교적 자유로웠으며 다층적인 현실 인식 및 정치적 동기가 공존할 수 있었다.

....

26 Brown (1993).

27 Jansen (2014), pp. 395-405.

IV. 구라바엔, 코스모폴리탄적 환영의 집합소

19세기 나가사키의 구라바엔은 일본과 영국, 나아가 동아시아와 서구가 근대국제질서에서 대외교역 및 문명 교류를 시작하게 되는 주요 기점이었으며, 다양한 정치세력이 집결하고 이해관계가 조정되는 무대로서 이후 메이지유신으로 이르는 정치변혁의 물리적 토대가 구축되는 상징적 장소였다. 특히 앞서 주목하였던 1865년 글로버의 료마의 무기거래 협상에서 확인하였듯 기존의 질서와는 다른 혼란기의 정돈되지 않은 정치세력 간의 상호작용이 이루어질 수 있는 독특한 장소였다. 그렇다면 이러한 맥락과 문화의 교차로에서 구라바엔의 장소성을 어떻게 보아야 할 것인가? 즉 당대의 비전통적 정치행위자는 구라바엔에 어떠한 의미구조를 부여하고 있었으며, 또한 구라바엔에서는 장소의 의미구조가 어떻게 재생산되고 있었는가?

이와 관련하여 1865년의 무기거래 협상과 1866년의 삿죠동맹, 그리고 1868년의 메이지유신이 진행되는 과정에서 그 중심 세력은 '존황'의 명분론과 '양이'의 방법론을 주장하고 있었으나, 메이지 일본의 방법론은 '양이'가 아니라 '개화(開化)'였다는 지점에 주목해 볼 필요가 있다. 이는 19세기 문명사적 변환기에 서구의 문명표준에 대한 격론이 일본 내부에서 전개되고 격렬한 내전으로 비화 되는 한편 '양이'의 현실적 한계 또한 드러나고 있었다는 것을 암시한다. 메이지 신정부가 1871년 후반부터 약 2년간에 걸쳐 파견한 이와쿠라 사절단(岩倉使節団)은 직접적인 서양체험으로부터 국가의 방법론을 전환하게 되는 계기가 되었다. 사절단은 불평등 조약의 개정 교섭이 근대국제질서의 명분을 뒷받침하는 현실주의적 힘의 논리 앞에서 연이어 좌절되는 양상을 경험하면서 서구 문명 질서의 이중적 면모를 확인한 것이다. 이후 메이지 일본은 양이의 연장선에 있는 조약개정 운동이 아니라 부국강병과 문명개화를 자주적 국권의 방향성으로 설정한다.

한편, 이와쿠라 사절단의 해외시찰 이전에 막말기 구라바엔에서도 원형적인 방식의 서양체험이 추진되었다. 구라바엔은 서구 문명에 개방적이며 다채로운 정치적 입장이 교류되는 장으로서 서양체험에 대한 논의가 이루어지기에도 적합하였던 것이다.[28] 이와쿠라 사절단의 경우와 마찬가지로 이는 서세동점의 문명사적 변환이 개별 행위자 혹은 특정 정치세력의 의지를 이미 넘어서 진행되고 있다는 것을 몸소 확인하는 과정이었다. 또한, 중화질서가 근대국제질서로 이전하게 되는 문명사적 맥락에 대한 구조적 인식이 이루어지기 확산 되었다.[29] 특히 구라바엔에 기반한 서양체험은 막부가 매개하는 공적인 차원과는 달리 낯선 외부의 존재에 보다 직접 대면하게 된다는 점에서 특징적이었다. 이 과정에서 구라바엔에는 서구 문명에 대한 감각적 이해가 축적되어 갔다.

여기에서 정치행위자가 구라바엔이라는 장소로부터 서구 문명표준에 대한 의식적/무의식적 인식의 지평을 확장하고자 하였다는 지점을 우선 포착할 수 있다. 살펴본 바와 같이 이곳에 모여든 행위자는 구라바엔을 혼란기에 서구를 들여다볼 수 있는 하나의 창구로서 간주하였다. 그러나 이는 모든 행위자가 서구를 일관되게 이해하고 있었다는 것을 의미하지는 않는다. 다만 구라바엔은 다양한 대외인식이 공유되는 장이었으며 무엇보다도 글로버 본인이 격변기의 복잡성을 체험하고 다층적으로 이해하는 인물이었

....

28 1863년 조슈번, 1865년 사쓰마번에서의 글로버의 지원으로 이루어진 젊은 사무라이들의 영국 유학은 구라바엔을 무대로 고안되었던 해외체험의 대표적인 사건이었다. 또한, 이들은 이후 근대 일본 곧 메이지 일본을 선도하는 유신 인사로서 부각 되었다는 점에서 주목할 만하다. 사실 당시 막부는 대외적인 출입은 물론 번의 출입 또한 엄격히 통제하고 있었기 때문에 이들을 정치적, 경제적으로 지원하는 글로버로서도 그의 교역권뿐만 아니라 일본에서의 생존권이 받을 수 있는 위험을 감수하는 것이었다. 그럼에도 글로버는 막부에 대한 비판의식, 젊은 사무라이에 대한 동류의식 및 기대, 그리고 서구문명에 대해 갖는 자신감 등에서 이러한 기획을 감행하였다. 조슈에서 파견된 조슈5걸의 경우 이후 최초의 외무대신 이노우에 카오루(井上馨), 초대 내각총리대신인 이토 히로부미(伊藤博文), 조폐국장 엔도 킨스케(遠藤謹助), 철도국장관 이노우에 마사루(井上勝), 그리고 현 동경대학 공학부의 설립자 야마오 요조(山尾庸三)로서 제반 분야에서 근대화를 선도하는 메이지 유신의 주역이 되었다. 이들은 스스로를 '살아있는 기계(生きたる機械)'라 칭하며 '새로운 일본' 만들기에 헌신하고자 타지로의 여정을 떠났으며 귀국 후에는 그곳에서의 압도적인 서구문물을 적극적으로 일본에 들여오는 역할에 충실하였던 것이다.

29 방광석, "메이지유신 시기의 서양체험과 입헌제 수용,"『역사와 담론』제84집 (2017).

다는 점에 초점을 맞추어 볼 때, 이곳에서 다양하고도 이질적인 서구 문명의 이미지가 부유하고 있었을 것이라 추측해볼 수 있다는 것이다. 개별 행위자들은 이곳에서 자신의 삶의 경로 및 이해관계에 부합되는 서구 문명의 이미지를 임의로 취하였고, 이를 바탕으로 자신들의 대외인식을 구성하였던 것이다.

한편 이 과정에서 구라바엔에서는 이른바 '보편'으로서의 서구 문명에 대한 추상적 관념들이 재생산되었다. 여기에서 보편이란 일본 사회에서 서구 문명표준을 '보편'적인 기준으로서 받아들인다는 의미에서, 그리고 서구 문명표준이 코스모폴리탄적인 '보편'의 근대국제질서를 표방하며 근대 일본 또한 여기에 속하게 되었다는 의미에서 중층적으로 이해될 수 있다. 이와 같이 구라바엔에서 공유되는 코스모폴리탄의 관념은 개별 행위자들의 상호 교류 과정에서 전파되었기 때문에 장기간에 걸쳐 산업혁명 및 시민혁명를 경험한 역사적 토대에서 이와 같은 관념들을 구축하였던 서양의 경우와는 상당한 차이가 있었다. 다만, 구라바엔이 구체적인 장소로서 그 자리에 존재함으로써 이곳에서 이질적 환영들의 집합이 영위될 수 있도록 특수한 공간적 지위를 제공하고 있었던 것이다.

결국 구라바엔에서 정치행위자들이 서구 문명에 대한 단초를 모색하였던 한편, 구라바엔에서 발산하는 서구의 이미지는 코스모폴리탄적 환영의 집합체에 가까운 것이었다. 그러므로 구라바엔은 대내외적 질서의 변화에 민감한 행위자들을 끌어들이는 한편 이들이 자신들의 서구 관념을 동질적으로 공유하지 않은 채 정치적 합의점에 도달할 수 있던 최적의 장소가 되었다. 구라바엔을 무대로 하여 일찍이 서양체험에 대한 논의가 이루어졌으며 막말기에 인상적인 정치적 갈등의 조정 과정이 전개되었던 것은 이러한 장소성을 바탕으로 하는 것이었다. 따라서 이곳에서 정치행위자들이 공통되게 서구 문명표준에 대해 경험하고 '보편'으로서 스스로를, 그리고 일본을 인식하게 된다고 하더라도, 사실상 이는 유약하게 직조된 보편성으로서 쉽게 굴절되거나 왜곡될 수 있는 위험성 또한 높았던 것으로 보인다. 그럼에도 불구하고 구라바엔의 독특한 장소성으로부터 메이지유신이라고 하는 비서구로서는 최초의 서구식 근대화를 추동하는 역동성이 형성되었다. 이러한 지점에서 구라바엔에 대한 고찰은 메이지 일본의 형성과정을 보다 심도 있게 이해하는 하나의 이정표가 된다고 할 수 있겠다.

V. 21세기 구라바엔의 현주소 및 향후 과제

본고는 서세동점의 혼란기 다양한 정치적 갈등과 이해관계의 조정이 이루어졌던 장소로서 나가사키시에 위치한 구라바엔에 주목하여, 그 장소성으로부터 일본의 문명사적 변환기에 나타난 독특한 특성이 무엇인가 고찰하고자 하였다. 특히 스코틀랜드의 무역상 토머스 글로버의 활약에 초점을 맞추어 그를 중심으로 구라바엔에서 상호교류의 장이 마련되고 구라바엔이 일본 정치사 및 문명사에서 주요한 무대로서 부상하게 되는 국면을 살펴보았다. 1864년의 금문의 변과 1865년의 1차 조슈정벌은 대외질서의 패러다임이 변환하는 국면에서 대내적 국론 분열 및 충돌이 파국적 내전으로 비화한 사건이었다. 또한, 대규모의 전쟁 수행 과정에서 선진적인 서구 무기체계의 기술력을 확인하게 되는 사건이기도 하였다. 이러한 배경에서 서세동점을 둘러싼 논쟁은 서구의 기술력에 기반한 근대적 군제개혁 경쟁의 층위를 포괄하게 되었으며, 다시 한번 막말기 정치 지형의 변화를 예고하는 것이었다.

구라바엔은 서구를 향한 창구로서 다양한 정치적 입장의 행위자가 모여들 수 있는 장소였던 한편, 단편적이며 이질적이기도 한 서구 문명의 이미지가 집합되어 있는 장소였다. 이는 당대의 대내외적 갈등 구조에서 세력 간의 서구 관념을 일관되게 공유하지 않더라도 기회주의적 협의가 성사될 수 있는 무대였다. 바로 이러한 독특한 장소성에서 메이지유신으로 이르는 정치사적 계기가 형성되었으며 코스모폴리탄적 보편성의 이상이 일본 사회에 스며들게 되었다. 사실, 여기에서 보편은 서구 문명표준을 기준으로 하는 개념으로 대외교역과 교류의 과정에서 전파된 단편적인 의미구조의 집합체로서 자리하고 있었기에 하나의 명료한 의미구조를 갖추고 있었다고 보기는 어렵다. 그러나 이로부터 일말의 정치적 협의의 틈새가 구축되었고, 막말기 혼란의 국면을 지나서 메이지유신으로 이르는 변환의 계기를 맞이하게 되었다.

한편 21세기 현대 일본정치의 맥락에서 구라바엔은 어떠한 장소성이 반영되고 있는가? 또한 본고에서 구라바엔에 주목하였듯이 문명사적으로 의미 있는 장소에 대한 정치적 고찰의 향후 과제는 무엇인가? 구라바엔은 2015년의 '메이지 산업유산 사업'에 포함되어 유네스코 세계유산에 등록되면서 국제적으로 일본 근대화의 특수성을 상징하는 장소로서 재부상하게 되었다. 이는 서장에서 간략히 논하였듯이, 20세기 제국 일본의 폭력적 팽창과 근린 국가 착취 행태를 거세하고 그 성과만을 일본 근대화의 문화적 유산에 포함하는 일본 정부의 정치적 기획에서 구라바엔이 동원된 것이다. 즉 구라바엔의 장소성이 근대 일본의 보편성에 대한 표방으로부터 21세기에 들어 메이지유신, 일본 근대화의 특수성에 대한 상징으로 이전하게 된 것이다.

이로부터 구라바엔의 장소성을 둘러싼 향후 과제를 제시할 수 있겠다. 본고에서는 현재 구라바엔을 이루는 글로버의 저택이 건축되었던 당시 어떻게 이곳이 일본의 문명사적 전환기에 서구 문명표준이라는 '보편'에 대한 환영이 집합되는 장소가 되었으며 또한 이를 둘러싼 쟁투 과정에서 구체적인 전환의 계기가 형성되었는지 살펴보았다. 향후 과제로서는 현대 일본정치에 보다 주목하여 일본 정부에서 전통주의적 노선이 대두되고 있는 대내외적 국면을 살펴보고 여기에서 메이지유신의 특수성을 상징하는 장소로서 구라바엔이 재탄생하는 과정을 탐구해볼 수 있을 것이다. 덧붙여 이 작업에 우선하여 '메이지 산업유산 사업'에 포함된 여타 장소들과의 정치한 비교를 통해 구라바엔이 놓인 역사적 맥락을 보다 구체적으로 들여다보는 작업도 병행될 필요가 있다.

일례로 구라바엔과 요시다 쇼인(吉田松陰)의 쇼카손주쿠(松下村塾)의 장소성은 문명사적 관점에서 비교하기에 상당히 흥미로운 주제가 될 것으로 보인다. '메이지 산업유산 사업'에 포함된 여타 장소들은 주로 항구, 제철소, 탄광 등 일본 근대화 과정의 실제 사업장인 경우가 대다수인 반면 두 장소는 일본 근대화에 대한 관념이 형성되었던 장소로서 주목해볼 가치가 있기 때문이다.[30] 두 장소는 유사한 시기에 설립되어 문명사적 전환기에 대하여 상이한 진단과 방향성을 제시하였는데 구라바엔은 주지하다시피 서구 문명 표준이라는 '보편'에 대한 환영과 쟁투가 이루어졌던 한편 쇼카손주쿠는 천황 중심의 일군만민론(一君萬民論) 및 정한론(征韓論) 등 일본의 특수성을 강조하는 사상이 전개되었다. 그리고 현대 일본정치에서는 동일한 시대에 대한 근대 산업화의 상징적인 장소로서 하나의 범주로 감지된다. 이러한 지점들에 착안하여 두 장소에 대한 비교를 통해 메이지 일본과 현대 일본의 연속과 단절을 이해하는 동아시아 문명사의 역사적 기반을 구축해 갈 수 있을 것이다.

....

30 박수경(2017)은 '메이지 산업유산 사업'에 대한 국내 비판 담론이 강제징용 및 착취가 이루어진 사업장에 국한되어 있으나, 제국 일본의 근대화 과정의 폭력성과 팽창주의의 사상적 기반이 된 요시다쇼인과 쇼카손주쿠의 유네스코 등재 사업 포함에 대한 근본적인 비판이 우선되어야 한다고 지적한다.

참고문헌

1차 자료

Kido, Takayoshi. *The Diary of Kido Takayoshi: 1868-1871*. Tokyo: University of Tokyo Press, 1983.

Yataro, Iwasaki. "Letters to Mitsubishi Employees." In *Sources of Japanese History*. New York: McGraw-Hill, 1974.

Tokugawa, Iemitsu. *The Laws for the Military House*. Buke Shohatto, 1615.

日本史籍協会 編.『武士瑞山関係文書Ⅰ』東京: 東京大学出版会, 1929.

2차 자료

강동진 외. "일본 큐슈-야마구치 일원 근대화 산업유산군의 세계문화유산 등재에 대한 비판적 고찰." 『대한·도시계획학회지』 제49집 2호 (2014).

강상규. 『19세기 동아시아의 패러다임 변환과 제국 일본』 서울: 논형, 2007.

강상규, 김세걸. 『근현대 일본정치사』 서울: 한국방송통신대학교 출판부, 2014.

김용구. 『세계관 충돌의 국제정치학』 서울: 나남, 1997.

_____. 『외교사란 무엇인가』 서울: 원, 2002.

민덕기. "동아시아 해금정책의 변화와 해양 경계에서의 분쟁." 한일관계사연구』 제42집 (2012).

박수경. "세계유산등록을 둘러싼 한일 재현의 정치." 『일본문화학보』 제72집 (2017).

방광석. "메이지유신 시기의 서양체험과 입헌제 수용." 『역사와 담론』 제84집 (2017).

신윤길. "영국의 대외무역과 동인도회사 연구." 『서양 역사와 문화 연구』 제10집 (2004).

앤더슨 존 저. 이영민, 이종희 옮김. 『문화·장소·흔적: 문화지리로 세상 읽기』 파주: 한울아카데미, 2013.

이용희. 『일반국제정치학(상)』 서울: 박영사. 1974.

장인성. 『장소의 국제정치사상: 동아시아질서변동기의 요코이 쇼난과 김윤식』 서울: 서울대학교 출판부, 2002.

전재성, 박건영. "국제관계이론의 한국적 수용과 대안적 접근." 『국제정치논총』 제42집 4호 (2002).

전재성. 『동아시아 국제정치 역사에서 이론으로』 서울: 동아시아연구원, 2011.

잰슨, 마리우스 B. 저. 손일, 이동민 옮김. 『사카모토 료마와 메이지 유신』 서울: 푸른길, 2014.

Beasley, William G. *Great Britain and the Opening of Japan*. London: Luzac ,1951.

Brown, Sidney Devere. "Kido Takayoshi(1833-1877): Meiji Japan's Cautious Revolutionary." *Pacific Historical Review* 25-2 (May, 1956), pp. 151-62.

_____. *Nagasaki in the Meiji Restoration: Choshu Loyalists and British Arms Merchants* (1993). http://www.uwosh.edu/home_pages/faculty_staff/earns/meiji.html (검색일: 2018. 04. 02).

Craig, Albert. "The Restoration Movement in Choshu." *Journal of Asian Studies* 18-2 (February 1959).

Honjo, Eijiro. "The Views of Various hans on the Opening of the Country." *Kyoto University Economic Review*, 11-2 (1936).

McKay, Alexander. *Scottish Samurai: Thomas Blake Glover 1838-1911*. Edinburgh: Canongate, 1993.

Ravina, Mark, *The Last Samurai: The Life and Battles of Saigo Takamori*. New Jersey: Quesia school, 2003.

Webb, Herschel F. "The Mito Theory of the State." In Jone E. Lane. ed. *Research in the Social Science on Japan*. New York: Columbia University John East Asian Institute Studies, 1957.

平尾道雄. 『海援隊始末記』東京: 東京大学出版会, 1941.

植手通有. 『対外観の転回, 近代日本政治思想史』東京: 有斐閣, 1971.

杉浦裕子. "幕末期における英仏の対日外交とトマス・グラバー." 『鳴門教育大学研究紀要第』27号 (2012).

石永雅子. "残念さんと隊中さま-『物語』に見る文化コ__ド-." 『山口県史研究』18号 (2010).

_____. "長州おはぎ-山口県立萩高等学校における歴史教育と地域共生教育の実践." 『山口県地方史研究』109号 (2013).

찾아보기